"一带一路"
与甘肃发展研究
（2018）

Along with B&R
to Research Gansu Development (2018)

张建君 主编

中国财经出版传媒集团

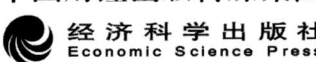
经济科学出版社
Economic Science Press

图书在版编目（CIP）数据

"一带一路"与甘肃发展研究.2018/张建君主编.
—北京：经济科学出版社，2018.11
ISBN 978-7-5218-0019-7

Ⅰ.①一… Ⅱ.①张… Ⅲ.①区域经济发展-研究-甘肃-2018 Ⅳ.①F127.42

中国版本图书馆 CIP 数据核字（2018）第 279670 号

责任编辑：杜　鹏　刘　悦
责任校对：隗立娜
责任印制：邱　天

"一带一路"与甘肃发展研究（2018）

张建君　主编

经济科学出版社出版、发行　新华书店经销
社址：北京市海淀区阜成路甲 28 号　邮编：100142
编辑部电话：010-88191441　发行部电话：010-88191522
网址：www.esp.com.cn
电子邮件：esp_bj@163.com
天猫网店：经济科学出版社旗舰店
网址：http://jjkxcbs.tmall.com
北京季蜂印刷有限公司印装
710×1000　16 开　17.25 印张　280000 字
2018 年 11 月第 1 版　2018 年 11 月第 1 次印刷
ISBN 978-7-5218-0019-7　定价：68.00 元
(图书出现印装问题，本社负责调换。电话：010-88191510)
(版权所有　侵权必究　打击盗版　举报热线：010-88191661
QQ：2242791300　营销中心电话：010-88191537
电子邮箱：dbts@esp.com.cn)

《"一带一路"与甘肃发展研究(2018)》

编委会名单

主　　　任：冯　湖　范　鹏　石　磊

副主任委员：王福生　刘进军　蔡文浩　杨文福

　　　　　　吴永建　崔跟山

主　　　编：张建君

副　主　编：王　悦　赵前前　马桂芬　刘　勇

前　　言

　　《"一带一路"与甘肃发展研究（2018）》是中共甘肃省委党校经济社会发展研究所立足"一带一路"研究、服务甘肃发展的第二部论文集。2017 年，中共甘肃省委党校与甘肃省经济研究院（甘肃省信息中心）签署战略合作协议，于当年12 月22～24 日在甘肃省委党校成功举办了"'一带一路'与甘肃发展理论研讨会（2017）"，有来自中国社会科学院世界宗教研究所、日本研究所、经济科学出版社、兰州大学等省内外科研机构及甘肃省委党校发展经济学研究生班学生共200 多人与会，为深化甘肃推进"一带一路"建设提供了理论研究与交流的学术平台，会议同期还举办了中共甘肃省委党校经济社会发展研究所30 周年所庆座谈会，群贤毕至、畅所欲言，"每日甘肃网"进行了网上直播，甘肃卫视"今日聚焦"录播了专题访谈节目，甘肃卫视"甘肃新闻"、《甘肃日报》、新华社甘肃分社等多家媒体进行了集中报道，此会成为甘肃省学术界的一次盛会。在会议开幕式上，我们与经济科学出版社共同策划了《"一带一路"与甘肃发展研究（2016）》新书发布，受到与会嘉宾的广泛好评。《"一带一路"与甘肃发展研究（2018）》是上部著作的延续，也是我们致力于打造服务甘肃、推进"一带一路"建设的具体举措，今后我们将以系列出版物的形式持续打造这一宝贵的学术平台。

　　2018 年，是"一带一路"倡议5 周年值得纪念的年份。习近平总书记在推进"一带一路"建设工作5 周年座谈会上指出："过去几年共建'一带一路'完成了总体布局，绘就了一幅'大写意'，今后要聚焦重点、精雕细琢,共同绘制好精谨细腻的'笔画'。"并明确提出了推进"一带一路"高质量发展的重大要求。可以说,推进"一带一路"高质量发展,成为今后统揽"一带一路"建设的行动指南。无论是在"一带一路"的项目建设、市场开拓、金融保障、企业投资,还是在推动教育、科技、文化、体育、旅游、卫生、考古等各方面,都要取得更高质量的研究成果、搭建更为成熟的交流平台、形成更加稳定的合作机制,取得更为显著的发展成就。这就要求"一带一路"不仅仅是埋头苦干,更要突出注重理论总结与经验梳理,只有理论走在了前列,才能避免不必要的实践教训甚至盲目行动的代价。

为此,我们秉持整理相关前沿研究资料与最新科研成果相结合的成熟做法,根据理论界有关"一带一路"研究最新的成果,在针对性研究的基础上编辑出版了《"一带一路"与甘肃发展研究(2018)》,期望以更好的研究成果推动甘肃深入推进"一带一路"高质量发展,搭建起围绕"一带一路"研究的交流平台,让伟大的"一带一路"行稳致远,造福全世界。

张建君
2018 年 10 月 28 日

目录 CONTENTS

改革、开放、发展：近五年"一带一路"研究述评 …………… 马桂芬（1）

中国对"一带一路"相关国家的出口贸易潜力及影响因素的实证研究
　　——基于贸易竞争与互补性视角 …………… 陈继勇　陈大波（19）

开创甘肃"一带一路"建设新境界 ………………………… 张建君（37）

"一带一路"背景下我国西北五省区产业结构协同测度及
　　发展研究 ………………………………… 姜安印　刘晓伟（43）

甘肃在"一带一路"中的东西合作论略 …………………… 李并成（55）

西部省区助推"丝绸之路经济带"建设的战略构想
　　——以甘肃省华夏文明传承创新区为例 …… 雷兴长　刘　青（59）

"一带一路"建设中的法律风险识别及应对策略 …… 李玉璧　王　兰（73）

"一带一路"重点区域省际地缘经济关系研究 …… 王娟娟　杜佳麟（81）

"一带一路"视域下甘肃旅游业发展思考 …………………… 魏　宏（94）

"一带一路"背景下甘肃蔬菜向西出口对策研究 …………… 张希君（98）

"一带一路"建设下甘肃向西开放发展的对策 ……………… 赵前前（106）

甘南、临夏地区生态红线划定
　　研究 ……………… 温煜华　王乃昂　李宗省　严欣荣（113）

"一带一路"愿景下甘肃向西开放对策研究 ………………… 王　悦（128）

做好现代特色农业文章　助推甘肃脱贫攻坚 ………… 张希君　展晓玲（141）
在文化产业蓬勃发展中彰显文化自信
　　——以甘肃为例 ………………………………………… 雒庆娇（149）
创新驱动发展背景下甘肃省科技人才开发策略研究 ……… 陈治华（159）
"一带一路"背景下甘肃文化旅游产业创新发展研究 ……… 陈　源（169）
关于"一带一路"建设中金融风险来源的综述 ……………… 杜　乐（181）
"一带一路"视野下甘肃民族传统文化的传承与发展 ……… 周静茹（188）
基于"一带一路"倡议框架：甘肃环境设计建设研究
　　——以嘉峪关为例 ……………………… 路　遥　王旭敏（195）
"一带一路"建设下河西走廊特色产业发展的思考 ………… 秦秀芳（200）
甘肃实施"一带一路"倡议的策略选择 ……………………… 张　洋（207）
基于丝绸之路黄金段的甘肃生态建设路径探析 …………… 赵关维（212）
"一带一路"视角下天水市高铁沿线文化旅游的 SWOT
　　分析 ……………………………………………………… 刘　岩（219）
"一带一路"与定西文化旅游业的融合发展 ………………… 高春明（231）
"一带一路"背景下平凉市产业结构深度调整问题研究 …… 杨　平（237）
"一带一路"背景下陇南经济发展的机遇与路径 …………… 左成林（247）
基于"丝绸之路经济带"建设的武威外向型经济发展的动力机制
　　研究 ……………………………………………………… 宁银苹（253）
探索甘肃内陆港联动实现机制　打造"黄金段"外向经济发展
　　大格局 …………………………………………………… 潘晓龙（261）

改革、开放、发展：近五年"一带一路"研究述评

马桂芬

2013年9~10月，国家主席习近平在访问哈萨克斯坦和印度尼西亚时，先后提出共建"丝绸之路经济带"和"21世纪海上丝绸之路"的倡议。此后不久，中国政府将"一带一路"正式纳入国家发展规划中，并有条不紊地施以顶层设计。同年11月，中国共产党十八届三中全会通过的《中共中央关于全面深化改革若干重大问题的决定》明确指出，"建立开发性金融机构，加快同周边国家和区域基础设施互联互通建设，推进丝绸之路经济带、海上丝绸之路建设，形成全方位开放新格局。"李克强总理在2014年3月所做的《政府工作报告》中提出，开创高水平对外开放新局面，抓紧规划建设"丝绸之路经济带""21世纪海上丝绸之路"，推进孟中印缅经济走廊和中巴经济走廊建设，推出一批重大支撑项目，加快基础设施互联互通，拓展国际经济技术合作新空间。2014年11月，习近平主席在中央财经领导小组第八次会议上强调，"丝绸之路经济带"和"21世纪海上丝绸之路"倡议顺应了时代要求和各国加快发展的愿望，提供了一个包容性更大的发展平台，具有深厚的历史渊源和人文基础，能够把加速发展的中国经济同沿线国家的利益结合起来。2014年12月召开的中央经济工作会议更是将"一带一路"与京津冀协同发展、长江经济带并列为今后中国优化经济发展空间格局的三大战略。2015年2月1日，在北京召开的"一带一路"建设工作会议确立了一个至少拥有一名政治局常委、两名政治局委员、两名国务委员的高规格组织架构。2015年3月28日，国家发展改革委员会、外交部、商务部联合发布《推动共建丝绸之路经济带和21世纪海上丝绸之路的愿景与行动》，阐述了"一带一路"的时代背景、共建原则、框架思路、合作重点、合作机制、中国各地方的开放态势、中国政府的积极行动以及未来的发展前景。2015年7月21日，"一带一路"建设推进工作会议正式划定新亚欧大陆桥、中蒙俄、中国—中亚—西亚、中国—中南半岛、中巴、孟中印缅六大国际经济走廊作为今后"一带一路"的重

点推进方向。

由此,"一带一路"成为今后相当长时期内中国开展内政外交的一个大战略。对这一课题,国内外给予了足够的关注。国外观察家更倾向于从地缘政治的视角审视"一带一路"的战略内涵。例如,香农·蒂耶兹(Shannon Tiezzi)认为,中国的"一带一路"堪比美国的"马歇尔计划",二者都是新兴的全球性大国运用其经济实力来寻求外交影响、确保对外政策目标(包括维持国内经济增长这一基本目标)的重要战略手段。①卢西奥·皮特罗(Lucio Blanco Pitlo Ⅲ)强调,"一带一路"远超简单的经济繁荣共享,带有明显的政治和安全基础,其"中国中心主义"显而易见,这势必会引发众多人的担忧。②雅各布·斯托克斯(Jacob Stokes)指出,中国"向西看"的欧亚一体化战略不仅旨在通过为过剩的国内工业能力提供出路来提振经济,也服务于对外政策目标,即通过扩大同主要发展中国家的联系,为重塑以中国为世界权力中心的国际体系寻求支持。③印度尼赫鲁大学中国问题专家狄伯杰(B. R. Deepak)则提出一连串疑问:"古丝绸之路"和"一带一路"存在怎样的关联?"一带一路"倡议是否与中国追求的多极化、无霸权、共同安全等对外政策目标相一致,是否是应对美国重返亚洲或跨太平洋伙伴关系协定(TPP)的战略之举?或者,中国正在挑战美国霸权和重写地缘政治经济架构的规则吗?

与国外的现实主义思维相比,中国学者的研究视角更多元,研究内容更丰富。从研究视角看,既有基于中国国家安全战略转型、地缘政治平衡、反恐维稳、资源和能源安全以及对冲美国"亚太再平衡"战略的现实主义考量,又有包括构建经贸合作新格局、发挥中国在区域经济合作中的积极作用、推进亚洲区域经济一体化、与相关国家共同打造开放发展的经济带在内的自由主义思考,还涵盖了加强与沿线国家的政策协调和沟通、促进与沿线国家的民间交流、唤醒与周边邻国共同的历史记忆、挖掘彼此之间更多的文化关联和人文纽带、塑造新的地区认同、打造中国与周边国家或地区全方位、多领域相互融合的利益共同体和命运共同体在内的建构主义认知。从研究内容看,既涉及"一带一路"的提出背景、战略定位、战略意义、经济逻辑、风险评估和应对方略,又关注中国与周边国家,特别是与美国、俄罗斯、印度的利益博弈及可能的政策沟通和战略对接问题。

---

① Shannon Tieza. The New Silk Road: China's Marshall Plan? *The Diplomat*, November 6, 2014, http://thediplomat.com/2014/11/the-new-silk-road-chines-marshall-plan/.

② Lucio Blanco Pitlo Ⅲ. China's 'One Belt, One Road' to Where? *The Diplomat*, February 17, 2015, http://thediplomat.com/2015/02/chines-one-belt-one-road-to-where/.

③ Jacob Stokes. China's Road Rules: Beijing Imks West Toward Eurasian Integration. *Foreign*, April. https://www.foreignaffairs.com/articles/asia/}15-04-19/chines-road-rules.

一、"一带一路"与区域经济发展研究

宋明翰撰写的《"一带一路"视域下的海南文化产业传播平台》一文,分析了如何发挥地区优势资源,更好地融入国家战略,使其更具整体性和竞争力。作为"21世纪海上丝绸之路"建设的主力军,海南省正在精准发力,积极对接。作者尝试性探讨利用特色热带文化产业来提升国际文化传播力与影响力,设想构建海上丝绸之路热带文化产业六维传播平台。李金多和吴晓华的《"一带一路"背景下煤炭资源型城市转型研究——以双鸭山市为例》一文以黑龙江省双鸭山市如何借力"一带一路"倡议,优化产业格局、开发新兴产业和加大"走出去"力度成为发展要点;阐述了双鸭山市资源经济发展的现状,深入分析了双鸭山煤炭资源型城市在"一带一路"倡议实施过程中存在的问题,提出双鸭山产业转型的相关建议,以促进城市快速稳健转型。该文章认为,"一带一路"倡议实施为煤炭资源型城市转型创造了机遇,黑龙江省深入对接"一带一路"规划,发挥地缘优势,积极参与"中蒙俄经济走廊"建设,加快形成以对俄合作与发展为重点的新时期对外开放格局。

沈昊和马晶的文章《"一带一路"倡议下图们江区域合作开发的路径探究》认为,在世界经济全球化和区域经济一体化的趋势下,图们江区域经过不断地发展建设,已然成为我国东北地区开发开放的前沿窗口、重要门户以及重要通道。"一带一路"倡议的提出,不仅给图们江区域合作开发带来前所未有的机遇和可能,同时对深入推进图们江区域合作也有着十分重要的作用和意义。在这一大背景下,图们江区域的合作开发应该积极融入"一带一路"倡议当中,谋求更高层次的发展,在"一带一路"倡议的促进下,使图们江区域成为带动中国东北和整个东北亚地区的重要经济增长引擎。

江世明的《河南区域形象宣传片在"一带一路"背景下的跨文化传播策略》一文认为,以影像制作为基础的区域形象宣传片是推广和介绍区域形象最为直接和直观的途径。在"一带一路"宏伟构想中,河南有着区位优势,如何更好地在跨文化传播中塑造良好的河南区域形象,河南区域形象宣传片从叙事策略、打造品牌、传播推广策略方面做了积极的探索。

李扬的文章《内蒙古主流媒体的"一带一路"传播策略》认为,"一带一路"倡议的实施为内蒙古自治区的转型与发展带来了无限的机遇与挑战,主流媒体应准确为自身定位,发掘传播的潜力,使顶层设计落到实处。"一带一路"涉及区域广泛,政策的落地不仅关系着国内的发展,同时关系着"一带一路"沿线国家的发展,因而在进行传播活动之时,内蒙古自治区主流媒体应把握好对内对

外传播的侧重点，有针对性地进行新闻活动，展现"一带一路"建设的火热与成就。

许正环的《"一带一路"视域下安徽外贸供给侧改革的目标与路径探究》一文认为，当前，安徽外贸供需结构较匹配，互补性较强，企业对沿线国家和地区投资合作趋势日益增强，政府引导作用也进一步增强，贸易物流体系趋于完善。在"一带一路"倡议背景下，为推动安徽外贸供给侧改革，应优化进出口商品结构，提升优势产业与战略产业的国际市场竞争力；推动"引进来"与"走出去"投资合作格局协调发展，创新对外贸易方式，促进贸易途径与渠道的多元化，健全对外贸易保障机制，创造和谐的供给环境。

罗荣光的《关于"一带一路"与中国经济发展的研究》一文认为，"一带一路"的实施加强了中国与世界各国的经济文化交流，是我国的一项重要战略，也是促进我国经济发展的重要举措。基于此，首先，作者对"一带一路"进行了简单介绍；其次，从能源合作、中国内需、中国出口以及中国经济结构等方面分析了"一带一路"对中国经济发展的影响；最后，对基于"一带一路"下的中国经济发展进行了几点思考，具有重要的参考价值。

金建成在《科技创新促进北部湾城市群养老产业协同发展对策研究》一文中指出，科技创新在全面创新中发挥着"核心""牛鼻子""支撑引领"的作用。科技创新对于养老产业而言，有利于拓宽养老产业领域，有利于开发新型养老产品，有利于提升养老服务水平。目前，北部湾城市群人口结构正在发生着显著的变化，老龄化人口所占比例日益增大，随着"一带一路"和中国—东盟产能合作的推进，养老市场需求的潜力日渐突显，北部湾城市群养老产业协同发展迎来了新的发展机遇。本文以利用科技创新促进北部湾城市群养老产业协同发展为切入点，提出确立"服务为本、科技为基、协同为纲"的发展理念，立足完善体制机制，实施"官、产、融、研"协同发展战略，发挥广东、广西、海南三地的比较优势，实现北部湾城市群养老产业健康快速的协同发展。

杨晓梅、何进武和樊伟伟的《"一带一路"倡议下泛北部湾经济区邮轮旅游发展浅析》一文认为，随着收入的增加，旅游已经成为人们节假日主要的消遣方式之一，而邮轮旅游则是我国旅游发展的新方向。该文章总结了邮轮旅游发展的现状及趋势，分析了"一带一路"倡议对泛北部湾经济发展的影响，认为邮轮旅游经济是泛北部湾经济发展的重点方向，并提出了泛北部湾邮轮旅游发展策略。

赵子华、叶前林和何伦志的《"一带一路"倡议助推人民币国际化面临的障碍及策略选择》一文提出，"一带一路"沿线国家和地区庞大的经贸合作体量，为人民币国际化注入了新的活力和提供了新的机遇。人民币国际化自试点以来，取得了显著成绩，但同时也面临人民币国际化程度较低、风险较大等诸多障碍。

为此，如何借助"一带一路"沿线国家和地区投融资需求的扩展，加快推进人民币国际化进程，是一个值得深入研究的问题。

二、"一带一路"相关产业研究

张莹、张浩和代逸生的《国有商业银行对外直接投资的问题及对策研究》一文提到，我国国有四大银行在人民币国际化和"一带一路"倡议下加快了金融服务业的国际化扩张步伐。该文章通过分析四大银行的海外投资区域、投资形式以及海外营业业务，总结出国有商业银行对外直接投资的产品创新、战略管理等方面的建议和对策。该文章认为，我国四大商业银行在对外投资的区位选择中都非常青睐地理位置和文化风俗接近的亚洲作为重要目标市场。在"一带一路"倡议下，政府应从金融行业政策方面鼓励并扶持银行国际化，为参与"一带一路"企业提供更多金融服务。政府应在"一带一路"沿线国家建立人民币离岸市场以及人民币支付结算中心，方便沿线国家企业以及我国企业办理跨境金融业务。

何梅芳在《基于"一带一路"下的物流特色专业建设研究与实践》中认为，"一带一路"建设是要通过生产让生产要素更加顺畅便利的流通，而构建则包括了沿线国家在内的自由开放经济体系。在整个体系里，物流不但是最重要的内涵，同时也是最不能缺少的一部分，"一带一路"通过连通大陆的贸易通道和产业通道，把那些零散的地区经济连接起来，通过沿线国家贸易的增加，产业转移就会发生变化，其沿线物流的流量也一定会有所增加。"一带一路"倡议下，相关人员需要对当前的物流体系进行完善。在确定物流专业设计的基础上，要对物流行业动态、物流节点、物流通道等方面进行系统的设计，这样才能制定出规范的建设方案，同时还能很好地应对在建设过程中所遇到的问题和困难。

陈茜芷在《基于"一带一路"战略中国港口定位的转换》中认为，在"一带一路"倡议不断发展的情况下，港口成为支撑我国国际化发展的重要基础，也成为提升我国经济战略转型的重要组成部分。因此实现港口的转换升级、港口定位的转换是十分重要的，对其研究意义也十分重大。文章对港口如何实现转换升级、港口转换的意义做出了分析研究。

房京臣在《试析"一带一路"背景下跨境电子商务的现状及发展》一文中认为，在"一带一路"背景下，应严格按照《电子商务法》的要求，不断完善相关的法律法规体系，积极引导创新物流等配套产业的发展模式，加强对跨境电子商务人才的培训。该文章主要从"一带一路"背景下跨境电子商务的现状入手，详细地阐述了"一带一路"背景下跨境电子商务的发展。

黄鑫、张红红在《"一带一路"倡议下我国对外投资的风险防范研究》中指出,在"一带一路"倡议下,我国大部分企业为进一步加快"走出去"的步伐,开始注重对外投资。然而,在对外投资的过程中却面临着诸多的问题,进而导致在对外投资过程中存在很大的风险。基于此,文章在概述"一带一路"倡议下我国对外投资必要性的基础上,分析了我国对外投资存在的投资环境风险、货币金融风险以及投资方式风险,并针对这些投资风险,提出了风险防范措施,为有效防范投资风险提供借鉴和参考。

杜芳芳在《"一带一路"倡议下中国高铁"走出去"的挑战与对策》一文中认为,在"一带一路"倡议下,中国高铁"走出去"的步伐加快了,但同时也不可避免地遇到了不少挑战。该文章从中国高铁自身的原因和外部环境的原因两方面对"一带一路"倡议下中国高铁"走出去"遇到的挑战进行了分析,并针对这些挑战提出了相应的对策。

郑美君和刘宁的文章《"一带一路"背景下中国高铁出口研究》则从我国国内高铁现状出发,对我国高铁出口发展进行说明。文章采用SWOT分析法,对我国高铁出口具有的独特优势以及所面临的劣势分别进行阐述,并提出了相关建议。

彭虹在《"一带一路"战略背景下中国茶叶出口贸易的发展路径研究》一文中认为,"一带一路"倡议的实施在给中国对外经济发展带来机遇的同时,也给中国农产品出口贸易带来了挑战。该文章以中国茶叶出口为例,强调以"一带一路"为发展契机,优化茶叶出口,在技术、文化、渠道以及基础设施建设方面进行积极准备,利用"一带一路"倡议优势促进中国茶叶出口升级。

黄海瑛在《云环境下的"一带一路"语言数据版权风险》一文中认为,"一带一路"倡议离不开语言服务,而目前语言大数据的版权问题突出。文章调研云环境下"一带一路"语言数据增长现状,分析云环境下"一带一路"语言数据的版权客体范畴,归纳云环境下"一带一路"语言数据版权风险类别,提出了云环境下"一带一路"语言数据版权风险对策。

三、"一带一路"沿线及相关国家研究

李晓和李俊久在《"一带一路"与中国地缘政治经济战略的重构》一文中,鉴于目前有关"一带一路"倡议的研究欠缺对中国地缘政治经济战略的历史演进和重构本质的深入分析,从大历史、近代史和现代史的三重视角探讨了"一带一路"倡议的历史背景,并从大国崛起与发展的困境入手,阐述了该战略的多重现实背景。为确保"一带一路"的顺利推进,中国需遵循的地缘政治经济战略重构逻辑主要有:一是界定新时期中国的核心国家利益;二是识别威胁中国核心国家

利益的关键要素；三是决定如何恰当地运用国家的综合实力去维护其核心利益。具体到操作层面，必须诠释或者处理好八个关键问题：（1）界定中国在当今国际体系中的国家定位和核心利益；（2）厘清"一带一路"与当今世界秩序的关系；（3）评估"一带一路"倡议面临的优劣势、机遇和挑战；（4）诠释"一带一路"框架下的区域经济合作；（5）理顺"一带一路"建设与国内体制改革的关系；（6）处理好"一带一路"建设中全面推进与重点突破的关系；（7）重构中国与"一带一路"沿线国家的新型国际关系；（8）构建一个可支撑中国长期可持续发展的国际体系。

姜彤、王艳君、袁佳双等所做的《"一带一路"沿线国家2020—2060年人口经济发展情景预测》一文，应用IPCC共享社会经济路径（SSPs）开展"一带一路"沿线国家的人口和经济情景预测，研究可持续路径（SSP1）、中间路径（SSP2）、区域竞争路径（SSP3）、不均衡路径（SSP4）和化石燃料为主发展路径（SSP5）下，"一带一路"沿线国家社会经济的变化趋势，构建"一带一路"沿线国家人口和经济发展情景数据库，服务于气候变化影响、风险、适应和减缓路径方案设计。研究表明：（1）2016年"一带一路"沿线国家总人口占全球人口的62.3%，GDP总量占全球的31.2%。其中"21世纪海上丝绸之路"经过的东南亚和南亚地区经济总量大，但人口密集，人均GDP较低；"丝绸之路经济带"涵盖的中亚、西亚、东欧等地区人口密度小，经济相对发达。（2）"一带一路"沿线国家未来人口和经济整体呈增长趋势，但不同的社会经济发展政策对人口经济变化有重大影响。不同的SSPs路径下，2060年人口将比2016年水平增加3.3亿（SSP5）~18.3亿人（SSP3），经济总量达到2016年水平的3.0（SSP3）~6.4倍（SSP5）。人口占全球总量的比重持续减少，经济比重则有所增加。（3）21世纪中期（2051~2060年），"一带一路"沿线国家平均人口密度约95人/km^2，GDP约164万美元/km^2。不同社会经济发展政策间人口经济分布有一定差异，SSP3路径下大部分国家人口增长迅速，但经济发展缓慢，人均GDP多低于2万美元；SSP5路径下人口相对较少，经济发展迅速，大多数国家人均GDP超过2.5万美元；其他3种路径下人口经济发展介于SSP3和SSP5之间。

陈万旭和李江风等人的《中国"一带一路"沿线资源环境基础支撑能力的动态测度》一文在以往研究基础上对相对资源承载力模型进行改进，采用改进后的相对资源承载力模型对"一带一路"沿线省区资源环境基础对经济和人口的支撑能力进行研究。引用加权几何平均模型测度区域相对资源承载力，既考虑了资源的匹配，又考虑了各种资源的相对重要性，同时运用了基于优势资源牵引效应原则和劣势资源束缚效应原则下的相对综合承载力模型，避免了权重的使用。运用该模型对"一带一路"沿线省区以及不同区域的相对资源经济和人口承载力进行测度，通过测度结果与实际人口规模和经济规模对比，分析不同区域经济和人口承载状态。

陈继勇和陈大波在《中国对"一带一路"沿线国家出口商品贸易潜力的实证研究》一文中认为，经贸合作是"一带一路"建设的重点。通过贸易互补指数 TCI 对中国与"一带一路"沿线国家的贸易竞争和互补性进行分析可以发现，中国与"一带一路"沿线欠发达国家的贸易结构和要素禀赋更加相似，而与"一带一路"沿线相对发达国家的贸易结构和要素禀赋更加互补。在此基础上通过建构引力模型并使用非线性最小二乘法，分析中国对"一带一路"沿线国家的出口商品贸易潜力及影响因素，结果表明，中国对"一带一路"沿线国家的出口额随着中国与"一带一路"沿线国家的 GDP、人口，美元兑换人民币的汇率及贸易互补指数的增长（上升）而增长，随着中国与"一带一路"沿线国家之间距离的增加而显著减少。中国与"一带一路"沿线国家的双边贸易额增加的主要驱动因素是双方贸易结构互补和要素禀赋的差异。为此，中国应从以下四个方面着手增加中国与"一带一路"沿线国家的双边贸易额：（1）大力推进"一带一路"沿线国家的基础设施建设，实现互联互通；（2）提升"一带一路"沿线国家贸易投资便利化水平，深化经贸合作关系；（3）加快经济增长方式和外贸发展方式的转变，提升中国企业在全球价值链中的地位；（4）通过与"一带一路"沿线国家的产能合作，形成新的要素禀赋优势互补，实现互利共赢和共享发展。

谷合强的《"一带一路"与中国—东盟经贸关系的发展》一文讲到，"一带一路"是中国统筹国内经济发展与深化对外开放的重要战略性举措，东南亚是中国周边外交的优先发展方向和"一带一路"涵盖的重要区域之一，东盟则是中国的重要战略合作伙伴与"一带一路"建设的重要参与者。"一带一路"为中国—东盟经贸关系发展注入了"平等协商""互助共建""开放共享"新理念，搭建起"系统化工程""跨国工业园区""优势产业合作""多元化创新"与"战略对接"新平台，建立了"决策与对接""市场化运行"与"跨国联通"新机制。同时，"一带一路"在东南亚的推进面临来自东盟国家内部民族主义滋长和域外大国力量干扰等因素的消极影响。在未来双边经贸合作中，中国需要更加主动地承担大国责任，发扬奉献精神和展示必要的宽容胸怀。

杜永红在《中美新型大国关系——"一带一路"建设与世界经贸格局发展》一文中认为，"一带一路"倡议是中国提供给全球的公共产品，是推动国际合作、促进世界经济增长的催化剂。美国和中国是全球最大的两个经济体，经贸合作是中美关系的压舱石，扩展与强化中美经贸合作事关世界经济兴衰，构建新型中美大国关系将具有深远的全球影响。在"一带一路"框架下中美之间的良性互动关系将为双方实现互利发展创造空间，为国际发展和全球治理提供新的助力。因此，应以"一带一路"建设为契机，中美携手建立以包容共享为基础的国际经济新秩序，构建平等互利的国际分工体系，建立合理化的国际贸易规则与合作机制，建设包容有序的国际金融体系；联合引领可持续发展的新型全球化，率先成立"全球基础设施联盟"，积极推进包容性的全球化，推动构建共生型国际体系；协力促进以共同发展为目标的新型国际合作，以"一带一路"为中心构建全球性自贸区群，深挖"一带一路"市场潜力，合力推动全球经济强劲、可持续、平衡、包容增长，开创共享未来。

公丕萍、宋周莺和刘卫东的《中国与"一带一路"沿线国家贸易的商品格局》一文认为，经贸合作是"一带一路"建设的重点内容之一，研究中国与"一带一路"沿线国家的经贸合作演变特点及格局，对于促进沿线各国经济繁荣与区域经济合作以及实现"贸易畅通"具有重要意义。该文章在文献回顾的基础上，基于大量的数据分析，梳理了2001年以来中国与沿线国家贸易的商品结构演化历程，并采用显性比较优势指数、敏感性行业度量及k值聚类算法等，对中国与沿线国家贸易商品结构及格局进行了深入分析。研究结果显示：（1）中国对沿线国家的出口商品结构有所优化，进口商品结构日趋集中，能源及劳动密集型产品比重上升；（2）中国与沿线国家贸易的商品结构与各国出口优势行业基本一致；（3）中国与经济规模相对较小且产业结构较为单一的国家存在一些敏感性行业，出口方面涉及服装鞋帽、矿物制品及交通运输设备等，进口主要涉及能源、矿砂及一些资源初级加工品；（4）由于国内各省发展差距明显，中国出口商品的空间连续性较差。

方旖旎的文章《中国企业对"一带一路"沿线国家基建投资的特征与风险分析》通过对"一带一路"沿线国家中国企业投资基础设施数据进行分析，认为中国企业对"一带一路"沿线国家基建投资有以下特征：（1）中国企业产能富余，沿线国家基建基础差、市场广；（2）"一带一路"沿线基础设施建设规模增长迅速，大型基建项目集中于亚欧地区；（3）沿线基建项目失败率高于中国企业平均投资水平；（4）在"一带一路"倡议落实阶段，中国企业进一步加快了对沿线国家基建投资进程等。在"一带一路"沿线17个中国企业基建投资集中地国家中，有10个国家面临较高经济风险，12个国家面临较高非经济类风险，二级指标中社会弹性风险较大，大型基建项目通常规避对华关系较差地区。对此，政府应该平衡大国间地缘政治，制定企业保护机制，提高"走出去"政策的针对性，加强对基建的金融支持。企业则应该重视风险控制制度化，重视东道国法律缺陷，平衡各利益相关方，重视东道国的社会资源。

杨雷的《中俄共同推进欧亚地区合作的基础与路径》认为，中国与俄罗斯先后提出推进欧亚地区合作的倡议，这不是偶然的，而是国际、地区和国内形势发展的结果,有其合理性与必然性。该文章通过对"一带一路"和大欧亚伙伴关系倡议在理论基础、主要内容、国际社会的支持三方面的对比分析,认为两大倡议的理论基础虽然不同,但在主要内容上同大于异,国际社会的反应使两大倡议对接有着较强的现实需要。中俄两国确定将两大倡议对接,但它们之间还存在着一些差异,为了保证两国能够长期合作,需要做相应的对接工作。该文章既注重两大倡议的文本研究和政策趋向分析,也关注大国关系与现实问题对这一议题的直接影响。

林民旺的《印度对"一带一路"的认知及中国的政策选择》一文认为,中国提出"一带一路"倡议后,受到了国际社会的广泛支持。在"一带一路"所辐射的地区大国中,印度的态度值得关注。作者主要从社会认知的角度,考察印度智库、媒体、学者对"一带一路"的基本看法以及对于印度是否应该加入中国"一带一路"的争论。从研究中可以发现,印度社会对"一带一路"的看法存在较大分歧。一方面,不少分析认为,"一带一路"将给印度经济发展带来重大机遇,印度需要把握良机;另一方面,也有分析认为,"一带一路"是中国重塑亚太格局的大战略,将导致中国更大程度地进入印度的南亚"后院",给印度带来长远的战略忧患。印度官方则采取了"没有态度"的表态,显示出印度谨慎应对的立场。基于印度的这一认知,作者提出了关于中国化解印度忧虑的基本思路,即寻求中印在南亚地区政策上的对接,尝试建立多边磋商沟通机制以及进一步发展彼此间的战略互信。

苗吉的《多元中的演进:日本视野中的"一带一路"倡议》一文认为,日本是"一带一路"倡议实施的重要外部因素。准确把握日本对"一带一路"倡议的认知及其动态趋势,鼓励和引导其积极面,规避和管控其消极面,对顺利实施"一带一路"倡议具有重要的现实意义。作者对"一带一路"倡议提出以来日本官方人士的言论、媒体报道与评论、学术文章及智库研究报告等分析发现,上述主体对"一带一路"倡议的认知存在较大差异,并大致可以分为三个阶段:第一阶段,从"一带一路"倡议提出到《愿景与行动》出台,日本各界对"一带一路"倡议的了解不够,其中媒体居于舆论先导地位,主要关注中方意图,认知总体上较为负面;第二阶段,《愿景与行动》出台后,日本各界开始对"一带一路"倡议集中研判,对"一带一路"倡议的认知趋于全面、深入、积极,学界和智库成为此轮评估的主导力量;第三阶段,高峰论坛之后,上述各界对"一带一路"倡议的总体认知更趋理性、客观、务实,日本政府成为此轮认知转变的主导力量。认知转变成为日本对"一带一路"倡议姿态与政策调整的基础。日本各界对"一带一路"倡议的认知呈现出以下三个特征:"多元主体、同向演进";利益驱动和政治主导;受联合国、亚投行以及美国和欧盟等立场的影响。应以日本对"一带一路"倡议认知和姿态转变为契机，寻求两国在"一带一路"倡议框架下的合作。

田原和李建军的《中国对"一带一路"沿线国家 OFDI 的区位选择——基于资源与制度视角的经验研究》一文中提出了基于资源与制度视角的一国 OFDI 区位选择理论假说，并以"一带一路"沿线 45 个国家作为研究样本，运用面板数据模型，实证检验了中国对"一带一路"沿线国家 OFDI 区位选择的影响因素，结果显示：（1）中国对"一带一路"沿线国家 OFDI 具有较强的"资源寻求"动机，虽然市场规模并非吸引中国 OFDI 的主要因素，但总体而言，市场机会更多、市场潜能更大、劳动力资源和自然资源更充裕的"一带一路"沿线国家对中国 OFDI 有更大的吸引力；（2）单纯从制度质量角度分析，中国 OFDI 倾向于流入政治风险较高、经济制度质量和法律制度质量较低的"一带一路"沿线国家，显示出较强的"制度风险偏好"特征；（3）"一带一路"沿线国家丰裕的自然资源可以在一定程度上抵消制度质量不健全对中国 OFDI 的阻碍作用，中国对"一带一路"沿线国家 OFDI 并不存在真正意义上的"制度风险偏好"。本研究对政府制定"一带一路"投资政策以及加快中国和"一带一路"沿线国家产业合作具有一定的参考价值。

马建英的《美国对中国"一带一路"倡议的认知与反应》一文认为，"一带一路"倡议能否顺利实施，不仅需要沿线国家的积极响应，也离不开域外国家，尤其是域外关键大国的理解和支持。作为塑造中国周边环境最为重要的外部因素之一，美国对"一带一路"倡议的认知和反应无疑至关重要。作者通过对美国媒体、学界、智库等的考察发现，美国国内虽然也不乏一些理性、客观的声音，但是总体上对中国的意图存在较大疑虑，认为"一带一路"倡议是中国拓展国际影响力的战略工具，将为中美之间带来广泛的竞争，并会威胁到美国在欧亚大陆的利益和领导地位。美国官方则对"一带一路"倡议采取了选择性回应：一方面，从整体上对该倡议进行"冷处理"，官员较少公开提及甚至有意淡化其积极意义；另一方面，在需要借助于中国的特定领域，则表达了谨慎的欢迎与合作态度。基于美国的认知与反应，作者提出了一些中国的策略选项，包括扭转"观念市场"，引导美方树立"我们的事业"意识；从最易处着手，打造吸引美国合作的示范工程；争取与美国的"新丝绸之路"计划对接，避免双方恶性竞争；妥善处理好周边海洋争端，防止相关国家加速倒向美国；坚持市场机制主导地位，为美国等域外国家企业创造平等参与机会；注重与美国主导的国际机构合作，化解多边阻力和政治风险。

四、"一带一路"文化相通

潘静在《解决留学生文化认同及英语教学对策 构建一带一路国家经济繁荣》一文中认为,随着湖南省参与"一带一路"的建设以及文化"走出去"战略的推动,越来越多的"一带一路"沿线国家留学生选择来湖南省留学。留学生数量的增加对中华文化以及湖湘文化的传播具有积极的影响,但留学生来湖南之后的文化认同感并未随着数量的增加而加强,因此,如何提升来湘留学生的文化认同感是来湖南留学生教学中需要重视的一个板块。该文章通过分析来湖南的国际留学生在文化认同上的困难,提出英语文化课堂的教学对策,以解决来湖南国际留学生文化认同感低的问题。

付文尧和蔡德明在《"一带一路"背景下非物质文化遗产的生产性保护创新研究》一文中认为,在消费社会的背景下,文化创意产业的兴起为非物质文化遗产(以下简称"非遗")的生产性保护提供了新思路。借助国家"一带一路"倡议的契机,依循人们的文化消费心理,结合"非遗"自身特点,创新"非遗"与文化创意产业的融合,拓展"非遗"生产性保护视野,更新"非遗"生产性保护手段,是当下"非遗"保护转型升级的重要内容。可以说,"一带一路"倡议的提出和实施为"非遗"的生产性保护提供了更广阔的市场空间,同时也赋予了"非遗"保护更重要的历史责任。

五、其他方面的相关研究成果

马玉梅和高梦琦的《中国公共外交研究综述》一文通过分析国内学界对公共外交研究的相关文献,探讨中国公共外交的内涵及重要意义,并结合"一带一路"倡议,探讨了"一带一路"公共外交的重要意义和面临的困难与挑战,并提出推动"一带一路"公共外交的现实路径,最后,对"一带一路"公共外交取得的重大成果进行了梳理。

赵新力的《全球最大的区域发展倡议和实践——"一带一路"》一文认为,"一带一路"倡议提出以来,得到了70多个国家和地区的积极参与和国际社会的广泛认可,已经成为全球时空跨度最大、GDP产出最多、涉及人口最多、文化包容最广的区域发展倡议和实践。回顾共享和平、共同发展的"一带一路"历史,推陈出新、与时俱进的"一带一路"内涵,用科技创新支撑引领"一带一路"发展,实践构想面向全球永续发展的"一带一路",该文章分别从共享和平共同发展的"一带一路"历史、推陈出新与时俱进的"一带一路"内涵、科技创新支撑引领的"一带一路"发展、面向全球永续发展的"一带一路"构想等方面进行了阐述。

卢锋、李双双等合作的文章《为什么是中国？——"一带一路"的经济逻辑》认为，作为东亚与欧洲"中间广大腹地国家"共同谋求发展的宏大规划，中国倡导的"一带一路"包含政策沟通、设施联通、贸易畅通、资金融通、民心相通等广泛系统的合作内容。"一带一路"是中国新时期全方位扩大对外开放战略的重要组成部分，凸显出中国更加重视与广大发展中国家携手共进谋发展的清晰指向，传递出做长发展中国家经济增长"短板"以培育全球经济新增长点的新思路，体现了开放国策、外交战略、结构调整、促进增长目标之间的良性互动关系。中国现阶段生产能力在常规制造与建造方面具有比较优势，在开放宏观经济领域拥有充裕的国民储蓄与外汇储备资源。通过共建"一带一路"，中国将有机会向世人展示，中国是广大发展中国家可靠且得力的合作发展伙伴，中国也将通过与广大发展中国家共谋发展而获得广泛利益。

李东城在《"一带一路"战略对我国民族关系的影响探究——基于马克思主义民族理论的分析》一文中提出，马克思、恩格斯、列宁、斯大林对民族交往有着诸多论述，形成了马克思主义民族交往理论。基于马克思主义民族交往理论的分析，"一带一路"倡议对我国民族关系的发展具有重要影响，"一带一路"倡议将进一步扩大我国各民族间的交往，伴随着民族交往的扩大，我国民族关系将面临新的挑战。

朱新田在《"一带一路"背景下我国金融投资发展的对策研究》一文中认为，随着经济全球化的不断深入，金融行业面临着前所未有的挑战和契机。为满足各地经济的全面提升，我国顺应时代发展，积提出"一带一路"倡议，为周边国家和本国的有效沟通和联系给予了广阔空间。文章主要围绕"一带一路"环境下我国金融投资的现状和必要性展开分析，并提出了有效策略。

安晓明在《我国"一带一路"研究脉络与进展》一文中用文献综述的方法通过对我国"一带一路"相关文献进行梳理发现，学界的研究主要集中于以下几个方面："一带一路"对我国及全球的意义与作用；中国在"一带一路"中可能面临的挑战与风险及如何规避；"一带一路"的顶层设计和体制机制创新的探索；我国与"一带一路"沿线国家各领域的合作；国内省份的定位与对接融入等。受限于"一带一路"倡议提出时间较短和实施难度大等特性，目前对于"一带一路"的研究主要集中于"一带一路"建设的前期工作和基础性工作，未来还需要学界继续进行系统化的研究。

宋爽和王永中的《中国对"一带一路"建设金融支持的特征、挑战与对策》一文认为，"一带一路"倡议提出以来，中国通过银行贷款、投资基金和债券市场等途径为沿线国家提供了规模可观的金融支持,但面临着独自承担大量融资压力和风险、民营资本参与度不高、资本市场未能发挥有效作用、区域和行业分布不平衡等挑战。为了稳定有序推进"一带一路"建设,中国应尽快主导建立"一带一路"金融合作框架体系,并以加强境内外资本合作、拓展公私合营机制、强化资本市场联通和建设金融服务体系为重点任务。

储殷和高远的文章《中国"一带一路"战略定位的三个问题》认为,"一带一路"倡议在大方向基本清晰的情况下,在战略定位上仍然存在着三个有待进一步厘清的问题,包括"一带一路"是全球战略还是区域战略?"一带一路"应以多重双边伙伴关系为基础还是应以跨区域整合为基础?"一带一路"倡议应以西北方向为优先还是应以东南方向为优先?对这三个问题的诠释对于"一带一路"倡议的推进有着极为重要的意义。这一倡议虽然表现出了一定的全球战略的特征,但在本质上还是区域性的;其推进必须以多重双边伙伴关系为基础。就目前的具体政治形势与经济形势来看,"一带一路"倡议开拓西北面临更大的不确定性。

唐青叶和申奥利用文献综述的方法在论文《"一带一路"及"人类命运共同体"话语体系构建的现状、问题与对策》中,对2013~2017年国内外有关"人类命运共同体""一带一路"研究现状进行数据分析。结果显示,国内"一带一路"背景下的沿线各国基础设施、经济、金融、地缘关系等研究火热,相关政治话语及核心概念"人类命运共同体"研究偏冷,存在虚化、泛化现象;境外舆情研究得到了前所未有的关注,几乎涉及沿线所有国家和区域,但"一带一路"话语本体研究、历史资源和学理基础研究薄弱,少有对受众差异性、国外媒体的误读、质疑及零报道开展针对性研究,"一带一路"话语体系构建有待进一步完善。据此,该文章将"人类命运共同体"与"一带一路"进行整合,再符号化为"一体一带一路",进而提出建设性意见,以便深入认识其与中国对外政治话语体系构建的关系,推进中国政治话语体系创新研究。

六、结语

从习近平主席提出"一带一路"倡议以来,我国学界对"一带一路"的研究已经形成了一定规模,对其所涉及领域及研究方向进行总结归纳就显得尤为重要。目前对于"一带一路"的相关研究,总体来看仍处于前期研究阶段,主要原因是"一带一路"的提出时间较短,而涉及的相关国家及产业又十分复杂,所以目前学界的研究呈现出了一个阶段性的成果。

从总体情况来看,学术界在"一带一路"倡议提出的前期阶段形成了较为统一的研究方向，认为我国实施"一带一路"倡议主要有利于消化我国过剩产能，促进产业转型升级，重塑我国区域发展格局，强化国家安全，促进大国和平崛起，为全球提供公共产品。而在"一带一路"倡议实施过程中，所面临的挑战，一方面是国内各省和地区的竞争问题，另一方面是由国际形势复杂带来的国家安全与政治外交风险及少数西方媒体对"一带一路"的误读与构陷等政治风险，以及投资贸易、金融等经济风险。在"一带一路"的相关研究成果中，对这类问题的研究占了很大比重。对于体制机制创新的研究有两个方向：一是整体性的体制机制创新，如顶层设计等；二是在与"一带一路"相关国家和地区合作以及地方对接融入中形成了体制机制的创新，这类研究贯穿整个阶段。我国与"一带一路"沿线国家的合作重点主要有基础设施的互联互通、产业合作、经贸合作、金融合作、人文交流与合作等领域。从各省地区"一带一路"的相关研究方面，主要是利用各省地区的地理、经济和资源优势，融合"一带一路"进行经济发展方面的研究。

从以上可以看出，对"一带一路"的相关研究，目前还处于基础研究阶段，在相关理论层面形成了一些粗框架的结构。但目前由于"一带一路"倡议提出的时间较短，而情况又较为复杂，所以对"一带一路"的相关研究仍需要进一步深入和拓展。随着"一带一路"的实施推进，可以预见，"一带一路"的体制机制创新、我国与"一带一路"沿线国家和地区的合作、"一带一路"中的风险规避、"一带一路"倡议的地方应对与融入将会是未来研究的重点。

参考文献

[1] 孙楚仁，张楠，刘雅莹."一带一路"倡议与中国对沿线国家的贸易增长 [J]. 国际贸易问题，2017（2）：83-96.

[2] 张伟. 中国"一带一路"建设的地缘战略研究 [D]. 长春：吉林大学，2017.

[3] 孙壮志."一带一路"合作空间拓展的着力点探究 [J]. 新疆师范大学学报（哲学社会科学版），2018，39（1）：25-35，2.

[4] 沈骑，夏天."一带一路"语言战略规划的基本问题 [J]. 新疆师范大学学报（哲学社会科学版），2018，39（1）：36-43.

[5] 周庆生."一带一路"与语言沟通 [J]. 新疆师范大学学报（哲学社会科学版），2018，39（2）：52-59，2.

[6] 吴宏伟."一带一路"视域下中国与中亚国家的经贸合作 [J]. 新疆师范大学学报（哲学社会科学版），2018，39（3）：94-101，2.

[7] 方英,马芮. 中国与"一带一路"沿线国家文化贸易潜力及影响因素:基于随机前沿引力模型的实证研究[J]. 世界经济研究,2018(1):112-121,136.

[8] 梁枢,王益民. "一带一路"倡议背景下中国体育产业的全球价值链升级研究[J]. 体育与科学,2018,39(2):7-12.

[9] 王娟娟,刘萍. 区块链技术在"一带一路"区域物流领域的应用[J]. 中国流通经济,2018,32(2):57-65.

[10] 宋长青,葛岳静,刘云刚,周尚意,吴相利,胡志丁,程昌秀,高剑波,方创琳,韩增林,武友德,吉力力·阿不都外力,彭飞,刘建忠,董锁成,王国梁,熊理然,潘峰华. 从地缘关系视角解析"一带一路"的行动路径[J]. 地理研究,2018,37(1):3-19.

[11] 王传奇,李刚. "一带一路"智库调研[J/OL]. 图书馆论坛,2018(4):1-6 [2018-06-18]. http://kns.cnki.net/kcms/detail/44.1306.G2.20170818.1103.002.html.

[12] 姜彤,王艳君,袁佳双,陈迎,高翔,景丞,王国复,吴先华,赵成义. "一带一路"沿线国家2020—2060年人口经济发展情景预测[J]. 气候变化研究进展,2018,14(2):155-164.

[13] 唐青叶,申奥. "一带一路"及"人类命运共同体"话语体系构建的现状、问题与对策[J]. 北京科技大学学报(社会科学版),2018,34(1):12-17.

[14] 谷合强. "一带一路"与中国—东盟经贸关系的发展[J]. 东南亚研究,2018(1):115-133,154.

[15] 杜永红. 中美新型大国关系、"一带一路"建设与世界经贸格局发展[J]. 中国流通经济,2018,32(4):85-93.

[16] 赵子华,叶前林,何伦志. "一带一路"倡议助推人民币国际化面临的障碍及策略选择[J]. 对外经贸实务,2018(1):30-33.

[17] 郑美君,刘宁. "一带一路"背景下中国高铁出口研究[J]. 合作经济与科技,2018(2):60-62.

[18] 陈继勇,陈大波. 中国对"一带一路"沿线国家出口商品贸易潜力的实证研究[J]. 湖北大学学报(哲学社会科学版),2018,45(1):109-117,168.

[19] 田原,李建军. 中国对"一带一路"沿线国家OFDI的区位选择——基于资源与制度视角的经验研究[J]. 经济问题探索,2018(1):79-88.

[20] 彭虹. "一带一路"战略背景下中国茶叶出口贸易的发展路径研究

[J]. 山西农业大学学报（社会科学版），2018，17（4）：70-76.

[21] 苗吉. 多元中的演进：日本视野中的"一带一路"倡议[J]. 辽宁大学学报（哲学社会科学版），2018，46（1）：143-152.

[22] 罗会钧，戴薇薇."一带一路"背景下中俄合作的动力、风险与前景[J]. 中南大学学报（社会科学版），2018，24（1）：120-126.

[23] 王珍珍，甘雨娇. 中国与"一带一路"沿线国家港口联盟机制研究[J]. 东南学术，2018（1）：175-183.

[24] 龚晓莺，陈健. 中国"一带一路"背景下的包容性全球化理论与引领路径分析[J]. 教学与研究，2018（1）：15-22.

[25] 李宝贵，尚笑可."一带一路"背景下汉语国际传播的新机遇、新挑战与新作为[J]. 辽宁大学学报（哲学社会科学版），2018，46（2）：121-130.

[26] 漆彤. 论"一带一路"国际投资争议的预防机制[J]. 法学评论，2018，36（3）：79-87.

[27] 席岩."一带一路"倡议下高校创新创业教育的发展路径[J]. 中国成人教育，2018（3）：68-71.

[28] 颇钦·蓬拉军，李冰."一带一路"与中泰关系[J]. 南开学报（哲学社会科学版），2018（1）：151-158.

[29] 梅冠群. 印度对"一带一路"的态度变化及其战略应对[J]. 印度洋经济体研究，2018（1）：38-57，139.

[30] 方格格."一带一路"倡议国内外传播效果对比——基于语料库的媒介话语分析[J]. 传媒，2018（1）：70-73.

[31] 于明远，范爱军. 全球能源互联网：推进"一带一路"发展新契机[J]. 理论学刊，2018（1）：78-84.

[32] 齐绍洲，徐佳. 贸易开放对"一带一路"沿线国家绿色全要素生产率的影响[J]. 中国人口·资源与环境，2018，28（4）：134-144.

[33] 陆梦秋，陈娱，陆玉麒."一带一路"倡议下中国陆海运输的空间竞合格局[J]. 地理研究，2018，37（2）：404-418.

[34] 陈强，文雯."一带一路"倡议下来华留学生教育：使命、挑战和对策[J]. 高校教育管理，2018，12（3）：28-33.

[35] 李薇."一带一路"对人民币国际化的影响[J]. 合作经济与科技，2018（5）：62-63.

[36] 王纲，陈艳君."一带一路"视角下中国电影产业跨国发展研究[J]. 当代电影，2018（1）：142-145.

[37] 张璐，惠宁. 一带一路背景下中国对外石油投资合作面临的机遇与挑

战［J］.对外经贸实务，2018（1）：78-81.

［38］何一民，关浩淳.全球视野下陆海经济时代与"一带一路"倡议［J］.财经科学，2018（3）：29-41.

［39］金丹."一带一路"倡议在越南的进展、成果和前景［J］.学术探索，2018（1）：25-30.

［40］徐传谌，王艺璇."一带一路"视角下影响中国产业结构变动的因素——基于省级面板数据的实证分析［J］.工业技术经济，2018，37（3）：51-55.

［41］李康震，周芮.区块链技术在一带一路国际执法合作中的应用研究［J］.北京警察学院学报，2018（2）：44-50.

［42］徐冯璐.浙江省建设"一带一路"的地方金融支持研究［J］.新金融，2018（1）：52-57.

［43］林毅夫.中国"一带一路"倡议对世界的影响［J］.探索与争鸣，2018（1）：30-33，141.

［44］田冰."一带一路"建设背景下高校思想政治教育工作创新初探［J］.毛泽东思想研究，2018，35（1）：147-152.

（作者单位：中共甘肃省委党校经济社会发展研究所）

中国对"一带一路"相关国家的出口贸易潜力及影响因素的实证研究

——基于贸易竞争与互补性视角

陈继勇　陈大波

一、引言和文献综述

2013年9月和10月,中国国家主席习近平在出访哈萨克斯坦和印度尼西亚期间,先后提出了共同建设"丝绸之路经济带"和"21世纪海上丝绸之路"①的重大倡议,强调相关各国要打造互利共赢的"利益共同体"和共同发展繁荣的"命运共同体"。为了全面推进"一带一路"倡议,2015年3月,中国政府发布了《推动共建丝绸之路经济带和21世纪海上丝绸之路的愿景与行动》,系统地阐述了"一带一路"的内涵和主张,并提出了中国和相关国家共建"一带一路"的方向和任务。"一带一路"倡议以经贸合作为基础和主干,以人文交流为重要支撑,并倡导开放、包容和共赢的合作理念。"一带一路"把亚洲、非洲和欧洲的很多国家连接在一起,使相关国家之间实现互通有无和优势互补,并通过建立和完善相关国家的产业链和价值链,推动亚洲、亚欧和亚非之间的区域经济合作。

"一带一路"倡议的重点是经贸合作,中国从汉代开始就通过古代丝绸之路与相关国家进行贸易往来,经过2 000多年的发展,尤其是改革开放以来,中国与"一带一路"沿线国家的贸易额已经发生了翻天覆地的变化②。中国对"一带一路"沿线国家的出口贸易额从1984年的39.76亿美元增加至2014年的6 790

---

① "丝绸之路经济带"和"21世纪海上丝绸之路"简称"一带一路"。
② 贸易额仅指货物贸易额,下同。

亿美元，年均增长率高达 18.69%[①]。1990~2013 年间，全球贸易的年平均增长速度为 7.8%，而"一带一路"沿线 65 个国家同时期的外贸年平均增长速度为 13.1%，特别是在 2010~2013 年期间，"一带一路"沿线国家的对外贸易额年平均增长速度达到 13.9%，比同期全球对外贸易额年平均增长速度高出 4.6 个百分点[②]。2014 年和 2015 年，中国与"一带一路"沿线国家的贸易额分别为 11 200 亿美元和 9 955 亿美元，分别占中国外贸总额的 26% 和 25.1%[③]。当前，除了欧美国家形成的大西洋贸易轴心和由中国、日本、"亚洲四小龙"等国家和地区形成的太平洋贸易轴心之外，"一带一路"正在形成新的以亚洲和欧洲国家为核心的世界第三大贸易轴心。在中国大力发展与"一带一路"沿线国家双边贸易的同时，如何对中国与"一带一路"沿线国家的贸易结构进行分析，以推动中国与相关国家实现互通有无和优势互补？如何就中国对"一带一路"相关国家的出口贸易潜力进行测算？这对于中国与"一带一路"沿线国家开展经贸合作、推动中国与"一带一路"相关国家的出口价值链提升与产能合作有着重要意义。

国内外学者对"一带一路"的含义、"一带一路"与中国国内的经济发展和"一带一路"对地缘政治的影响进行了研究。香农·蒂耶兹（Shannon Tiezzi，2014）指出，中国的"一带一路"可以与美国的"马歇尔计划"相提并论，它们都是新兴的全球性大国运用其经济实力来寻求对外影响和实现对外政策目标的重要战略手段。叶敏（Min Ye，2014），认为"一带一路"不像 TPP 那样强调高标准的市场化和开放性，而是推崇平衡互利和互相尊重。弗林特·莱弗里特、希拉里·曼·莱弗里特和吴冰冰（Flynt Leverett, Hillary Mann Leverett & Wu Bingbing，2015）认为，"一带一路"倡议有利于提升中国西部地区的经济现代化，促进东西部地区更为协调和均衡的发展，"一带一路"也为中国商品寻找并培育新的出口市场。香农·蒂耶兹（2015）认为，"一带一路"有助于中国实现国内的经济目标，是发展中国国内经济的重要手段，它既能确保中国经济成长的高效率和高科技含量，又能不断提升中国在全球价值链中的地位。费迪南德·彼得（Ferdinand Peter，2016）认为"一带一路"加强了中国与欧洲国家在陆路和海洋运输上的联系，"一带一路"旨在促进中国西部的发展，也有助于改变中国与大部分欧亚大陆国家的经济联系。

罗里·麦德卡夫（Rory Medcalf，2014）认为印度对中方的"一带一路"倡议持保留意见，因为中国的"一带一路"倡议势必会影响其"东进"和"连接中亚"的政策。阿纳斯塔斯（Anastas，2015）认为，欧盟担心"一带一路"将

[①] 根据美国加州大学戴维斯分校国际数据中心的 WTF 数据库计算而来。
[②] 根据世界银行数据库计算而来。
[③] 来自商务部统计数据。

强化中国在欧盟对华关系的"双层结构"中的地位，使中国与欧盟成员国双边关系的分量重于中国与欧盟关系的分量，也担心中国以与成员国的双边关系为杠杆增加其在中国与欧盟关系中的话语权。克拉克·迈克尔（Clarke Michael，2016）认为"一带一路"是中国长达数十年的整合新疆进程和利用新疆独特的地缘政治地位促成以中国为中心的欧亚地缘经济系统的结果。萨默斯·提姆（Summers Tim，2016）认为，丝绸之路不只是中国新政策内容的实质创造，更反映了中国国家层次的提升，而且丝绸之路不只是一种地缘政治策略，更是一种空间性解决方案。

国内外学者也对中国与"一带一路"沿线国家的贸易进行了较深入的研究。谭秀杰和周茂荣（2015）通过随机前沿引力模型研究了"21世纪海上丝绸之路"沿线国家间的贸易潜力，同时采用一步法分析了影响因素，研究结果表明，"海上丝绸之路"的贸易效率在不断提高，中国对"海上丝绸之路"沿线国家的出口贸易仍有很大潜力。乌布伦·赛瓦德和拉梅沙·赛瓦德（Umbreen Javaid & Rameesha Javaid，2016）认为，中巴经济走廊将给中国和巴基斯坦带来极大的经济利益。孔庆峰和董虹蔚（2015）通过构建贸易便利化指标体系对"一带一路"沿线国家的贸易便利化水平进行测算，并通过拓展的引力模型研究"一带一路"沿线国家的贸易潜力，结果表明，"一带一路"沿线欧亚国家之间的贸易潜力巨大，贸易便利化水平的提升可以进一步扩大贸易潜力。崔日明和黄英婉（2016）通过建构贸易投资便利化综合评价指标体系，测算出了"一带一路"沿线国家的贸易投资便利化水平。韩永辉、罗晓斐和邹建华（2015）分析了中国与西亚双边贸易的竞争性与互补性，研究结果表明，中国与西亚国家贸易的竞争性比较弱，双方表现出较强的贸易互补性。魏龙和王磊（2016）通过统计分析发现，中国与"一带一路"相关国家在产业间和产业内的互补性都多于竞争性，中国处于区域价值链的高附加值环节，并具有主导价值链的条件。邹嘉龄、刘春腊、尹国庆和唐志鹏（2015）分析了中国与"一带一路"相关国家的贸易依赖关系以及中国各省（市、自治区）出口贸易对其经济增长的贡献，结果表明，中国与"一带一路"相关国家间的贸易依赖程度加深，同时呈现出不均衡性。王美昌和徐康宁（2016）考察了中国与"一带一路"国家之间的双边贸易与中国经济增长之间的动态关系，结果表明，二者之间呈现出长期均衡的关系。

陈虹和杨成玉（2015）通过CGE模型进行实证分析，结果表明，中国与"一带一路"沿线国家和地区建成自贸区后，"一带一路"沿线各国的GDP增长率、进出口贸易总额都有不同程度提高；相关各国的贸易平衡趋向稳定，而中国贸易顺差逐渐扩大；中国的贸易条件和福利都得到显著改善。许和连、孙天阳和成丽红（2015）研究了"一带一路"沿线各国在贸易网络中的地位和贸易模式，结果表明，中国在"一带一路"沿线国家的高端制造业贸易网络中发挥着关键的"桥梁"作用，并在整个高端制造业贸易网络中是出口行为的发出者。刘洪铎、李文宇和陈和（2016）考察了中国与"一带一路"沿线国家的文化交融对双边贸易关系的影响后发现，中国与"一带一路"沿线国家的文化交融度与双边贸易流量都呈倒 U 型的非线性关系，中国与"一带一路"沿线国家双边的文化交融仍然存在较大的提升空间。龚静和尹忠明（2016）通过构建异质性随机前沿模型，研究了铁路建设对中国"一带一路"倡议的贸易效应，结果表明，铁路运输时间节约及运输距离减少都能提高中国出口贸易效率。孙瑾和杨英俊（2016）计算了"一带一路"沿线主要国家与中国的双边贸易成本，结果表明，中国与"一带一路"沿线主要国家的双边贸易成本近二十年来整体呈现下降趋势。舒杏、王佳和胡锡琴（2016）通过 Nbreg 计数模型分析了中国企业对"一带一路"沿线国家出口频率的决定因素，结果表明，目的国需求、目的国不确定性和汇率变动对出口频率形成积极影响，而运输成本对出口频率形成消极影响。

尽管国内外学者对中国与"一带一路"沿线国家的贸易进行了一定程度的分析，但是现有文献对中国与"一带一路"沿线国家的贸易研究还是不够深入。首先，多数学者都只是对"一带一路"沿线国家中的局部国家进行研究，这些研究由于未能涵盖中国与"一带一路"沿线所有或者大多数国家的贸易，因而得出的结论也仅适用于部分国家；其次，多数学者主要从贸易便利化水平、贸易依赖关系、贸易模式、贸易成本、文化交融、贸易效率、贸易对经济增长的影响和自贸区战略对中国与"一带一路"沿线国家产生的影响来研究中国与"一带一路"沿线国家的双边贸易，这些研究揭示了中国与"一带一路"沿线国家双边贸易的原因、影响因素和存在的问题，但却未能完整解释贸易机理和贸易潜力；最后，少数学者研究了中国与"一带一路"沿线国家的贸易额及贸易潜力，但仍未分析中国与"一带一路"沿线国家双边贸易的结构，也无法分析中国与"一带一路"沿线国家的贸易竞争和互补性。本文将通过分析中国与"一带一路"沿线国家的贸易结构，来研究中国与相关国家的贸易竞争和互补性，并在此基础上通过贸易引力模型分析中国对"一带一路"沿线国家的出口贸易潜力，同时找出影响贸易潜力的因素，并据此提出相关政策建议。

二、中国与"一带一路"沿线国家双边贸易的竞争和互补性

本文使用贸易相似指数 TCI（trade conformity index）或者贸易互补指数 TCI

(trade complementarity index)① 对中国与"一带一路"沿线国家双边贸易的结构进行分析，计算指标的贸易数据来自联合国贸易和发展会议国际贸易中心的国际贸易统计，基于当前学术界和商务部对"一带一路"的界定，本文拟选取"一带一路"沿线 65 个国家作为研究对象②。但由于少数国家的数据缺失③，本文最终只选取了蒙古国、新加坡、马来西亚、印度尼西亚、泰国、老挝、柬埔寨、越南、文莱、菲律宾、伊朗、土耳其、约旦、黎巴嫩、以色列、沙特阿拉伯、也门、阿曼、阿拉伯联合酋长国、科威特、巴林、希腊、塞浦路斯、埃及、印度、巴基斯坦、孟加拉国、斯里兰卡、尼泊尔、不丹、哈萨克斯坦、乌兹别克斯坦、土库曼斯坦、塔吉克斯坦、吉尔吉斯斯坦、俄罗斯、乌克兰、白俄罗斯、格鲁吉亚、阿塞拜疆、亚美尼亚、摩尔多瓦、波兰、立陶宛、爱沙尼亚、拉脱维亚、捷克、斯洛伐克、匈牙利、斯洛文尼亚、克罗地亚、波黑、阿尔巴尼亚、罗马尼亚、保加利亚和马其顿共 56 个国家作为研究对象，同时研究的时间范围是 1996~2013 年。

中国与某一个"一带一路"沿线国家 i 的贸易互补指数被定义为：

$$TCI_i = \left[\sum_{l=1}^{1} X_l M_{il}\right]\left[\sum_{l=1}^{1} X_l^2 \sum_{l=1}^{1} M_{il}^2\right]^{-\frac{1}{2}} \quad (1)$$

其中，l 表示商品组，X_l 表示商品组 l 在中国出口中所占份额，M_{il} 表示商品组 l 在 i 国进口中占的份额。TCI 的值从 0 到 1 变化，如果 $X_l = 0$ 或 $M_{il} = 0$，中国与 i 国就有相似的贸易份额，中国与 i 国的贸易结构为完全竞争。当 TCI 的值逐渐变大时，中国的贸易结构变得与 i 国更加互补，当 TCI 等于 1 时，例如 $X_l = M_{il}$ 时，中国的出口额正好成为其贸易伙伴的进口额时，中国的贸易结构就与 i 国完全互补。TCI 表示双边贸易伙伴的贸易互补程度或者一国出口结构和其贸易伙伴进口结构的一致程度。索恩（Sohn，2005）认为，由于可贸易商品能反映两国之间要素禀赋的差异，TCI 也能表示两国要素禀赋的差异程度。

表 1 列出了中国与"一带一路"沿线国家 1996~2013 年双边贸易的贸易互

---

① 贸易相似指数和贸易互补指数都是通过相同的公式计算而来，本文以 TCI 作为贸易互补指数，下同。

② 65 个国家分别是蒙古国、新加坡、马来西亚、印度尼西亚、缅甸、泰国、老挝、柬埔寨、越南、文莱、菲律宾、伊朗、伊拉克、土耳其、叙利亚、约旦、黎巴嫩、以色列、巴勒斯坦、沙特阿拉伯、也门、阿曼、阿拉伯联合酋长国、卡塔尔、科威特、巴林、希腊、塞浦路斯、埃及、印度、巴基斯坦、孟加拉国、阿富汗、斯里兰卡、马尔代夫、尼泊尔、不丹、哈萨克斯坦、乌兹别克斯坦、土库曼斯坦、塔吉克斯坦、吉尔吉斯斯坦、俄罗斯、乌克兰、白俄罗斯、格鲁吉亚、阿塞拜疆、亚美尼亚、摩尔多瓦、波兰、立陶宛、爱沙尼亚、拉脱维亚、捷克、斯洛伐克、匈牙利、斯洛文尼亚、克罗地亚、波黑、黑山、塞尔维亚、阿尔巴尼亚、罗马尼亚、保加利亚、马其顿。

③ 少数国家的数据缺失主要是因为这些国家的 GDP 或出口额数据缺失，为了和下文保持一致，此处只选取了 56 个国家。

补指数 TCI 的平均值。计算结果表明，亚洲共有 23 个国家 TCI 的平均值位于 0.3~0.4 之间，欧洲共有 4 个国家 TCI 的平均值位于 0.3~0.4 之间，非洲只有 1 个国家 TCI 的平均值位于 0.3~0.4 之间；亚洲共有 12 个国家 TCI 的平均值位于 0.4~0.5 之间，欧洲共有 12 个国家 TCI 的平均值位于 0.4~0.5 之间；亚洲只有 1 个国家 TCI 的平均值位于 0.5~0.6 之间，欧洲共有 3 个国家 TCI 的平均值位于 0.5~0.6 之间。这意味着中国与 TCI 的平均值位于 0.3~0.4 的 28 个国家的贸易结构和要素禀赋更为相似，而与 TCI 的平均值位于 0.4~0.5 和 0.5~0.6 的 28 个国家的贸易结构和要素禀赋更为互补，这是因为中国与 TCI 的平均值位于 0.3~0.4 的 28 个国家都是欠发达国家，而 TCI 的平均值位于 0.4~0.5 和 0.5~0.6 的 28 个国家多数都是相对发达的国家，通过 TCI 进行分析的结果与赫克歇尔—俄林模型的结论一致。

表 1 "一带一路"沿线国家 1996~2013 年 TCI 的平均值

国家所在区域	TCI 取值范围		
	0.3~0.4	0.4~0.5	0.5~0.6
亚洲	蒙古国、老挝、柬埔寨、菲律宾、伊朗、约旦、也门、阿曼、科威特、巴林、印度、巴基斯坦、孟加拉国、斯里兰卡、尼泊尔、不丹、乌兹别克斯坦、土库曼斯坦、塔吉克斯坦、吉尔吉斯斯坦、格鲁吉亚、亚美尼亚、阿塞拜疆	新加坡*、马来西亚、印度尼西亚、泰国、越南、文莱*、土耳其、黎巴嫩、以色列*、沙特阿拉伯、塞浦路斯*、哈萨克斯坦	阿拉伯联合酋长国*
欧洲	乌克兰、白俄罗斯、摩尔多瓦、马其顿	希腊*、俄罗斯、波兰*、立陶宛、拉脱维亚、斯洛伐克*、斯洛文尼亚*、克罗地亚、波黑、阿尔巴尼亚、罗马尼亚、保加利亚	爱沙尼亚*、捷克*、匈牙利*
非洲	埃及		

注：*表示根据联合国开发计划署 2010 年 11 月 4 日的分类属于发达国家。
资料来源：International Trade Statistics of International Trade Center, UNCTAD/WTO.

三、中国对"一带一路"沿线国家出口贸易的潜力和影响因素分析

(一) 理论模型

安德森和范·温科普 (Anderson & Van Wincoop, 2003) 及赫尔普曼 (Helpman, 2008) 认为, 贸易引力模型在解释当前双边贸易的模式时很成功。根据贸易引力模型, 两个国家的经济总量规模和它们之间的距离都是两国双边贸易额的主要决定因素, 一国的经济总量规模通常用 GDP 来衡量, 出口国的 GDP 代表了出口商品的供给, 而进口国的 GDP 代表了对进口商品的需求, 当一国的 GDP 增加时, 它与贸易伙伴国的双边贸易额也将增加, GDP 对双边贸易额的影响是正向的, 两国之间的双边贸易额随着两国 GDP 的增加而增加。伯斯特兰 (Berstrand, 1985) 和弗兰克尔 (Frankel, 1997) 认为, 一国与贸易伙伴国之间的距离代表了它们的贸易成本、贸易成本包括了运输成本, 交付时间和市场准入障碍等各种贸易阻力因素, 两国之间的贸易成本是双边贸易额的影响因素, 两国之间的贸易额随着它们之间距离的增加而减少。两个国家货币兑换的汇率也会对它们的双边贸易额产生影响, 由于中国与"一带一路"沿线大多数国家的双边贸易都使用美元计价①, 中国与加入欧元区的 5 个"一带一路"沿线国家的贸易总额在中国与"一带一路"沿线的 56 个国家的贸易总额中所占比重较小, 因而本文使用美元兑换人民币的汇率衡量汇率对中国出口贸易额的影响。一般来说, 美元兑换人民币的汇率上升即人民币贬值时, 中国对"一带一路"沿线国家的出口额会增加。两个国家的人口数量也会影响两国的双边贸易额, 一国的人口数量增加使得该国消费需求增加, 这会增加该国的进口额, 同时另一国的人口数量增加时会增强该国供应能力, 从而使该国的出口额增加。贸易互补指数 TCI 作为衡量一国与贸易伙伴国贸易互补程度的自变量进入引力模型, 贸易互补指数 TCI 也反映了两国要素禀赋的差异, 两国之间贸易结构的互补程度会对双边贸易额产生影响。TCI 的值越大, 双边贸易额越大时, TCI 的回归系数就是正数, TCI 的值越大, 两国之间的贸易结构越互补, 两国的要素禀赋越不同, 这跟赫克歇尔 - 俄林模型和产业间贸易理论的观点一致。在竞争加剧的贸易环境下, TCI 的值越小, 双边贸易额越大时, TCI 的回归系数就是负数, 这种情形跟异质产品产业内贸易的规模报酬递增模型相一致。引力模型应该包括文化和历史因素, 如果两个国家有共同的语言, 就会使两国之间的交流更便利, 也使业务处理变得更容易, 从而增加双边贸

---

① 1996~2013 年间, 本文研究的"一带一路"沿线 56 个国家中只有希腊、斯洛文尼亚、塞浦路斯、斯洛伐克和爱沙尼亚共 5 个国家加入欧元区。

易额，本文通过在引力模型中引入共同语言的虚拟变量来衡量两国是否有共同语言。贸易引力模型（对数形式）能通过如下的方程来表示：

$$\ln T_{ilt} = c + \alpha_1 \ln Y_{it} + \alpha_2 \ln Y_{lt} + \alpha_3 \ln D_{il} + \alpha_4 \ln E_{it} + \alpha_5 \ln pop_{it} + \alpha_6 \ln pop_{lt} \\ + \alpha_7 \ln TCI_{tl} + \alpha_8 comlang_{il} + \varepsilon_{ilt} \quad (2)$$

其中，$\ln T_{ilt}$表示国家 i 和国家 l 在时间 t 的双边贸易额（出口额或者进口额）的对数值，$\ln Y_{it}$，$\ln Y_{lt}$分别表示国家 i 和国家 l 在时间 t 的 GDP 对数值，$\ln D_{il}$表示使用大圆距离法则计算的国家 i 和国家 l 之间距离的对数值，国家 i 到国家 l 之间的距离使用两国首都之间的飞行距离，$\ln E_{it}$表示在时间 t 美元兑换国家 i 的货币的汇率对数值，$\ln pop_{it}$表示国家 i 在时间 t 的人口数对数值，$\ln pop_{lt}$表示国家 l 在时间 t 的人口数对数值，$\ln TCI_{il}$表示国家 i 和国家 l 的贸易互补指数对数值。$comlang_{il} = 1$表示国家 i 和国家 l 有共同的官方语言或者第二语言，$comlang_{il} = 0$表示国家 i 和国家 l 没有共同的官方语言或者第二语言。

（二）数据来源和处理

为了就中国对"一带一路"沿线国家的出口贸易潜力进行研究，本文选择中国对"一带一路"沿线国家的出口额作为因变量。由于"一带一路"沿线少数国家的数据缺失，本文最终只选取了"一带一路"沿线 56 个国家作为研究对象，因变量和自变量的数据都使用年度数据，研究的时间范围为 1996~2013 年。为了消除通货膨胀的影响，年度出口额数据和 GDP 数据都使用 GDP 平减指数进行平减。中国对"一带一路"沿线国家的年度出口额数据来源于联合国商品贸易统计数据库，中国和"一带一路"沿线国家的 GDP 数据、GDP 平减指数数据和中国与"一带一路"沿线国家的年度人口数据来自世界银行世界发展指标报告，中国和"一带一路"沿线国家之间的距离使用中国首都北京到其他国家首都的飞行距离，飞行距离数据来源于 www.travelmath.com。美元兑换人民币的年度汇率数据来源于《中国统计年鉴》。中国与"一带一路"沿线国家贸易互补指数数据来源于联合国贸易和发展会议国际贸易中心的国际贸易统计。共同边界虚拟变量和共同语言虚拟变量的数据来源于 CEPII 数据库。

（三）模型估计方法

本文使用中国 GDP、"一带一路"沿线国家 GDP、中国人口、"一带一路"沿线国家人口、中国与"一带一路"沿线国家之间的距离、美元兑换人民币的汇率、TCI、共同语言虚拟变量作为自变量，通过中国与"一带一路"沿线 56 个国家 1996~2013 年的面板数据估计引力模型。贸易引力模型的传统估计方法是最小二乘法，但是席尔瓦和滕雷罗（Silva & Tenreyro, 2006）使用蒙特卡罗模拟显示,当存在异方差时,使用最小二乘法估计对数线性模型有严重的偏误,他们在对引力模型的各种估计方法进行比较后认为,泊松极大似然估计是解决贸易引力模型零值贸易流和异方差问题的最佳选择。两国之间的零贸易流是贸易引力模型中又一个经常出现的问题,解决零贸易流的第一种方法是使用在零点左截尾的Tobit模型进行估计,然而Tobit模型假定决定两个国家是否发生贸易的因素和决定这两国双边贸易额的因素相同,这显然与现实不相符。第二种解决零贸易流的方法是使用特兰、威尔逊和海特(Tran,Wilson & Hite,2013)提出的Heckman引力模型进行估计,刘(Liu,2009)认为这个模型建立在对数线性规范的基础上,所以在进行模型估计时存在异方差问题。第三种解决零贸易流的方法是使用负二项式模型进行估计。特兰(2013)认为负二项式不是规模不变的,因而引力模型不适合使用负二项式回归。孙林(2011)认为席尔瓦和滕雷罗的蒙特卡罗模拟方案更加偏重于异方差情形下模拟和比较各种实证方法的好坏,他们只是假设模拟因变量的取整偏差导致了零贸易流量,这也使得贸易流量在他们的模拟方案中取零值的比例较少,从而与现实不符。孙林(2011)通过蒙特卡罗模拟技术分析后认为,在同方差条件下,普通最小二乘法是引力模型的最佳估计方法,而在异方差条件下,非线性最小二乘法是较好的估计方法。在当前国际贸易实践中,两国的双边贸易流量的数据经常会出现异方差。本文通过White检验法对中国与"一带一路"沿线国家形成的面板数据进行了异方差检验。检验结果如表2所示,p值(Prob > chi2)等于0.0000,强烈拒绝同方差的原假设,因而面板数据存在异方差。鉴于非线性最小二乘法在异方差条件下能得到更好的估计结果,本文将使用非线性最小二乘法对引力模型进行估计。

表2　　　　　　　　　　异方差检验结果

Source	chi2	df	p
Heteroskedasticity	308.94	51	0.0000
Skewness	31.30	9	0.0003
Kurtosis	8.41	1	0.0037
Total	348.65	61	0.0000

(四)模型估计结果

本文使用4种模型形式对中国与"一带一路"沿线56个国家形成的面板数据进行估计(见表3)。从表3引力模型的估计结果来看,除了在模型4中中国GDP的回归系数不显著外,其他解释变量的回归系数的符号都与先前预期的符号一致，解释变量的回归系数也都很显著，说明引力模型对中国与"一带一路"沿线国家的双边贸易的解释是合适和有效的。

在模型 1 中，中国的 GDP 的回归系数 α_1 和"一带一路"沿线国家的 GDP 的回归系数 α_2 都是正数并都很显著，中国的 GDP 增加 1%，将使得中国对"一带一路"沿线国家的出口额增加约 1.08%，而"一带一路"沿线国家的 GDP 增加 1%，将会使得中国对"一带一路"沿线国家的出口额增加约 1.1%，这与引力模型中双边贸易额随着两国 GDP 的增加而增加的基本假设一致。由于回归系数 α_1 和 α_2 都大于 1，中国对"一带一路"沿线国家的出口额增加的幅度大于中国 GDP 增加的幅度和"一带一路"沿线国家 GDP 增加的幅度。中国与"一带一路"沿线国家的距离的回归系数 α_3 是负数并很显著，距离是中国与"一带一路"沿线国家开展双边贸易的阻力因素，阻力来源于各种贸易障碍，这跟引力模型的理论基础一致。中国与"一带一路"沿线国家的距离增加 1%，将使中国对"一带一路"沿线国家的出口额减少约 1.14%。美元兑换人民币的汇率的回归系数 α_4 是正数并很显著，这说明美元兑换人民币的汇率上升即人民币贬值将使中国对"一带一路"沿线国家的出口额增加，这也跟引力模型的理论框架一致。TCI 反映了中国与"一带一路"沿线国家的要素禀赋差异，TCI 的回归系数 α_7 是正数并很显著，这意味着中国与"一带一路"沿线国家的双边贸易额增加的主要驱动因素是双方贸易结构互补以及要素禀赋的差异，中国与"一带一路"沿线国家的双边贸易模式更符合赫克歇尔—俄林模型的结论。从联合国商品贸易统计数据库的数据可知，中国与"一带一路"沿线相对发达国家的双边贸易额比中国与"一带一路"沿线欠发达国家的双边贸易额更高，这是因为中国与"一带一路"沿线相对发达国家开展贸易时，TCI 值更大，中国与"一带一路"沿线相对发达国家的贸易结构更加互补和要素禀赋差异更大，从而有助于它们开展产业间贸易。中国对"一带一路"沿线国家的出口额随着 TCI 的增大而增加，TCI 增加 1%，将使中国对"一带一路"沿线国家的出口额增加约 1.07%。模型 2 是在模型 1 的基础上增加了美元兑换人民币的汇率的自变量，美元兑换人民币的汇率增加 1%，将使中国对"一带一路"沿线国家的出口额增加约 1.87%。模型 3 是在模型 2 的基础上加上了共同语言的虚拟变量，共同语言虚拟变量的回归系数 α_8 是正数并很显著，中国对与其有共同语言的"一带一路"沿线国家的出口额比与其没有共同语言的"一带一路"沿线国家的出口额增加 1.09%，模型 4 是在模型 3 的基础上增加中国人口和"一带一路"沿线国家人口的自变量，中国的人口的回归系数 α_5 和"一带一路"沿线国家的人口的回归系数 α_6 是正数并都很显著。在中国与"一带一路"沿线国家开展贸易时，"一带一路"沿线国家人口增

表3 非线性最小二乘法估计结果

自变量	模型1 回归系数	模型1 t统计值	模型2 回归系数	模型2 t统计值	模型3 回归系数	模型3 t统计值	模型4 回归系数	模型4 t统计值
LnY_{it}(百万美元)	1.07***	18.50	1.16***	12.96	1.17**	13.38	1.07	1.65
LnY_{jt}(百万美元)	1.09***	44.92	1.08***	45.86	1.09***	45.23	1.08***	25.26
LnD_{ij}(公里)	-1.13***	-16.90	-1.13***	-17.26	-1.13***	-16.35	-1.12***	-13.69
$Lnpop_{it}$(千人)							3.87**	2.56
$Lnpop_{jt}$(千人)							1.01**	2.00
LnE_{it}(美元兑换人民币汇率)			1.85***	7.60	1.86***	7.81	1.39**	2.34
$LnTCI$	1.06***	3.78	1.06***	3.69	1.05***	3.11	1.06***	3.64
$comlang_{ij}$					1.08***	6.16	1.08***	6.48
常数项	1.83***	19.91	-0.67*	-1.96	-0.77*	-2.29	-17.94**	-2.68
R^2	0.99		0.99		0.99		0.99	

注：模型的因变量是LnY_{ijt}，单位是百万美元。*、**和***分别表示在10%、5%和1%的水平上通过显著性检验，模型使用Stata14.0软件进行估计。

加将使这些国家消费需求增加,中国人口的增加将使得中国的供给能力增强,两者都会使中国对"一带一路"沿线国家的出口额增加,这与引力模型的理论框架一致。中国的人口增加1%,将使中国对"一带一路"沿线国家的出口额增加约3.95%;"一带一路"沿线国家的人口增加1%,将使得中国对"一带一路"沿线国家的出口额增加约1.02%①。为了确认上述模型结果的稳健性,有必要对上述模型进行稳健性检验。本文放弃模型异方差的条件并使用普通最小二乘法对模型进行估计。稳健性检验结果如表4所示,引力模型的所有解释变量的回归系数的符号都与先前预期的符号一致,所有自变量的回归系数都很显著,稳健性检验显示,在4种模型形式下使用普通最小二乘法进行估计的结果都很稳健②。

四、主要结论和政策建议

(一) 主要结论

本文通过使用贸易互补指数TCI分析了中国与"一带一路"沿线国家的贸易竞争和互补性,结果表明,中国与"一带一路"沿线欠发达国家的贸易结构和要素禀赋更加相似,而与"一带一路"沿线相对发达国家的贸易结构和要素禀赋更加互补。同时本文通过建构引力模型并使用非线性最小二乘法分析了中国对"一带一路"沿线国家的出口贸易潜力及其影响因素。结果表明,中国GDP增加、"一带一路"沿线国家GDP增加、美元兑换人民币的汇率上升都使中国对"一带一路"沿线国家的出口额显著增加。中国对"一带一路"沿线国家的出口额随着它们之间距离的增加而显著减少。中国人口增加使得中国对"一带一路"沿线国家的出口额显著增加,"一带一路"沿线国家人口增加也使得中国对"一带一路"沿线国家的出口额增加,但增加幅度较小。中国对"一带一路"沿线国家的出口额随着TCI的增大而显著增加。中国与"一带一路"沿线国家的双边贸易额增加的主要驱动因素是双方贸易结构互补以及要素禀赋的差异,中国与"一带一路"沿线国家的双边贸易模式更符合赫克歇尔-俄林模型的结论。中国对与其有共同语言的"一带一路"沿线国家的出口额比与其没有共同语言的"一带一路"沿线国家的出口额更多,这一结果也具有较好的稳健性。

---

① GDP和距离等因素对出口额的影响可通过方程 $\Delta y\% = [\exp(\beta) - 1]\%$ 求出。
② 另外,通过最小二乘法对引力模型进行估计时也使用与上文相同的4种模型形式。

表4 普通最小二乘法估计结果

自变量	模型1 回归系数	模型1 t统计值	模型2 回归系数	模型2 t统计值	模型3 回归系数	模型3 t统计值	模型4 回归系数	模型4 t统计值
LnY_{it}（百万美元）	0.93***	20.60	1.83***	13.56	1.87***	14.06	1.08**	2.41
LnY_{lt}（百万美元）	1.14***	50.68	1.14***	51.64	1.11***	50.80	1.00	28.40
LnD_{il}（公里）	−1.76***	−19.47	−1.76***	−19.84	−1.67***	−18.96	−1.51	−15.95
$Lnpop_{it}$（千人）							12.07**	2.03
$Lnpop_{lt}$（千人）							0.13	4.10
LnE_{it}（美元兑换人民币汇率）			6.86***	7.09	6.93***	7.30	4.26**	2.54
LnTCI	0.59	3.05	0.57***	3.02	0.47***	2.52	0.80***	3.98
$comlang_{il}$					1.12***	6.44	1.29***	7.27
常数项	3.22***	2.88	−24.07***	−6.02	−25.31***	−6.45	−179.09**	−2.40
R^2	0.83		0.84		0.85		0.85	

注：模型的因变量是LnY_{ilt}，单位是百万美元，*、** 和 *** 分别表示在10%、5%和1%的水平上通过显著性检验，模型使用Stata14.0软件进行估计。

(二) 政策建议

由于中国与"一带一路"沿线国家的距离增加显著减少了中国对"一带一路"沿线国家的出口额，同时中国与"一带一路"沿线国家的双边贸易额增加的主要驱动因素是双方贸易结构互补以及要素禀赋的差异。在本文分析的基础上，笔者认为要增加中国与"一带一路"沿线国家的双边贸易额，应该从以下几个方面着手：

1. 大力推进"一带一路"沿线国家的基础设施建设，实现中国与"一带一路"沿线国家的互联互通。中国出口到"一带一路"沿线国家的距离代表了它们的贸易成本，贸易成本包括了运输成本和交付时间，中国与"一带一路"沿线国家的距离增加显著减少了中国对"一带一路"沿线国家的出口额，因而中国应与"一带一路"沿线国家共同推进"一带一路"沿线国家的基础设施建设，以基础设施的互联互通为契机，完善进出口商品的流通渠道和物流网络。对于中国与"一带一路"沿线国家来说，基础设施互联互通对于降低贸易运输成本、增加双边贸易额、提高贸易效率和提升贸易潜力具有重要意义。中国应与"一带一路"沿线国家共同推进国际骨干航道建设，建构水上运输网络、公路运输网络、铁路运输网络和航空运输网络等基础设施网络。中国可在现有的东盟互联互通、泛亚铁路网络、大湄公河区域互联互通、孟中印缅走廊和中巴经济走廊等基础上，不断推动贯穿东西、连通南北的欧亚海陆大通道等基础设施的建设，从而实现中国与"一带一路"沿线国家的互联互通。2016 年 11 月，作为中巴经济走廊合作的一个旗舰项目，由中方运营的瓜达尔港正式开航，中国和马来西亚合作建设的马六甲临海工业园及两国合力打造的港口合作联盟也都在稳步推进。

2. 进一步深化经济体制改革，以提升"一带一路"沿线国家贸易投资便利化水平，深化与"一带一路"沿线各国的经贸合作关系。贸易阻力的另一个方面是市场准入障碍，中国应通过深化经济体制改革，积极主动地从规则和制度层面进行改革，适应国际规则新变化，全面推进贸易投资管理体制便利化。中国和"一带一路"沿线国家应共同提升"一带一路"沿线国家贸易便利化水平，降低商品流动的市场准入障碍，贸易便利化水平的提升能进一步提升贸易潜力。中国应加强与"一带一路"沿线各国在检验检疫方面的合作，共同制定通用的物流供应链安全标准和检验检疫标准。中国与"一带一路"沿线国家应努力简化进出口流程，提高通关效率和海关关务政策透明度；同时应共同提高政府行政审批效率和国家法律法规透明度，确保制度的延续性和稳定性。另外，应通过海关数据联网和建构海关跨国合作平台及电子报关系统，实现海关监管数据互认和数据共享，提高通关效率。中国与"一带一路"沿线国家可以大力发展跨境电子商务，并建立与跨境电子商务等新型贸易方式相适应的便利化体制；同时，不断完善投资管理体制，放宽投资限制，简化投资管理程序，投资项目尽量实行备案管理。中国与"一带一路"沿线国家应通过双边或多边经济合作机制进一步降低关税和减少非关税壁垒，降低中国与"一带一路"沿线国家的双边贸易成本，提升双边贸易便利化水平，为中国的进出口贸易创造有利的外部环境，同时，中国应提升与"一带一路"沿线国家组建的自贸区水平，对中国与巴基斯坦、东盟、新加坡形成的自贸区进行升级，以扩大经贸合作领域。另外，中国应分阶段、分区域与更多的"一带一路"沿线国家组建自由贸易区，不断推进中国与"一带一路"沿线国家的区域经济一体化进程。

3. 加快经济发展方式和外贸发展方式的转变，推动中国产业由全球价值链低端环节向中高端环节延伸。中国与"一带一路"沿线国家的双边贸易模式更符合赫克歇尔—俄林模型的结论，这意味着中国的经济发展仍然主要依赖于劳动密集型产业的发展。中国要实现"制造大国"到"制造强国"的转变，就应转变制造业发展方式，大力发展先进制造业，使中国产业向全球价值链的中高端环节延伸，进而提升中国企业在全球价值链中的地位。"一带一路"倡议的实施有利于推动中国经济转型和升级，也有利于推动中国产业由全球价值链低端环节向中高端环节延伸。中国应推动传统制造型企业的转型升级，通过强有力的产业政策和科技政策，扶持企业突破产业结构升级的瓶颈，实现关键环节和重点领域技术的再创新，培育和发展具有国际竞争优势的战略性新兴产业。中国应引导企业重点投资附加值较高的高端制造领域和研发设计、物流服务、金融服务等生产性服务领域，同时企业要注重整合技术、产品品牌、市场营销等无形要素，实现发展模式的创新。对外贸易也应从主要依靠土地和劳动力形成的要素禀赋优势向培育国际市场竞争的新优势转变。中国应注重培育人力资本优势，提升企业技术创新能力，积极参与制定国际标准。同时应引导企业进行精细化生产，使企业通过管理创新提高产品质量和产品档次。中国应进一步推动贸易结构优化和升级，使出口产品从劳动密集型产品为主向资本和技术密集型产品为主转变，这样就能拓展与"一带一路"沿线国家的产业内贸易，进一步提升贸易潜力。

4. 通过与"一带一路"沿线国家的产能合作，形成中国与"一带一路"沿线国家新的要素禀赋优势互补，实现互利共赢和共享发展。中国应兼顾本国与"一带一路"沿线国家的利益，通过国际经济合作实现国家之间的协调发展。中国应改变"重出口、轻进口"的贸易模式，兼顾国内市场与国际市场，进一步放开国内市场，使进口得以充分发展，让"一带一路"沿线国家能分享中国经济发展带来的红利，这样可以减少对很多贸易伙伴形成的贸易顺差，同时在对外投资活动中也要重视增加"一带一路"沿线国家的福利。由于中国与"一带一路"

沿线国家的双边贸易额增加的主要驱动因素是双方贸易结构互补以及要素禀赋的差异，因此，中国应不断推进与"一带一路"沿线国家的产业间贸易。中国应推动传统制造型企业的转型升级，并将在国内不再具备比较优势的生产环节向"一带一路"沿线的欠发达国家转移，提高中国与"一带一路"沿线国家的双边贸易的互惠性。"一带一路"倡议有利于中国利用自身的先进技术向沿线欠发达国家输出过剩的优势产能，有利于中国调整及优化国内产业结构，也有利于沿线欠发达国家利用资源丰富和劳动力廉价的优势向中国输出初级产品和劳动密集型产品，进而推动经济增长。中国应不断提高制成品的技术附加值，在保持劳动密集型产业优势的基础上，推动高端制造业和高新技术行业的成长，通过传统制造型企业的转型升级及优化出口贸易商品结构，提升中国出口产品在"一带一路"沿线国家的竞争力。"一带一路"沿线的不同国家具有不同的比较优势和要素禀赋，中国应结合沿线国家经济发展的实际情况，通过深化价值链合作，帮助其融入国际分工体系，并推动全产业链的密切合作，形成中国与"一带一路"沿线国家优势互补的产业网络和经济合作体系。

参考文献

［1］Clarke Michael. "One Belt, One Road" and China's emerging Afghanistan dilemma［J］.*Australian Journal of International Affairs*，2016，70（5）.

［2］Elif Nuroglu, Nadja Dreca. Analyzing Bilateral Trade Flows of Bosnia and Herzegovina under the Framework of Gravity Mode［J］.*Journal of Business & Economics*，2011，3（1）.

［3］Ferdinand Peter. Westward ho-the China dream and "One Belt, One Road": Chinese foreign policy under Xi Jinping［J］.*International Affairs*，2016，92（4）.

［4］Fukunari Kimura, Hyun – Hoon Lee. The Gravity Equation in International Trade in Services［J］.*Review of World Economics*，2006，142（1）.

［5］Ishfaq Ahamd Malik, Dr. M. Afzal Mir. India's Trade Potential with Central Asia：An Application of Gravity Model Analysis［J］.*International Journal on World Peace*，2014，XXXI（3）.

［6］Mohammad Masudur Rahman, Laila Arjuman Ara. Bangladesh trade potential：a dynamic gravity approach［J］.*Journal of International Trade Law and Policy*，2010，9（2）.

［7］Norak Hunt, Makoto Kakinaka. Trade Structure and Trade Flows in Cambodia：A Gravity Model［J］.*ASEAN Economic Bulletin*，2007，24（3）.

[8] Nazia Gul, Hafiz M. Yasin. The Trade Potential of Pakistan: An Application of Gravity Model [J]. *The Lahore Journal of Economics*, 2011, 16 (1).

[9] Pooja Khosla. Intra-regional Trade in Africa and the Impact of Chinese invervention: A Gravity Model [J]. *Journal of Economic Development*, 2015, 40 (4).

[10] Ravishankar, G., Stack, M.. The Gravity Model and Trade Efficiency: A Stochastic Frontier Analysis of Eastern European Countries' Potential Trade [J]. *World Economy*, 2014, 37 (5).

[11] Summers Tim. China's "New Silk Roads": sub-national regions and networks of global political economy [J]. *Third World Quarterly*, 2016, 37 (9).

[12] Umbreen Javaid, Rameesha Javaid. Strengthening Geo-strategic Bond of Pakistan and China through Geo-economic Configuration [J]. *Pakistan Economic and Social Review*, 2016, 54 (1).

[13] 孙林. 贸易流量零值情况下引力模型估计方法的优化选择——来自蒙特卡罗模拟的证据 [J]. 数量经济技术经济研究, 2011 (3).

[14] 谭秀杰, 周茂荣. 21世纪"海上丝绸之路"贸易潜力及其影响因素——基于随机前沿引力模型的实证研究 [J]. 国际贸易问题, 2015 (2).

[15] 韩永辉, 罗晓斐, 邹建华. 中国与西亚地区贸易合作的竞争性和互补性研究——以"一带一路"战略为背景 [J]. 世界经济研究, 2015 (3).

[16] 邹嘉龄, 刘春腊, 尹国庆, 唐志鹏. 中国与"一带一路"沿线国家贸易格局及其经济贡献 [J]. 地理科学进展, 2015 (5).

[17] 陈虹, 杨成玉. "一带一路"国家战略的国际经济效应研究——基于CGE模型的分析 [J]. 国际贸易问题, 2015 (10).

[18] 孔庆峰、董虹蔚. "一带一路"国家的贸易便利化水平测算与贸易潜力研究 [J]. 国际贸易问题, 2015 (12).

[19] 许和连, 孙天阳, 成丽红. "一带一路"高端制造业贸易格局及影响因素研究——基于复杂网络的指数随机图分析 [J]. 财贸经济, 2015 (12).

[20] 刘洪铎, 李文宇, 陈和. 文化交融如何影响中国与"一带一路"沿线国家的双边贸易往来——基于1995-2013年微观贸易数据的实证检验 [J]. 国际贸易问题, 2016 (2).

[21] 龚静, 尹忠明. 铁路建设对我国"一带一路"战略的贸易效应研究——基于运输时间和运输距离视角的异质性随机前沿模型分析 [J]. 国际贸易问题, 2016 (2).

[22] 王美昌, 徐康宁. "一带一路"国家双边贸易与中国经济增长的动态关系——基于空间交互作用视角 [J]. 世界经济研究, 2016 (2).

[23] 孙瑾, 杨英俊. 中国与"一带一路"主要国家贸易成本的测度与影响因素研究 [J]. 国际贸易问题, 2016 (5).

[24] 魏龙, 王磊. 从嵌入全球价值链到主导区域价值链——"一带一路"战略的经济可行性分析 [J]. 国际贸易问题, 2016 (5).

[25] 舒杏, 王佳, 胡锡琴. 中国企业对"一带一路"国家出口频率研究——基于 Nbreg 计数模型 [J]. 国际贸易问题, 2016 (5).

[26] 崔日明, 黄英婉. "一带一路"沿线国家贸易投资便利化评价指标体系研究 [J]. 国际贸易问题, 2016 (9).

(作者单位：武汉大学世界经济研究所；武汉大学经济与管理学院)

开创甘肃"一带一路"建设新境界

张建君

2018年,迎来了"一带一路"建设的五周年。五年作为一个重要的时间节点,既要总结成绩,更要展望未来。"一带一路"建设的五周年,是中国经济应对全球经济下行压力、引领中国经济新常态、为世界经济提供30%以上增长动力的五年,也是中国经济持续全球化发展的五年。2017年,我国对"一带一路"沿线国家完成进出口总额73 745亿元,占到全年货物进出口总额的26.5%;对"一带一路"沿线国家直接投资额144亿美元,占到全年对外直接投资的12%;对"一带一路"沿线国家完成承包工程业务营业额855亿美元,占全年对外承包工程业务完成营业额的50.7%。这份不俗的成绩单表明,"一带一路"建设已经成为中国经济全球化发展的核心举措,也取得了实实在在的经济成效。

如果仅仅从对外贸易的经济数据来看,甘肃省进出口总额从2013年的102.8亿美元回落到了2017年的54.3亿美元,不但对外贸易比重下滑严重,而且与全国数据形成了鲜明对比,结果发人深省,需要作深入细致的研究。但我们必须认识到,"一带一路"建设是中国全球化发展的大战略,反映了21世纪中国人全新的全球观、发展观、价值观和新形象;对于甘肃这样的西部省份而言,这绝不能仅仅局限于进出口总额一时的进退得失,而是意味着一种前所未有的看待甘肃与世界、与自身、与未来的全新眼光和战略思维,一种前所未有的发展机遇,一种与全球高度同频共振的全新格局。回顾过去的五年,我们同样能够感受到甘肃得益于"一带一路"建设的巨大成绩,如"一带一路"建设的甘肃方案付诸实施;高速铁路在甘肃的全境贯通、南向通道的打通;如天马号、兰州号中亚货运班列的开通;如丝绸之路(敦煌)国际文化博览会的成功举办;如甘肃与"一带一路"沿线国家文化交流旅游的持续升温;如中白工业园区建设、兰州新区综合保税区运营,甘肃企业走出去步伐加速;等等,这些正在推动甘肃的改革开放迈上一个全新的台阶,形成一种促进甘肃经济社会全面发展的新动力。

2018年以来,国际社会再次出现贸易保护主义的单边行动,美国甚至不惜违背自己一再宣称的自由市场经济贸易原则,赤裸裸地发起对华贸易制裁的逆全球化举措，阻挠我国的全球化发展，这充分说明"一带一路"建设没有捷径，只有久久为功，才能有所斩获。这给予甘肃的最大启示就是，无论是"走出去"的愿望，还是对内开放的构想，都必须把甘肃的发展愿望积极融入国家的发展愿景之中，特别是要重点突出国家愿景中有关甘肃"战略通道、商贸物流枢纽、重要产业和人文交流基地"的发展目标，采取切实有效的举措，把甘肃的对外开放提升到一个全新境界，让"一带一路"造福甘肃。因此，甘肃的"一带一路"建设，重要的不是别出心裁，而是坚持不懈，全面做好对内开发和对外开放一体化推进的大文章，真正把"一带一路"的全球化发展愿景转化为甘肃的全面开发开放的历史性发展机遇。

一、坚定不移地强化战略通道建设

基础设施的互联互通是"一带一路"建设的根本保障，形成面向中亚、南亚、西亚国家的战略通道是国家对甘肃参与"一带一路"建设的首位要求，通道建设的核心是提升公路、铁路、航空、管道为代表的基础设施，而上述基础设施建设在甘肃仍然存在巨大的短板与不足。虽是如此，现在却有专家认为道路为代表的基础设施建设在甘肃已经过时，这是一种值得警惕的思想，甘肃基础设施的薄弱是阻碍甘肃发展的短板，甘肃服务于"一带一路"建设的首要工程，就是持续提升甘肃的基础设施，这既是对外开放的需要，也是甘肃对内开发的机遇，要尽可能地争取国家对甘肃基础设施建设的大力支持。一个显著的例子，就是甘肃省在为县县通高速而奋斗的时候，山东已经为高速公路双向六车道不足20%而感到落后。因此，"一带一路"对甘肃意味着什么，就是和全国一道探索基础设施和公共服务的均等化、均衡化发展，破除横亘在东西部之间的发展差距，为我国经济全球化发展提供更好的条件和保障。为此，我们要持续推动对内加大开发力度、对外合作开放的战略新通道建设，进一步加强"通路、通航、通商"等甘肃黄金段建设的战略基础，把甘肃打造成为面向丝路沿线省份和沿线国家的综合交通枢纽，以更好的基础设施回应战略通道建设的愿景导向，在服务"一带一路"建设中发展甘肃。同时，要加快资源能源通道建设，中亚、西亚及俄罗斯能源资源富集，这既是我国所需，也是我省推进与"一带一路"沿线国家产业合作的基础，甘肃作为这些资源能源进出中国的主要通道，要做好与"一带一路"沿线国家能源资源合作共享的文章。结合"一带一路"的布局，一是建议积极探索在兰州新区建设装备制造业自由贸易园，加大石油钻采设备、炼油化工机械、电机、通用机械等领域的对外开放；二是建议进一步向国家申请扩大石油储备库的规模和层次，提升兰州石化的加工能力和规模；三是从拓展开放广度的角度考虑，可把兰州铁路货运枢纽站的建设与甘肃及兰州新区石油化工、有色冶金、装备制造、电力能源等一系列工业相对接，提升产品深加工能力与技术含量，为把兰州打造成为"一带一路"最为重要的铁路枢纽与工业重镇做好准备，借助中国（兰州）自由贸易区建设，全面提升甘肃对外开放的整体水平。

二、坚定不移地强化商贸物流枢纽建设

一要依托铁路、公路、航空港建设，加强物流中心城市建设，有意识地打造和提升以兰州、武威、天水、庆阳、敦煌等城市为重要节点的物流集散中心，加强与"一带一路"沿线国家、与全国兄弟省（市、自治区）物流网络的连接和协作，对内构建甘川渝、兰西拉、甘宁蒙、甘陕宁等物流通道，增强并提升南向通道建设的运输能力与效率，对外形成丝路沿线国家商贸物流集散中心；二要积极推动政府管理及对外投融资体制改革，全面落实上海自贸区所创造的可复制、可推广的开放经验，通过高效有序的全面改革，在充分发挥好武威保税物流中心和兰州新区综合保税区平台作用的基础上，加快中国（兰州）自由贸易园区的创设进程，为全面推进商贸物流枢纽建设创造更好的条件和环境，更重要的是运用自由贸易园区的制度建设彻底改造甘肃的营商环境。2018年是党和国家机构改革的关键一年，其中一个基本的政策导向就是弱化管理权限、强化服务功能，这与"一带一路"建设的贸易取向是高度吻合的。

三、坚定不移地强化重要产业基地，特别是强化重点经贸产业园区建设

甘肃省是我国西部重要的工业核心区、能源原材料工业基地、特色农产品基地，具备与"一带一路"沿线国家共同创办重点经贸产业园区的产业基础，特别是在有色冶金、装备制造、现代农业、民族用品等产业领域，要深化改革、大胆探索、积极作为、实现共赢。在有色冶金产业领域，要针对甘肃省矿产品进口值占全省进口总值的比重为77.3%的现状，瞄准中西亚国家资源能源富集的可合作方向，通过资源勘探、矿山开发、输出有色冶金成套设备和核心技术，对外创设经贸产业园区，探索全产业链深度合作的可行性；在装备制造业产业领域，要把甘肃省打造成丝路装备制造业基地，并推动装备制造优势企业在境外合作建设生产销售基地，提高装备制造业与"一带一路"沿线国家产品出口和技术合作的渠道和空间；在现代农业产业领域，要建立面向中西亚、俄欧国家的特色优势农产品加工出口基地，在中西亚、俄欧国家投资建设生产加工基地和现代农业产业示

范园;在民族用品产业领域,要深入总结临夏州打造"中国(临夏)—马来西亚(格兰丹州)清真民族用品和食品交流会"的成功经验和平台效应,深入挖掘民族工艺品、清真食品、中藏药等产品出口潜力,建设面向南亚、中西亚等"一带一路"沿线国家的生产加工基地和出口中心。甘肃与"一带一路"沿线国家的产业经贸合作,不在于面面俱到、四处出击,而在于扬长避短、发挥优势,无论是产业基地的打造,还是经贸园区的建设,要突出重点,体现甘肃的产业优势,在统筹提升内贸外贸的发展中增强产业竞争力,在增强产业竞争力中让更多的甘肃企业"走出去"。

四、坚定不移地强化人文交流基地和丝绸之路(敦煌)国际博览会平台建设

甘肃省是华夏文明和中华民族的重要发祥地,是中华民族重要的文化资源宝库,也是丝绸之路历史上文明融合最为深广、文化交流最为充分、人文精神最为富集的地区,要充分发挥国家批准建设的华夏文明传承创新区平台优势,把华夏文明传承创新区在丝绸之路文化主题下的建设成果作为丝绸之路人文交流合作的重要支撑,推动丝绸之路沿线国家在文物保护、文明传承等领域的学术交流和技术合作,促进区域联动,打造丝绸之路文化旅游共同体,加强与丝绸之路沿线国家的文化产业合作和产品贸易,实施一批教育、文化、旅游等人文交流合作项目,特别是要办好已纳入国家"一带一路"规划框架之中的"丝绸之路(敦煌)国际文化博览会",积极努力创造性地建设好这个文化交流与合作平台,充分发挥敦煌在"丝绸之路经济带"建设中的独特地位与特殊价值,将甘肃真正打造成中国直接面向中西亚,有效对接俄欧的人文交流基地。

五、坚定不移地强化节点城市建设

节点城市是支撑"一带一路"经济走廊建设的战略节点,是"一带一路"倡议的商贸文化先行者、规划战略的落实者,承担着开拓"一带一路"国际市场的战略使命。甘肃省的城市布局具有沿丝绸之路带状分布的典型特点,从"一带一路"的发展前景来看,甘肃从东到西的大中小城市发挥着丝绸之路建设的重要节点作用,要体现出支撑经济走廊的基础提升、产业对接、商贸互通、文化交流、对外开放等重大战略导向,要紧扣关中平原城市群、兰西格城市群建设的战略机遇与古丝绸之路的历史经验,在智慧城市、海绵城市、紧凑城市、文明城市等新型城市化建设方面取得新突破,努力做好对内建设、对外开放、质量提升、

效益突出的高质量发展阶段的新型城市化进程。一是坚持规划先行、立足开放的新型城市化进程，要从打造"丝绸之路经济带"节点城市战略支撑的角度，做好城市、城镇间基础设施有效对接、产业相互配套、城市特色鲜明、开放型元素突出的务实发展道路，突出"一带一路"建设的城市文化基调，着眼于"一带一路"建设的文化联系。二是倾力打造智慧城市、海绵城市，要充分考虑水电路等基础设施先行，公共服务配套，信息化基础建设的适度超前，做好地下、地上、空中三个层次的城市基础设施建设与布局优化，使甘肃省的城市建设走出一条经济、集约、信息化的新型城市化道路。三是着力打造紧凑城市、生态城市、创新城市。国内外比较成功的城市化发展，基本都遵循了"园区、社区、生态区"有机融合的新型城市化发展模式，"产业向园区集聚，生活向社区集聚，绿化向生态区集聚"，生动形象地说明了新型城市化的发展路径，体现了城镇布局结构与规模效益的集中体现。甘肃省要强化"一带一路"节点城市建设力度，有效衔接产业园区与社区建设的配套推进，实现土地利用的集约化与有效统筹；在生态区绿化建设的过程中要尊重自然地理地貌、巧妙布局，避免大推大挖；在甘肃省经济力量偏小、财政实力较弱、发展较为落后的格局下，要全力推动甘肃省紧凑城市、生态城市、创新城市、特色城市建设进程。让一个个现代化的城市成为支撑甘肃"一带一路"建设的金字招牌和战略支点。

六、坚定不移地提升干部群众的全球视野及战略眼光

21世纪是一个信息全球共享、市场全球对接的全新时代，甘肃既不可能关起门来发展也不可能罔顾经济全球化发展的大趋势，必须意识到甘肃的发展也就是中国的发展，甘肃的发展为国内外所关注，甘肃也只有实现和世界经济同频共振的发展，才有可能摆脱自我封闭甚至甘于落后的狭隘思维，树立与"一带一路"全球化发展相匹配的全新发展观、价值观和现代化发展新形象。可以说，无论对内开发还是对外开放，拥有了全球视野及战略眼光，才能走在前列、干到实处。"一带一路"建设就是要以更为开放的姿态迎接全球化挑战，这恰恰是甘肃经济社会发展所面临的最大挑战，也是最大机遇。改革开放以来的很长时间，甘肃有些领导干部和群众习惯了以落后地区自居，这不仅仅反映在经济社会发展的巨大差距上，更重要的是反映在人民的思想认识和精神状态上，对国家特殊政策的"大礼包"设想得很多、很好，对自我开发开放的好办法琢磨得不深、不透，甚至相当一部分干部群众身上存在着一种严重的自我封闭、不思进取的保守主义情愫，甚至认为保住现状就是发展。这和"一带一路"所传递的开放进取、合作共赢的全球化理念格格不入。因此，"一带一路"建设，还要承担起提升干部群

众的全球视野及战略眼光的重任，让全省人民放眼看发达地区、看世界发展，在更为宏大的视野里探讨和推动甘肃经济社会发展，真正通过"一带一路"建设开创甘肃开发、开放的新境界。

（作者单位：中共甘肃省委党校经济社会发展研究所）

"一带一路"背景下我国西北五省区产业结构协同测度及发展研究

姜安印　刘晓伟

一、引言

西北五省区整体处于我国经济欠发达地区，同时又具有"双重"的特殊使命。国内学者关于"丝绸之路经济带"建设和精准扶贫两个方面的研究也均说明了西北五省区区域产业结构优化和协同发展的重要性与紧迫性。第一，"一带一路"倡议中，新"丝绸之路经济带"建设涉及我国西北五省区的全部，是向西开放的平台和通道，具有重要的战略意义。陕西省是"丝绸之路经济带"的起点，新疆维吾尔自治区是"核心区"，途经甘肃省、宁夏回族自治区和青海省，我国与中亚、俄罗斯等国重要的能源合作、经济文化和贸易等往来，西北五省区是重要的战略支撑点，由此可见，西北五省区的经济发展水平将直接制约着"一带一路"倡议实施的进程，而区域产业结构层次和产业发展水平又将制约着区域经济的快速发展。高新才、滕堂伟研究发现，西北民族地区经济发展存在着多重差距，其根本原因在于产业结构不合理，区域产业发展水平低下。余晓钟、辜穗将新疆—中亚能源产业合作的内部制约因素归结为新疆独特的经济模式和产业结构两个方面。郭爱君、毛锦凰也认为，合理的产业结构和空间布局是"丝绸之路经济带"发挥规模效应和扩散效应的基础，要重视沿线区域的产业发展和空间布局问题。卫玲、王炳天将"丝绸之路经济带"建设提质增效的关键因素认定为西安—兰州—乌鲁木齐三个中心城市的产业发展和产业合作。田洪志进一步证明了产业建设是"丝绸之路经济带"建设的落脚点，要从产业合作的视角来促进产业结构调整。另外，龚新蜀、许晓莹（2015），郭爱君、毛锦凰（2015），苏华、康岚、王磊（2015）等，用实证分析的方法分别从优势产业选择、产业协同发展和产业合作"雁型模式"构建等视角进行了有针对性的研究，并提出了相应的区域产业合作发展的对策建议。可见,实现区域内的产业合作,优化产业结构,是加快西北五省区经济社会发展的主要途径,也是"丝绸之路经济带"务实发展的关键所在。第二,根据《中国农村扶贫开发纲要(2011—2020年)》,全国共划分了14个集中连片特殊困难地区,共680个县,作为新阶段扶贫攻坚的主战场。其中西北五省区涉及172个县,占到总量的1/4。而西北五省区又是我国相对集中的民族地区和边疆地区,是新时期精准扶贫的重点攻坚区域。特色产业扶贫可以充分发挥贫困地区优势资源来发展具有比较优势的产业,被认为是具有较好针对性的扶贫策略。覃建雄、张培、陈兴深入研究了集中连片特困区秦巴山区的资源优势和旅游产业的潜力,提出以发展特色产业为主导的脱贫战略,重点围绕乡村旅游脱贫、生态旅游脱贫等产业扶贫脱贫开发模式和保障机制进行探索。吴胜涛认为,充分发挥西北民族地区体育旅游产业的优势,围绕优势特色产业发展将有助于扶贫战略的实施。因此,西北五省区区域产业结构优化和协同发展,不仅有助于带动"一带一路"倡议沿线区域和国家实现产业合作和产业转移等,而且在国家精准扶贫战略中对于西北集中连片特困区扶贫脱贫问题同样具有重大意义。而已有研究又存在两点不足:一是关于"一带一路"倡议中的区域产业合作问题更多的研究集中在特定的产业领域且以政策建议为主,对我国西北五省区整体的产业状况的研究略显不足;二是产业扶贫部分更多的研究围绕第三产业展开,对第一产业、第二产业中的优势产业、特色产业挖掘不足。鉴于此,本文在对我国西北五省区产业相似系数测度和三产发展现状分析的前提下,提出更具针对性的区域产业协同发展的对策建议。

二、我国西北五省区三次产业发展现状分析

通过三次产业结构情况可以更加直观地反映我国西北五省区的经济发展的层次和水平,也是检验产业结构是否合理均衡的重要标准。从表1可以看出,我国西北五省区三产产值是逐渐上升的,三产总产值也逐年递增,而年增长率是逐年下降的。2014年三产总增加值是2008年的2.98倍,2008~2014年三产增加值年平均增长率为20.42%。根据世界银行公布的2014年全球169个国家三产结构比,中国是9.16∶42.64∶48.19,初步实现"三二一"产业结构,世界平均值是3.09∶26.42∶70.49。我国西北五省区是11.42∶48.97∶39.61,其中第一产业比重整体呈下降趋势,2014年第一产业占比11.42%,高于全国2.26个百分点,第二产业占比高于全国6.33个百分点,第三产业低于全国8.58个百分点,产业结构仍旧属于"二三一"结构层次。中国整体的三产结构比相对于世界均值呈现不合理的情况,初步实现"三二一"层次,尚需继续优化产业结构,而西北五省区

相对于全国来看，呈现出三产的更加低层次状态，产业结构严重失衡，其中第一产业、第二产业比重过高，第三产业发展严重不足。

表1　　　　2008~2014年我国西北五省区三次产业产值情况

年份	第一产业		第二产业		第三产业		总增加值（亿元）
	增加值（亿元）	比重（%）	增加值（亿元）	比重（%）	增加值（亿元）	比重（%）	
2008	2 131.57	16.36	4 708.20	36.14	6 186.26	47.5	13 026.03
2009	2 281.08	12.49	8 930.90	48.89	7 057.01	38.62	18 268.99
2010	2 960.57	13.03	11 595.76	51.03	8 165.45	35.94	22 721.78
2011	3 377.90	12.10	14 570.65	52.20	9 966.82	35.70	27 915.37
2012	3 847.54	12.08	16 407.23	51.53	11 589.25	36.39	31 844.02
2013	4 156.02	11.65	17 643.44	49.45	13 880.15	38.90	35 679.61
2014	4 437.22	11.42	19 028.20	48.97	15 390.22	39.61	38 855.64

资料来源：中华人民共和国国家统计局（http://www.stats.gov.cn）。

从西北五省区三产变动趋势来看，2008~2014年我国西北五省区三产整体变化趋势是：第一产业呈逐渐下降趋势，第二产业比重大，居于主导地位且呈现先升后降趋势，第三产业贡献大但是发展迟缓，呈现先降后升趋势，2012年以后出现较快的增长态势。总体来看，我国西北五省区产业结构在趋于优化，但是发展迟缓且极不稳定，其原因也与我国西北五省区的具体情况相关。首先，我国西北五省区整体处于经济欠发达区域，人口相对稀少，基础设施发展严重滞后，而在自然资源、能源等方面储量丰富，具有发展第二产业的比较优势；其次，国家在改革开放前对西北五省区发展重工业的产业布局和产业政策利导、改革开放后极力推动的工业转型升级，以及西部地区承接的东中部产业转移等国家战略的实施，固有的产业结构未能及时调整，使西北五省区第二产业作为主导产业，比重居高不下。由于经济发展的滞后性和农业发展的极不平衡，导致第一产业比重相对偏高，第三产业发展迟滞。从产业结构优化角度来看，当前我国西北五省区产业发展的战略定位应该立足于降低第二产业比重，改造传统产业模式，整合优势资源，优化第二产业的产业结构。同时依托于国家"一带一路"倡议和精准扶贫战略，重点挖掘该区域在生态环境、民族文化、旅游资源、物流服务等方面的比较优势，大力发展第三产业（见图1）。

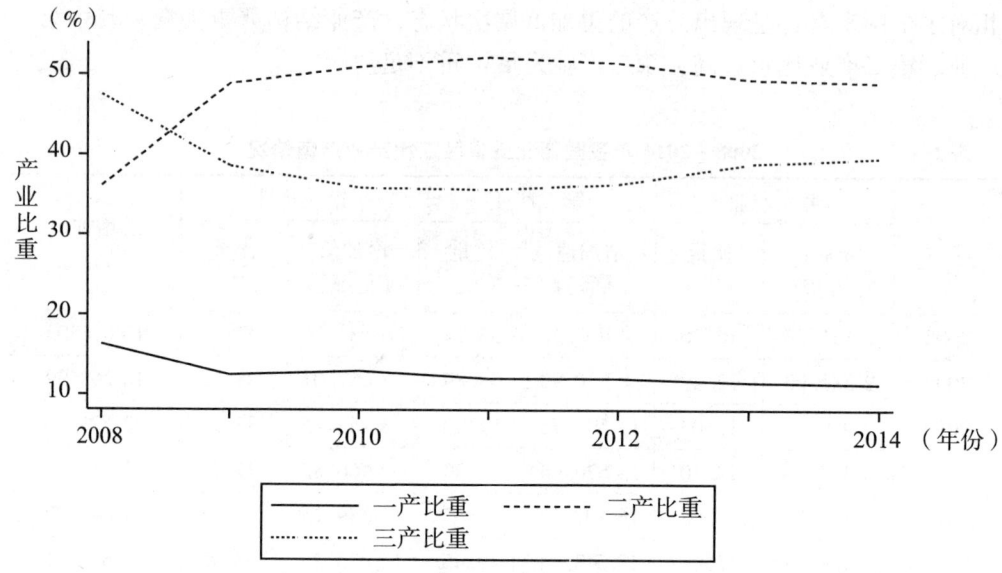

图1　西北五省2008~2014年三产结构变化趋势

具体来看各省区的三产发展趋势，陕西省属于典型的"二三一"产业结构，其中三产发展相对平稳，但产业结构严重失衡，第二产业比重过高，占到50%以上、第三产业发展不足且发展缓慢，第一产业相对发展平稳。甘肃省第二产业下降明显，第三产业有较快的上升趋势，且第三产业比重已经超过40%，第一产业发展相对平稳，产业结构在趋于优化。其中2013年以后甘肃省第三产业比重开始超过第二产业，初步呈现"三二一"结构，产业结构调整速度较快，这应该益于"一带一路"倡议的带动和兰州新区成立等带来的外部机遇。青海省也属于典型的"二三一"结构，第二产业下降不明显，第三产业严重滞后，第一产业相对稳定，其中三产结构类型和陕西省趋同。宁夏回族自治区第三产业发展迅速，第一、第二产业下降不明显，有向"三二一"层次过渡的趋势，这也得益于"一带一路"倡议的带动和中阿自贸区等对外合作交流的拉动，具有较好的外部机遇。新疆第二产业呈现先降后升再下降趋势，且下降趋势显著，第三产业呈现先升后降再升趋势，且上升较快，与第二产业比重趋同，第一产业比重较大，呈现先升后降趋势，说明新疆的产业结构在逐渐趋于优化，且变化较快，作为"一带一路"倡议的"核心区"，外部机遇和政策扶持，再加上新疆独特的地理位置和资源优势，使得新疆的三产结构快速趋于优化，变动趋势显著。由此可见，我国西北五省区产业结构整体仍处于"二三一"工业化初期阶段，产业结构严重失衡，除了甘肃、宁夏、新疆三省区三产结构有较大的变动，在逐渐趋于优化，向"三二一"结构过渡之外，陕西省和青海省三产结构变动不显著。西北五省区在充分利用外部机遇、依托区域优势特色资源、开发优势特色产业方面能力不足，尤其在旅游资源、文化资源、物流服务等领域还有待发展（见图2）。

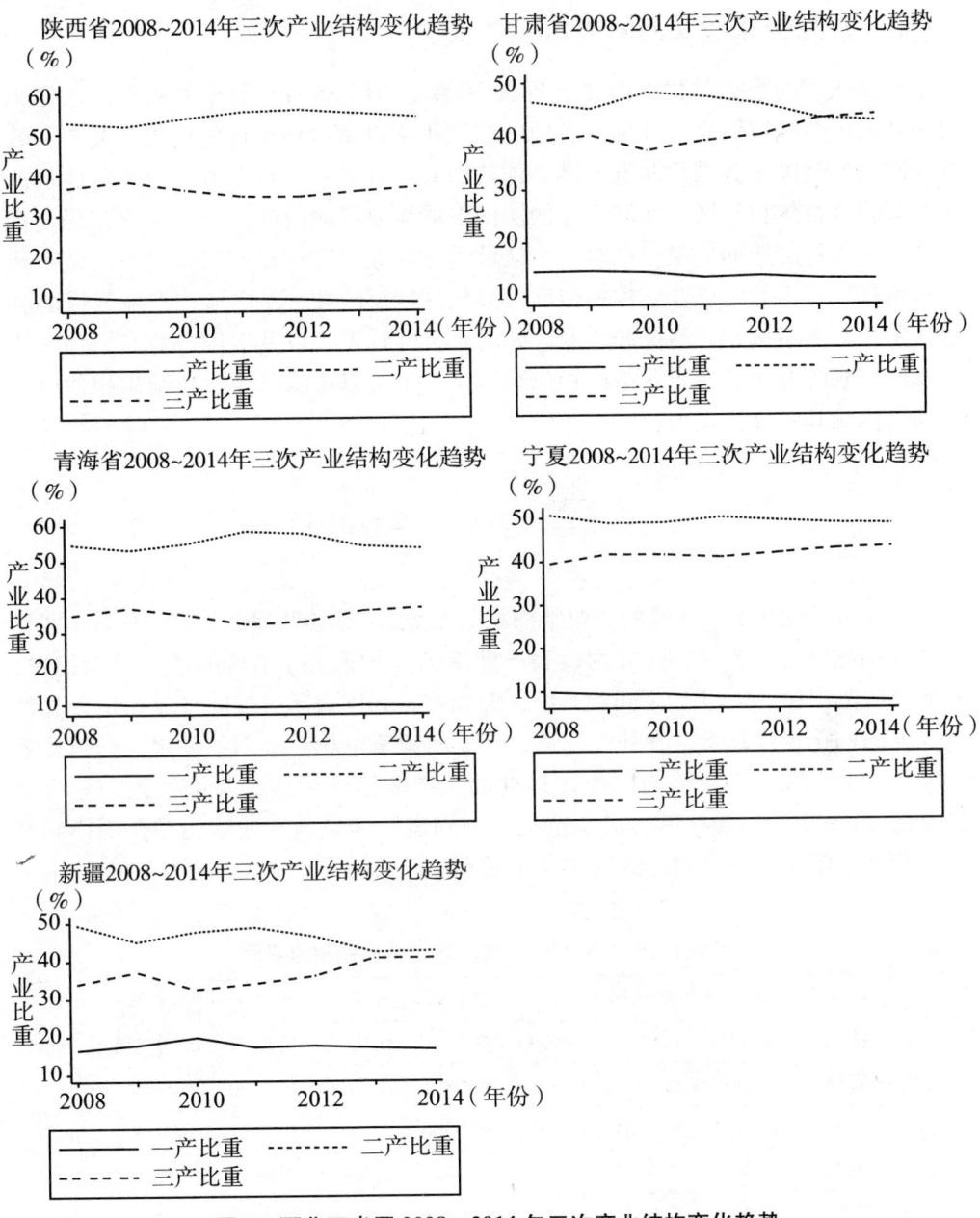

图2　西北五省区2008～2014年三次产业结构变化趋势

三、西北五省区产业结构相似度测算与比较分析

（一）数据来源及测算方法

本文研究的数据是我国西北五省区 2008~2014 年的产业相关数据，数据来自中华人民共和国国家统计局、各地的统计年鉴以及世界银行公布的相关产业数据。研究的范围为我国西北五省区，即陕西省、甘肃省、青海省、宁夏回族自治区和新疆维吾尔自治区。区域产业的协同发展需要区域内的产业一体化布局、产业合作和优势产业的集聚，在对一个区域进行产业协同布局前需要对该区域产业结构情况进行研究，产业结构相似度可以较好地反映在一个区域内产业发展的整体差距、产业结构趋同情况和产业之间的互补性程度，以及区域产业布局和一体化发展战略的方向等。产业结构相似系数是一个可以反映区域产业结构相似度的测算指标，其测算公式为：

$$S_{ij} = \frac{\sum_{k=1}^{n} X_{ik} X_{jk}}{\sqrt{\sum_{k=1}^{n} X_{ik}^2 \sum_{k=1}^{n} X_{jk}^2}} (0 \leq S_{ij} \leq 1)$$

其中 S_{ij} 表示 i 地区和 j 地区的产业结构相似系数，i 是参照地区，用于比较 j 区域的产业结构情况，X_{ik} 和 X_{jk} 分别代表产业 K 在 i 地区和 j 地区的产业结构比重，S_{ij} 的阈值范围在 [0,1] 之间，其中，S_{ij} 越接近 0 则表示区域间产业结构差异性越大，同构化程度越低，互补性越强，产业间竞争也相对较弱；反之，S_{ij} 越接近 1 则表示区域间的产业结构同构化程度高，产业结构趋同，互补性差，竞争激烈。$S_{ij}=1$ 和 $S_{ij}=0$ 属于两种极端情况，分别表示区域内产业结构完全一样和产业结构完全不同。具体测算结果如表 2 所示。

表 2　　我国西北五省区 2008~2014 年产业结构相似系数

省区	2008 年	2009 年	2010 年	2011 年	2012 年	2013 年	2014 年	均值
甘肃—陕西	0.9933	0.9921	0.9944	0.9896	0.9842	0.9767	0.9778	0.9868
甘肃—青海	0.9889	0.9891	0.9923	0.9805	0.9776	0.9790	0.9794	0.9838
甘肃—宁夏	0.9959	0.9954	0.9951	0.9966	0.9957	0.9941	0.9933	0.9951
甘肃—新疆	0.9951	0.9976	0.9936	0.9947	0.9961	0.9976	0.9974	0.9960
陕西—青海	0.9992	0.9995	0.9995	0.9985	0.9994	0.9999	0.9999	0.9994
陕西—宁夏	0.9987	0.9978	0.9943	0.9924	0.9892	0.9901	0.9919	0.9935

续表

省区	2008年	2009年	2010年	2011年	2012年	2013年	2014年	均值
陕西—新疆	0.9939	0.9881	0.9835	0.9900	0.9839	0.9731	0.9773	0.9842
青海—宁夏	0.9958	0.9952	0.9904	0.9844	0.9834	0.9910	0.9924	0.9904
青海—新疆	0.9934	0.9866	0.9834	0.9847	0.9791	0.9759	0.9793	0.9832
宁夏—新疆	0.9916	0.9887	0.9777	0.9863	0.9863	0.9868	0.9875	0.9864

资料来源：中华人民共和国国家统计局（http://www.stats.gov.cn）。

（二）产业结构相似系数整体比较

从测算结果来看，我国西北五省区产业结构相似系数均值均在0.9以上，产业结构同构化趋势显著，同区域间产业互补性差而竞争性较强，产业协同发展难度较大。为了便于比较，采用李波的分类标准，将均值0.9900以上归为第一层次，0.9500~0.9900为第二层次，其中青海—宁夏、陕西—宁夏、陕西—青海、甘肃—新疆、甘肃—宁夏属于第一层次，甘肃—陕西、甘肃—青海、陕西—新疆、青海—新疆、宁夏—新疆属于第二层次。通过分类比较发现，第一层次省区产业结构相似程度极高，产业结构中普遍第二产业居高，第三产业发展严重不足，比如陕西—青海2013年和2014年的产业结构相似系数均为0.9999，说明陕西和青海在产业结构上趋于完全一致，互补性差。而青海—新疆产业结构相似系数均值为0.9832，相对来说产业结构差异性最大，具有产业互补的发展空间。从整体来看，西北五省区在改革开放前受国家政策的引导，重点发展重工业，导致第二产业作为主导产业发展，由于西北地区的经济欠发达，也导致第一产业和第三产业的发展滞后，产业结构失调。再加上西北五省区发展的封闭性，各自形成了独立的区域市场和封闭的产业结构。改革开放以后，在单纯追求GDP的政策诱导下，各省区把发展的重点都放在了具有较好发展基础的工业产业上，而忽视了对各省区优势产业和具有比较优势产业的开发，进一步加剧了区域间市场的分割和封闭，区域间未能形成相互促进和互补关系，产业之间也缺乏协同发展的统一规划布局，导致了我国西北五省区产业结构趋同的现状。

（三）产业相似系数分省区比较

具体到各省区来看，陕西—甘肃的产业相似系数呈整体递减趋势，由最高的0.9944到最低的0.9767，说明陕西—甘肃产业结构由同构性在逐渐趋向差异性，从三产数据看，主要是甘肃省第二产业比重下降显著，第三产业发展迅速，在第三产业发展上甘肃省表现出较好的比较优势。甘肃和青海产业相似系数呈现先升后降再升趋势，产业相似系数最低 0.9776，最高 0.9923，表现出相对的差异性。甘肃—宁夏比较来看呈现先降后升再降趋势，但是产业相似系数较高，均值为 0.9951，表现出较高的趋同性，甘肃—新疆产业结构相似系数呈现升降交替趋势，说明甘肃和新疆产业结构调整节奏较快，出现较大的波动性，但是产业结构趋同性显著。陕西—青海产业结构相似性系数呈现整体上升趋势且出现极大的趋同性，产业相似系数最高值为 0.9999，产业结构相似性极为显著。陕西—宁夏产业结构趋同性显著，陕西—新疆产业结构相似系数升降交替进行，表现出较大的波动性，具有相对较好的互补性。青海—宁夏、宁夏—新疆产业相似系数较高且呈现上升趋势，青海—新疆产业结构相似系数整体下降且相似系数均值为 10 对中的最低，表现出相对的差异性。整体来看，陕西—甘肃、陕西—新疆、宁海—新疆和宁夏—新疆 4 对产业相似系数相对较低，产业结构呈现一定的差异性和互补性，其他 6 对整体趋同，产业结构互补性较差。一方面，各省区在具有一定互补性的产业之间通过区域一体化的产业规划布局来加快产业间的协同发展，形成优势产业集聚；另一方面，要充分依托"一带一路"倡议和产业扶贫战略，挖掘各省区潜在的优势产业和特色产业，大力发展第三产业，来进一步优化产业结构，加快产业转型升级和产业结构的优化调整。

四、基于比较优势的我国西北五省区产业协同发展的对策建议

（一）改造传统产业，开发优势特色产业，加快区域产业协同规划

从产业结构相似性系数测算结果来看，西北五省区产业结构趋同，产业发展的互补性较差而竞争性较强，为产业的协同发展带来了阻碍。而实际的情况是我国西北五省区三产各有比较优势，产业之间存在较大的互补性。只是以往发展模式的相似性导致长期以来的产业政策、产业定位等趋于一致，因此，要实现西北五省区产业之间的合作和协同发展，应该打破区域之间的封闭状态，对产业发展和布局进行整体规划，挑选优势产业、特色产业进行优先发展，加快优势产业集群，同时要加快对传统产业的改造，尤其是第一产业和第二产业的产业发展模式要进行创新，优化第二产业的产业结构，带动第二产业中重复建设和效率较低的产业转型升级，将第二产业中具有比较优势的产业进行升级改造，加快优势产业发展。提高第一产业附加值以及和其他产业的耦合，催生出新的业态。同时依据各省区在旅游业、农业、物流服务业等产业的优势，加快产业间的融合裂变，形成各省区具有差异性的产业布局。只有在区域产业协同规划的基础上，打破各省区之间的封闭性和孤立性，加快产业合作和不同产业间的跨区域、跨产业融合，才能为第三产业发展提供较好的产业发展环境。

（二）充分依托"一带一路"倡议，提升区域产业合作开放水平

"一带一路"倡议覆盖了整个西北五省区，为西北五省区的经济发展和产业优化升级提供了外部机遇。一方面，"一带一路"倡议所引领的跨区域、跨国产业合作、产业转移等战略带动着国内优势产业"走出去"和国外优势产业的跨国合作等，一定程度上有助于打破我国西北五省区经济发展上的封闭性，加快区域间产业合作和资源的流动，也为西北五省区依托区位优势，开发特色产业提供了机遇。另一方面，"一带一路"倡议也有助于加快我国西北五省区与中亚、俄罗斯等国家的经济文化、贸易往来，加快西北五省区过剩产能的转移同时有助于产业结构的调整和优化，进一步带动相关产业的转型升级。因此，西北五省区应充分依托"一带一路"倡议，提升区域经济和产业发展的开放水平，不但在国内段加强沿线各省（市、自治区）之间的产业合作，还应更多地加强对外交流合作，形成合理高效的产业互补性。同时，在基础设施建设、文化产业合作、旅游资源开发整合、生态保护等领域开展积极合作，以带动第三产业发展，加快优势产业集群。

（三）积极融入产业扶贫战略，加快产业间耦合，培育新业态

西北五省区整体经济欠发达，也意味着将成为全国新时期扶贫攻坚的主战场，这里集聚着全国将近1/5的贫困区域，同时也是我国民族相对集中的地区和边疆地区，西北五省区的扶贫任务更加紧迫。而扶贫的可持续发展模式便是依靠产业发展，通过产业的发展来带动贫困区域的经济发展。从全国的扶贫战略上来讲，我国西北五省区产业的协同发展更加具有实际意义。另外，国家的精准扶贫战略也为西北五省区产业协同发展提供了外部机遇，西北五省区贫困区域大多集中在六盘山区域和秦巴山区等，产业扶贫的模式具有较好的互鉴性，利用国家政策的扶持可以带动该区域具有比较优势的潜在产业的发展，比如：种植业、养殖业、观光旅游业等。我国西北五省区普遍第一产业基础较差，发展滞后，但是却盛产具有地域特色的农副产品，具有较好的养殖产业发展基础以及丰富多样化的自然环境。研究证明，旅游业和农业具有较好的耦合性，农业和旅游业相结合发展生态旅游业、乡村观光旅游业和多样化的特色农业领域的体验式旅游模式，新的业态的出现将带来更多的就业机会和收入的增加，不仅有助于优化区域产业结构，还将更好地实践特色产业扶贫的国家扶贫战略。

（四）加快基础设施建设，为区域产业结构优化升级提供基础

我国西北五省区经济的发展滞后一定程度上受制于基础设施建设的落后，

"一带一路"倡议加快了西北五省区基础设施的投资建设，在基础设施互联互通的国家政策带动下，西北五省区基础设施建设获得了较快的发展。基础设施的发展也将带动相关产业的发展，以交通设施为例，中欧班列的开通运行较好地带动了西北五省区具有比较优势的产业发展和产品的运输，也加快了物流、加工制造业、仓储等产业快速发展。特色农业有了更加广阔的市场，农业有了更高的产业合作平台，将在一定程度上提升西北五省区农业整体发展水平。通过承接中东部产业的转移，加快区域内的优势产业选择，将有助于降低第二产业比重，基础设施的改善将带动第三产业的快速发展。另外，国家在完善西北五省区基础设施的同时，各省区也应该侧重基础设施方面的地方投入，统一规划区域内的基础设施建设网络，尤其在信息化平台建设上要更加具有创新性，以便为更好地学习我国东部和世界各国先进的产业发展模式提供信息交换平台。因此，持续对基础设施的投资和完善，是西北五省区产业结构调整和优化升级的基础保障。

（五）发挥各省区产业比较优势，加快区域产业机构调整

提供产业结构相似性测度和三产相关数据的横向比较，我国西北五省区尽管产业结构趋同显著，但是各省区三产均具有较大的差异性。新疆维吾尔自治区第三产业发展迅速，具有较好的外部发展机遇和国家政策的扶持，在对外的产业合作方面具有比较优势，"一带一路"倡议极大地带动了新疆旅游业和物流业等产业的快速发展。甘肃省第二产业下降显著，第三产业发展迅速，得益于兰州新区建设，承接我国中东部产业所带动的产业结构优化升级。甘肃省作为丝绸之路的黄金段，在交通运输和仓储、加工制造等产业领域具有较大的发展潜力。陕西省具有相对发达的农业和旅游业，第三产业发展滞后的原因更多地在于对优势产业的开发整合不足，产业间跨区域合作意识不强，导致发展模式的落后。青海省在养殖业、种植业、中医药等产业具有比较优势，但发展相对封闭，宁夏回族自治区借助中阿合作机遇，在民族文化、清真食品等领域比较优势显著。因此，我国西北五省区需要充分挖掘各自的比较优势，在产业协同规划布局的基础上，集中发展具有比较优势的产业，带动区域间优势产业间的合作耦合，形成区域间特色优势产业集群，从而带动整个区域的产业结构优化升级。

五、研究结论与启示

本文利用产业结构相似系数以及 2008~2014 年我国西北五省区三产发展的数据，在对产业结构相似性测算的基础上，得出我国西北五省区产业结构整体趋同的结论。在分省区分析产业结构相似系数后发现，西北五省区产业结构在整体

趋同的情况下又存在相对的差异性，在分析各省区产业结构趋同的历史原因与现状后得出：我国西北五省区产业结构的趋同性主要源于各省区之间发展的封闭性和发展模式的保守性。西北五省区应充分利用"一带一路"倡议机遇，积极完善基础设施，在产业协同规划布局的基础上打破区域间产业发展的封闭性，加快产业合作开放的水平，进一步优化产业结构。另外，我国西北五省区作为我国新时期扶贫攻坚的主战场，应充分依托产业扶贫政策，积极开发新的产业业态，加快产业之间的融合裂变，带动第一产业和第三产业的快速发展，最终实现我国西北五省区产业结构整体从"二三一"向"三二一"层次过渡。

尽管"一带一路"倡议和产业扶贫的国家政策扶持为我国西北五省区发展特色产业、加快产业耦合裂变提供了较好的发展机遇，但是不可否认，由于我国西北五省区生态环境的普遍脆弱性，在发展新的产业的同时绝不能以牺牲生态环境和稀缺资源为代价，因此，要在加强生态脆弱性保护和环境治理的基础上，努力探索一条可持续的发展之路。

参考文献

[1] 高新才，滕堂伟．西北民族地区经济发展差距及其产业经济分析 [J]．民族研究，2006（1）：21 - 30．

[2] 余晓钟，辜穗．新疆—中亚丝绸之路经济带能源合作战略研究 [J]．深圳大学学报：人文科学社会版，2016（4）：83 - 87．

[3] 郭爱君，毛锦凰．丝绸之路经济带：优势产业空间差异与产业空间布局战略研究 [J]．兰州大学学报：社会科学版，2014（1）：40 - 49．

[4] 卫玲，王炳天．我国丝绸之路经济带沿线中心城市建设探析：创新发展和产业提质增效的视角 [J]．兰州大学学报：社会科学版，2016（3）：29 - 36．

[5] 田洪志．"丝绸之路经济带"建设中的重要产业基地建设 [J]．经济问题，2016（1）：15 - 19．

[6] 龚新蜀，许晓莹．丝绸之路经济带背景下新疆优势产业选择研究 [J]．科技进步与对策，2015（20）：50 - 56．

[7] 郭爱君，毛锦凰．丝绸之路经济带建设中的我国节点城市产业定位与协同发展研究 [J]．西北大学学报：哲学社会科学版，2015（4）：18 - 27．

[8] 苏华，康岚，王磊．丝绸之路经济带产业合作的"雁型模式"构建 [J]．人文杂志，2015（3）：43 - 49．

[9] 覃建雄，张培，陈兴．旅游产业扶贫开发模式与保障机制研究——以秦巴山区为例 [J]．西南民族大学学报：人文社会科学版，2013（7）：134 - 138．

[10] 吴胜涛. 西北民族地区体育旅游产业扶贫路径选择 [J]. 贵州民族研究, 2015 (2): 150-153.

[11] 李波. 基于协同视角的武陵山区产业结构相似度比较研究 [J]. 中南民族大学学报: 人文社会科学版, 2012 (6): 108-113.

（作者单位：兰州大学经济学院）

甘肃在"一带一路"中的东西合作论略

李并成

2017年5月14日,"一带一路"国际合作高峰论坛在北京开幕。习近平主席在开幕式上发表重要主旨演讲时说,"一带一路"建设植根于丝绸之路的历史土壤,重点面向欧亚大陆,同时向所有朋友开放。"一带一路"建设将由大家共同商量,建设成果将由大家共同分享。我们要将"一带一路"建成和平之路、繁荣之路、开放之路、创新之路、文明之路。这次高峰论坛后,"一带一路"建设又上了一个新层次,由过去的 One Belt and One Road 变为 The Belt and Road,也就不再局限于陆上丝绸之路和海上丝绸之路沿线,而是把美洲和其他地区都纳入进来,从而上升为一个全球性战略,这就更加有利于新的对外开放格局的打开。

早在2015年3月,国家发改委、外交部、商务部发布的《推动共建丝绸之路经济带和21世纪海上丝绸之路的愿景与行动》中,甘肃就被定位为丝绸之路的重要通道、商贸物流的枢纽、重要产业和人文交流的基地,这从国家层面上进一步明确了甘肃作为"丝绸之路经济带"的"黄金段"地位。随着"一带一路"的深入推进,今天的甘肃已从闭塞的内陆变成开放的前沿,这是甘肃经济社会腾飞面临的千载难逢的历史机遇。如何紧紧抓住这一重大机遇,顺势而上,乘势而为,充分发挥好甘肃作为"通道""枢纽""基地"的优势,加快对外开放步伐,加强东西合作和优势互补,在"一带一路"中谋求更大的作为,做出更多的贡献,这是值得我们深入思考的大问题。笔者为此提出如下建议:

1. 作为中国向西开放的重要门户,甘肃面临的最大希望是开发开放,因而应始终坚持开放带动的发展取向不动摇,奋力走出一条内陆边远地区开放开发的新路子。甘肃省应充分发挥自身现有的产业优势和潜力,与丝绸之路沿线国家开展更深层次、更宽领域、更富成效的合作,进一步将甘肃努力打造成为面向中亚、西亚、中东欧等丝路沿线国家产能合作、能源矿产、基础设施、装备制造和现代农业等领域合作的重要基地,开辟甘肃企业大踏步"走出去"的新途径、新模式。如2015年签约的白银公司与哈萨克斯坦矿业公司30万吨铜冶炼项目,为白银公司未来30~50年每年提供约30万吨金属量铜资源,以该项目实施为平台，白银公司将实现工艺技术和相关产业的输出与互补，促进国际化经营进程。

2. 应优先选择与甘肃省产业契合度高、具备合作条件和基础、合作愿望强的丝路沿线国家作为重点合作对象，力推能源资源、装备制造、黑色有色冶金、新能源、轻工建材、特色农产品加工、中药材种植加工、服务贸易、民族用品制造等产业与有关国家的对接合作，优势互补。应进一步鼓励甘肃省企业整合省内外、国内外各类生产要素，在境外组建联合公司、建设产业园区、集成输出装备技术，打造一批国际知名、国内一流的跨国企业。同时应设法为相对过剩的产能搭建向外输送平台。与全国许多地区同样，近年甘肃省在钢铁、水泥等产业方面存在一些相对过剩的产能，而加强区域合作不仅能帮助过剩产能找到出路，也有利于满足其他区域的发展需求，实现真正的双赢。应积极引进国内外影响力大，尤其是世界500强和国内100强企业在甘肃设厂布点，特别是吸引国内有意开拓丝绸之路市场的企业总部落户甘肃省。与此同时，积极培养甘肃省本土特色产业总部，大力培育龙头企业、特色产业，努力提升本土特色产业的竞争力和研发能力。

3. 应积极鼓励甘肃省装备制造优势企业与丝路沿线国家开展各种产品和技术合作，努力扩大甘肃省石油钻采炼化设备、数控机床、电子产品等的出口，在境外合作建设生产销售基地。支持甘肃省新能源装备制造企业"走出去"，参与中亚、西亚国家新能源产业发展。探索在境外建设新型建材生产加工和销售基地。争取国家部委支持甘肃省农业龙头企业和有实力的企业，在中亚、西亚、中东欧投资现代农业，在有条件的地方建立现代农业示范园区。以清真食品、民族工艺品等产业为重点，加快建设民族特需用品生产加工和出口基地。利用中亚丰富的铀矿资源，加快发展核电、核燃料生产、后处理以及核技术应用等产业，把甘肃建成国内重要的铀储备、转化、浓缩及后处理基地。组织优势企业赴中亚、西亚等国家举办产品和技术推介会，鼓励各类出口企业在甘肃省设立国际贸易分支机构和生产基地。支持金川公司、白银公司、酒钢集团等大型企业及地勘单位参与中亚、西亚国家资源勘探开发利用，建立境外原料基地或加工基地。进一步拓宽技术劳务合作渠道，建立面向中亚、西亚等地的劳务培训、输转基地。除此以外，甘肃省还可与沿线国家逐步开拓一些战略性新兴产业合作，如新材料、电子信息、生物医药、节能环保、新兴服务业，尤其是生产性服务业，包括现代物流、金融、会展、文化创意等。

4. 立足甘肃资源、能源和产业优势，加强与丝绸之路沿线国家的经贸合作，主动"走出去、请进来"，进一步拓展对外开放的空间，提升对外合作的水平。目前甘肃省已经设立了主要面对中东欧和波罗的海国家、西亚国家、中亚国家以及东南亚国家等多个商务代表处，以霍尔果斯"甘肃特色商品展示展销馆"为平台的"甘肃特色商品走进中亚系列经贸活动"持续进行,为甘肃省 150 多家企业、1 200 种特色产品搭建展示展销平台,促进甘肃省瓜果蔬菜、农副产品、灯具等产品的出口。近年与白俄罗斯、伊朗、哈萨克斯坦、吉尔吉斯斯坦等沿线国家签约经贸合作项目合同和协议近百个,高端装备制造、特色农产品等优势产业出口强势增长,国际贸易合作日益活跃,在此基础上应进一步做大做强。同时,应加快兰州新区综合保税区建设,争取设立面向中亚、西亚的自由贸易区。

5. 进一步加快口岸建设与开放步伐,努力把甘肃打造成为"丝绸之路经济带"陆路货物集散中心。目前兰州中川机场、敦煌机场、嘉峪关机场国际航空口岸以及兰州、武威铁路口岸已实现对外开放。应进一步积极开辟国际航线,开行国际货运班列。目前全省已开通 14 条国际和地区航线应加速打造联通西南、西北及丝路沿线国家的重要生产加工贸易基地和物流集散地。2014 年 12 月,开通了"天马号"中欧班列;2015 年 7 月 5 日,"兰州号"中亚国际货运班列从兰州新区首发;同年 8 月 21 日,兰州至汉堡中欧国际货运班列发车,成为甘肃第一列开行到欧洲的往返货运班列,8 月 28 日嘉峪关号酒钢钢材中亚国际货运班列正式发车;2017 年 9 月 29 日,在兰渝铁路全线开通运营之际,兰州中新南向通道(兰州—重庆—贵阳—广西钦州—新加坡)首趟国际货运专列开通。今后应进一步加快甘肃省口岸建设,特别是应加快作为甘肃陆港的龙头兰州国际港务区的建设,将其打造成"一带一路"重要的国际物流中转枢纽和国际贸易物质集散中心,重点建设铁路集装箱、铁路口岸、保税、多式联运、智慧陆港五大核心功能,中欧、中亚、南亚、中新南向四大国际贸易通道,进一步开拓市场,积极筹备货源,强化与乌鲁木齐、重庆、广西以及欧盟、东盟经济体等的紧密衔接,加速联通,保证其常态化运营,形成甘肃连接"一带一路"对外贸易发展的新格局。

6. 进一步加大与"一带一路"沿线国家在技术层面的交流合作。近年甘肃省充分发挥在风能、太阳能、旱作农业、雨水积蓄利用等方面的技术优势,承担了商务部下达的为 30 多个国家 400 多名学员进行的援外项目培训,并积极实施甘肃省国际交流员研习班项目,共有 54 个国家的 232 名交流员参加了学习培训。今后应进一步充分发挥甘肃省在此方面的优势,做出更大贡献。应进一步加强与中亚地区在沙尘暴预防和尘源地生态治理、荒漠化监测和防治等方面的合作,与有关国家开展荒漠化治理、生物多样性保护、森林草原湿地保护等生态项目合作,开展风能、太阳能技术交流和培训。应积极推动中国智库同相关国家智库的合作,加强智库以及学者的学术对接。省内高校应进一步加强与丝绸之路沿线国家高校的交流合作,建立校际长期合作交流机制,积极培养具有国际视野、了解国内外市场经济运行规律、熟悉国际规则和惯例并能参与国际竞争的高素质外向型人才，补齐人才短板；应加大对中西亚等国家访问学者和留学人员的互派，增强甘肃省对来华留学生的整体吸引力，扩大留学生规模。应进一步办好孔子学院，扩大孔子学院的招生名额。目前甘肃省已在苏丹、摩尔多瓦、格鲁吉亚、哈萨克斯坦、乌兹别克斯坦等国建有7所孔子学院（Confucius Institute，其中，兰州大学4所，西北师范大学3所），这些学院均位于"一带一路"沿线，已成为域外国家学习汉语言和中华文化的重要场所，成为传播中华文化的重要载体。应进一步与丝绸之路沿线国家联合开展中医药临床研究，合作成立岐黄中医学院。

7. 在积极"走出去"、加快对外开放的同时，还应特别注意以下两方面问题：其一，甘肃省大部分地区生态环境脆弱，中亚、西亚许多地区同样也存在环境脆弱问题，绝不能以牺牲生态环境为代价换取经济的一时发展，严格避免引进国内外淘汰落后产业和环保不达标产业。在建设"丝绸之路经济带"时，既要实现应有的经济目标，更要重视生态环境保护和生态文明建设；既要充分保护和改善国内生态环境，又应充分注意保护国外相关地区的生态环境，消除能源生产及运输等经济因素可能对环境造成的消极影响。其二，中亚、西亚等地区民族宗教因素复杂，在扩大对外开放的同时应警惕国际反华势力在民族宗教问题上做文章，绝不能为了经济发展而影响社会稳定，不能"为合作而合作"，"丝绸之路经济带"首先应该是一条和平发展与稳定之路。

"一带一路"必将为世界各国和各地区之间架起一座"飞天"之桥，为人类命运共同体的构建开辟出一条崭新的道路，创造出人类社会更加美好的明天。

（作者单位：西北师范大学）

西部省区助推"丝绸之路经济带"建设的战略构想

——以甘肃省华夏文明传承创新区为例

雷兴长　刘青

甘肃作为丝绸之路精神的发源地、华夏文明传承创新区(以下简称"华创区"),要充分认识到,在实施"丝绸之路经济带"建设战略过程中,自己承担着特殊的历史使命和重大的战略任务。因此,非常有必要探讨华创区助推"丝绸之路经济带"建设的战略构想。

一、引言

"丝绸之路经济带"建设具有重大的理论价值、战略价值和国际价值,提高对"丝绸之路经济带"建设的重大价值认识,可以强化华创区助推"丝绸之路经济带"建设的主动性和创造性。

1. "丝绸之路经济带"的理论价值。"丝绸之路经济带"建设的理论,体现了改革开放以来几代中国领导人国际战略思想的传承与创新,也是中国特色社会主义理论的国际战略思想体系的重大发展。

"和平与发展"的时代主题理论是在改革开放初期中国领导人对全球发展趋向的战略性判断,属于中国对世界形势认识的国际理论;"构建和谐世界"的国际社会发展主张是在中国改革开放40年、中国取得重大发展成就、国力明显提高的情况下中国领导人对当代国际社会建设目标的确认,属于中国对世界发展目标主张的国际理论;"一带一路"倡议是在中国改革开放不断深化、综合国力日益彰显和国际影响力日益增强的情况下习近平一代中国领导人对当代国际社会治理模式的探索,属于中国对世界发展导向的国际理论。

从"和平与发展"的时代主题,到"构建和谐世界"的时代主张,再发展到"一带一路"的时代建设战略,充分显示出中国特色社会主义理论的国际战略思想内容愈加丰富、层次愈加提升、体系愈加完备。尤其是"一带一路"建设的国际战略思想的现实影响力、重大实践价值，使中国走向了世界发展的前台。由此充分显示出"一带一路"建设的国际战略思想的理论价值和理论地位，这是对中国特色社会主义理论体系中的国际战略思想创新发展的重大贡献。

2. "丝绸之路经济带"建设的战略价值。"丝绸之路经济带"的建设过程，是中国对外开放的深化过程，是中国"三步走"战略的实现过程，也是中华民族的振兴过程。"丝绸之路经济带"建设已经处于当前与未来中国几大战略实现的关键点位，其战略价值十分凸显。

"丝绸之路经济带"建设，使中国对外开放的"走出去"战略指向更加清晰，使中国现有基础工业、制造业的强大产能更有用武之地，使中国融入与构建世界经济体系的地位更为有利。

"丝绸之路经济带"建设，以中国西北地区为战略起点、战略后方基地，这对推进西部大开发战略以及边疆地区、民族地区和边远山区等中国欠发达地区更好更快发展的关系重大。如果通过"丝绸之路经济带"建设，能够带动西部省区快速发展，实现国家东西两大区域平衡发展，将为实现中国"三步走"战略的最后"一步"打下坚实基础。

"丝绸之路经济带"建设是在2000多年前开辟的连接亚欧非文明的"丝绸之路"基础上，促进沿线各国经济繁荣与区域经济合作、不同文明交流互鉴的一项系统战略工程。如果中国推动的"丝绸之路经济带"建设获得重大进展，沿线国家经济获得重大发展，无疑将是对中华民族伟大振兴战略的巨大贡献。

3. "丝绸之路经济带"建设的国际价值。"丝绸之路经济带"建设是由中国倡导和推动的、由沿线国家广泛参与的世界级区域经济发展工程，国际价值颇为彰显。如果"丝绸之路经济带"建设构想实施成功，广大沿线国家将获得突破性发展，世界经济格局将会发生重大变化，中国的国际地位也将不可同日而语。

"丝绸之路经济带"拥有着重大的国际开发价值。"丝绸之路经济带"作为世界最长的经济大走廊，东边是快速崛起的东亚经济圈，西边是早已发达的欧洲经济圈，中间地带是具有发展潜力的广大沿线国家。目前，由于丝绸之路沿线大部分国家处在两大引擎之间的"塌陷地带"，使"丝绸之路经济带"呈现出"两边高，中间低"的国际区域经济格局。处于"丝绸之路经济带"中间"塌陷地带"的大多数沿线国家与民众的普遍追求是加快经济发展与实现美好生活，位于东西两头的东亚经济圈和欧洲经济圈也有持续发展的强烈愿望，这两种需求叠加在一起，共同构筑了"丝绸之路经济带"的国际战略基础。尤其是丝绸之路沿线覆盖的人口规模高达近30亿人，这也无形中增大了其国际开发价值。

东亚经济圈和欧盟经济圈日渐扩大的经济交流是"丝绸之路经济带"建设的

国际价值实现的前提与保障。在"丝绸之路经济带"建设过程中，东亚经济圈和欧盟经济圈之间的商品、投资、人员、技术等各种经济要素的大规模流动将会更加频繁，这使位于"丝绸之路经济带"中间腹地的广大沿线国家经济发展潜能有机会得以释放，从而促使"丝绸之路经济带"建设的战略经济价值转变现实经济价值。

二、推动华创区与"丝绸之路经济带"建设的战略衔接

助推"丝绸之路经济带"建设的首要环节是实现华创区与"丝绸之路经济带"的战略衔接。华创区要积极、主动地寻求与"丝绸之路经济带"建设的战略对接，而且这一战略对接要有广度和深度，以求通过文化的滋养与服务，更好更快地实现"丝绸之路经济带"建设的战略目标。

1. 推动华创区的区域战略与"丝绸之路经济带"的国家战略的主动衔接。区域战略是国家战略发展的基础，国家战略是区域战略发展的导向，区域战略的发展成效在一定意义上决定着国家战略实现的效果；区域战略依据本地区资源的特色优势形成，国家战略则是根据整体实力和对全球时势判断制定的。

尽管"华夏文明"是整个中华民族文明的代称，然而华创区是以甘肃省地域内的陇东南、河西走廊和兰州白银都市圈三地为界线的，仍然属于国内区域性发展战略，"丝绸之路经济带"则是跨省区、跨国界、跨洲际的国家宏观发展战略。华创区建设是根据省情特色制定的局域发展规划，"丝绸之路经济带"建设是根据国情国力制定的国家发展战略构想，两者有隶属关系。

关键在于"丝绸之路经济带"与华创区的关系交织点，前者在地域上完全涵盖了后者，因此，华创区建设必须要服从和服务于"丝绸之路经济带"建设的需要，自觉成为助推"丝绸之路经济带"实现其目标的战略平台。

华创区作为区域发展战略，要主动地寻求与"丝绸之路经济带"建设的全方位战略衔接。

一是努力把华创区建设的国家使命、甘肃目标与"丝绸之路经济带"的国家战略构想衔接起来。国家提出"丝绸之路经济带"建设的主要目标之一，是兼顾当前国内地区之间的平衡发展，开拓新的增长点，通过复兴丝绸之路，带动经济实力较为薄弱的西部各省区的快速发展。因此，华创区要主动调整战略目标，通过文明传承与文化创新，把地域特色和文化优势转化为文化产业优势、地域经济优势，利用"丝绸之路经济带"国家战略，全力缩小与东部地区发展水平的差距。

二是努力把华创区的建设内容与"丝绸之路经济带"建设的战略内容衔接起

来。"丝绸之路经济带"的建设内容主要是在沿线国家实现"政策沟通""设施联通""贸易畅通""资金融通""民心相通"等五大领域相通。"通"是经济带建设的核心内容。"通"要以"动"为前提，以"交"为基础，而文化是易于和先于经济可以运作与交流的最佳途径。为此，华创区要主动适应经济带建设要求，把文化交流、文化沟通、文化国际旅游作为建设战略重点，大胆筹划，大胆投入，力争在建设内容上与经济带相吻合。

三是努力把华创区建设与"丝绸之路经济带"建设的战略通道衔接起来。古丝绸之路是"丝绸之路经济带"建设的历史前提和文化基础，而古丝绸之路的核心通道正是作为华创区建设重点之一的河西走廊。河西走廊在"丝绸之路经济带"建设的战略基础地位十分突出。为此，华创区的兰州、陇东南、河西走廊"三头""三区"建设布局，更应该重点突出以敦煌文化为核心的河西走廊文化生态区的建设，以确保经济带的畅通和二者战略通道的衔接。

2. 推动华创区的文化发展战略与"丝绸之路经济带"经济发展战略的主动衔接。文化发展战略是华创区的主体战略。尽管"华夏文明"包含物质文明，然而华创区的发展主旨是文化创新发展和文明传承进步。华创区的战略定位是：把甘肃建设成为传承优秀历史文化、健全公共文化服务体系、促进文化产业带动经济转型发展、推动现代文化创新的文化大省。不言而喻，经济发展战略肯定是"丝绸之路经济带"的发展战略重点：努力实现相关区域基础设施更加完善，安全高效的陆海空通道网络基本形成，互联互通达到新水平；投资贸易便利化水平进一步提升，高标准自由贸易区网络基本形成，经济联系更加紧密；政治互信更加深入，人文交流更加广泛深入，不同文明互鉴共荣，各国人民相知相交、和平友好。

不可否认，华创区与"丝绸之路经济带"的战略重点肯定存在差异，但是战略取向的融合点较为突出，即："古丝绸之路文化"是两大战略的共同基础；"人文交流"是两大战略的共同取向。只不过是华创区发展战略侧重于国内区域性文化建设目标，"丝绸之路经济带"发展战略侧重于更大范围、更广意义上的经济建设目标。

在助推"丝绸之路经济带"建设过程中，华创区以文化为重点的发展战略要主动适应、积极服务于"丝绸之路经济带"以经济为重点的发展战略要求，力求实现两大战略的无缝隙衔接。

一是通过自觉强化华创区对"丝绸之路经济带"建设的服务功能，实现文化发展战略与经济发展战略的衔接。文化作为物质世界的客观反映，产生于物质世界，服务于物质世界。文化发展战略及时满足或主动服务于经济发展战略是时代发展的必然要求。社会发育程度越高，这种服务的契合就越深。通过文化传承创新，对经济带建设的服务可以是全方位、多层次的，在战略谋划、顶层设计和精神内涵层面，既可以通过挖掘、弘扬古丝绸文化精神为经济带建设服务，也可以通过经济文化理念创新为经济带建设服务。

二是通过主动调整华创区的文化产业发展战略，推动文化发展战略与经济发展战略的衔接。在21世纪，文化发展的产业化趋势使文化与经济的关系更密切，使文化战略与经济战略更易于衔接。华创区要积极利用文化优势推进文化产业发展，直接融入经济带发展战略，实现两大战略的无形衔接。凡是有利于"丝绸之路经济带"建设在经济上互补、在文化上互鉴、在民心上相通的文化产业，就应该积极引导、大力扶持，创造条件、优化环境、着力培植。

3. 推动华创区的欠发达地区发展战略与"丝绸之路经济带"的国际合作发展战略的主动衔接。"丝绸之路经济带"建设是在古丝绸之路基础上国家向西开放、推进国际区域合作、以开放促进西部大开发的国际合作发展战略；华创区是经济欠发达省份利用文化资源优势，探索经济转型升级的欠发达地区发展战略。

在发展战略关系上，欠发达地区发展战略要借助国际合作发展战略，实现本地区的跨越式发展。国际合作发展战略也要立足于国内不同区域的发展目标，在推动沿线国家共同发展的同时，也要拉动或提升本国欠发达地区发展水平。

如果能与国际合作发展战略成功对接，欠发达地区发展战略就有可能转变成为一种赶超发展战略，既可以借助本国资源，又可以借助国际优质资源；既可以拓展国内新的市场，也可以培育新的国际市场，从而赢得一定的发展优势。因此，"丝绸之路经济带"作为国家向西开放的国际合作发展战略，为华创区把欠发达地区发展战略升级为具有开放性和国际化特质的赶超发展战略，提供了新的契机和发展平台。"丝绸之路经济带"建设也是助推华创区向西开放、利用国际资源的无形驱动力。

在华创区助推"丝绸之路经济带"建设中，要把欠发达地区战略融入国际合作发展战略，实现发展战略的转型升级，努力促成欠发达地区的跨越式发展。

一是华创区要顺应"丝绸之路经济带"的国家向西开放战略要求，推动欠发达地区战略与国际合作发展战略的有效衔接。通过文化建设向西开放、文化产品"走出去"，为"丝绸之路经济带"的国际区域合作发展、"民心相通"进行文化铺垫。国家批准甘肃与国家有关部委共同主办丝绸之路（敦煌）国际文化博览会、事实上就昭示了这样一个战略意图。甘肃要认真领会、全力以赴，以高水平、国际化和创新性为目标要求，承担起文化助推"丝绸之路经济带"建设的国家使命。

二是华创区要提升欠发达地区发展战略层次，把区域文化发展战略转型升级为国际文化发展战略，不仅要在华夏文化的传承创新上寻求发展，而且要在世界先进文化的传承创新上谋求突破。为此，必须有"走出去"弘扬中国优秀传统文化和请进来展示人类文明成果的"大展台"和"大舞台"，华创区建设中开辟的国际合作新通道要进一步拓宽，探索的国际合作发展途径要进一步疏通，在经济大走廊建设的过程中先铺设好"民心相通"大走廊和"文明互鉴"大通道。

三是华创区要通过国家向西开放战略，继承古丝绸之路文化大交流的优良传统，大胆借助国际资源，推动东西方文化的交流、碰撞、创新、进步，为文化产业超前发展赢得先机，并为"丝绸之路经济带"建设提供沿线国家普遍认可的文化推助力。

三、把丝绸之路（敦煌）国际文博会打造成"丝绸之路经济带"的国际交流平台

在华创区建设的基础上，通过中央有关部委的支持和甘肃省的努力、投入，丝绸之路（敦煌）国际文化博览会已成为"丝绸之路经济带"建设的战略平台。目前，举办首届丝绸之路（敦煌）国际文化博览会的战略构想已纳入国家"一带一路"愿景与行动和国家"十三五"规划，将成为推动"丝绸之路经济带"建设的不同国家、不同层次国际文化交流会晤的主要平台

1. 丝绸之路（敦煌）国际文博会推动、服务"丝绸之路经济带"建设的功能定位。丝绸之路（敦煌）国际文化博览会的功能定位应是多方位的：促进"丝绸之路经济带"沿线国家文化交流；落实国家向西开放的战略部署；推动与服务"丝绸之路经济带"建设。

一是把丝绸之路（敦煌）国际文博会作为"丝绸之路经济带"沿线国家文化交流、文明对话与国际合作的重要平台，弘扬古丝绸之路精神。国际文化博览会将作为落实国家"一带一路"倡议的首选文化环节，打造不同文明交流对话、共享世界文明发展成果、促进民心相通的国际文化合作平台，传承丝绸之路和平合作、开放包容、互学互鉴、互利共赢的精神，弘扬合作、互补、共赢的发展理念，坚守共商、共建、共享的经济带建设原则，推进沿线国家发展战略的相互对接，促进世界和平发展。

二是把丝绸之路（敦煌）国际文博会作为华夏文化向西开放的重要载体，传播中国好声音，提升国家软实力。作为连续举办、具有永久会址的文化博览会，将向世界展示丝绸之路沿线国家特别是中华民族的优秀文化、当代中国的文化创造和丝绸之路的文化精神，推动华夏文化向西开放，搭建传播中国声音、讲好中国故事、提升中国软实力的重要舞台，掌握国际文化发展的主导权，努力通过柔性的文化动作有效地把中国倡议变成国际共识。一年一度的博览会成果《敦煌宣

言》将为这种共识提供传播窗口。

三是把丝绸之路（敦煌）国际文博会作为"丝绸之路经济带"建设的重要手段，优化人文环境、强化智力支持。国际文化博览会将为"丝绸之路经济带"建设注入国际先进文化发展理念，引进国际文化发展新成果，把握世界文化发展新动向；同时，为华创区直接对接沿线各国、进入对外开放前沿搭建文化大通道，以求更好更快地推动"丝绸之路经济带"建设和甘肃经济社会转型跨越发展。

2. 丝绸之路（敦煌）国际文博会推动"丝绸之路经济带"建设的战略目标。丝绸之路（敦煌）国际文化博览会纳入国家"一带一路"倡议，打造"丝绸之路经济带"建设的交流平台和精神纽带，也要根据不同阶段确立不同层次的战略目标。既要有近期具体目标，也要有长期宏观目标。

第一，打造丝绸之路沿线国家普遍认同、广泛参与的文化盛会是近期发展目标。经过3~5年的努力，将丝绸之路（敦煌）国际文化博览会打造成为目标指向清晰、内容体系完备、运转机制流畅、影响力和知名度较高、丝绸之路沿线国家普遍认同、广泛参与的国际性文化博览会。同时，要与"丝绸之路经济带"沿线国家在互设文化中心、互办文化年及艺术节、联合申请世界文化遗产、加强新闻媒体合作、实施丝绸之路影视桥工程和丝路书香工程、密切民间文化交流互动、培养文化人才、促进文化产业合作等文化领域达成一批合作协议和实施意见，为推动"丝绸之路经济带"建设打造良好的国际氛围。要按照办好一届、谋划一届、展望一届的链条式思维，设计好走向、把握好走势、营造好趋势，真正形成有良好形象、有广泛影响、有可持续潜力和有强大吸引力的国际文化盛会。

第二，打造国际文化交流对话、区域文化商贸合作的重要战略平台是中期发展目标。经过5~7年的努力，将丝绸之路（敦煌）国际文化博览会打造成为国际化程度高、内容丰富、经济效益显著、影响深远的沿线国家进行国际文化交流对话、区域文化商贸合作、文物保护典型示范、创新文化成果展示、引领文化发展潮流的重要战略平台。同时，与"丝绸之路经济带"沿线国家基本建立文化对话合作平台和良性文化互动机制，在广播影视信号落地、开办电台电视台、建立智库合作联盟等领域达成共识，并出台相关的合作宣言、纲领，切实提升我国在全球治理中的话语权和影响力，改善国际文化生态和舆论导向，促进丝绸之路沿线国家和地区的民心相通。

第三，建立沿线国家文化合作组织、形成跨国界丝绸之路文化带是远期发展目标。经过7~15年或更长时期的努力，以丝路文化博览会为纽带，成立"丝绸之路经济带"沿线国家文化合作组织——敦煌文化合作组织，建立常态化、多层次、全方位文化交流对话合作机制。同时，进一步扩大丝路文化博览会的影响范围,争取实现中欧文化合作与丝绸之路沿线文化合作的有机对接;并使丝路文化博览会成为建立包容、互鉴、公正、和谐的国际文化新秩序,建立国际文化合作新规则、新机制的国际高端论坛;在推助"丝绸之路经济带"建设的基础上,使丝路文化博览会成为跨国界、跨洲际的丝绸之路文化带建设的国际中枢,力求为中国文化走出去与世界文化活起来做出独特贡献。

3. 推动建设"丝绸之路经济带"运行的市场交易平台,为举办丝绸之路国际经济博览会创造条件。在丝路文化博览会基础上,形成丝绸之路(兰州)国际经济博览会的长远战略设想。筹办丝绸之路国际经济博览会,是"丝绸之路经济带"发展运行的客观要求。华创区作为"丝绸之路经济带"的核心区域、发祥地,通过丝绸之路(敦煌)国际文化博览会,创办丝路文化产品交易会,并以此为基础,建设"丝绸之路经济带"运行的市场交易平台,并为将来筹办丝绸之路(兰州)国际经济博览会进行战略铺垫。

一是可以把丝绸之路(兰州)国际经济博览会作为丝绸之路(敦煌)国际文化博览会的重要组成部分,由文博会逐步延伸拓展,并由文博机构负责主办,实行先合后分,逐渐独立举办丝路经济博览会。

二是可以把目前举办的"中国兰州投资贸易洽谈会"直接扩大为丝绸之路(兰州)国际经济博览会,由地方主办的经济会展直接升级为国家层次的面向沿线国家的国际经济博览会。

三是可以与丝绸故乡——浙江或江苏联合举办丝绸之路国际经济博览会。联合浙江、江苏两省共同举办丝绸之路(兰州)国际经济博览会,可以充分利用它们的办会经验和雄厚财力,更快更好地启动这一战略构想。

四、强化华创区在"丝绸之路经济带"运行发展中的服务地位

把华创区建成"丝绸之路经济带"实现"五通"国际合作内容的主要服务区。"丝绸之路经济带"的国际合作重点,是以"政策沟通""设施联通""贸易畅通""资金融通""民心相通"等"五通"为主要内容。华创区要传承和弘扬丝绸之路精神,尤其是古丝绸之路商业文化精神,从古丝绸之路、华夏文明的文化沉淀中提炼"文化开路""现代服务"的理念、模式;在传承与创新中,为"丝绸之路经济带"实现"五通"国际合作内容,提供软硬件的服务与支撑保障。

1. 通过推进经济带沿线国家不同层次行政首脑论坛会议和政府官员互访,为"丝绸之路经济带"实现"政策沟通"服务。"政策沟通"是"丝绸之路经济带"建设的重要保障。华创区要善于为"丝绸之路经济带"沿线国家的"政策

沟通"提供全方位的软硬件服务，推动沿线各国发展战略的对接与耦合。

一是从古代丝绸之路文化故事中提炼"政策沟通"的历史经验。如张骞出使西域，为西汉王朝制定开通丝绸之路政策提供主要依据；隋炀帝的河西走廊之行，西出玉门关，在焉支山宴请二十七国使者，使中国古代开辟丝绸之路的西域政策进入鼎盛时期。

二是在敦煌、兰州、张掖等城市建立不同规格的国际会议中心。在河西走廊沿线知名都市，华创区要积极主动地开发现代国际会议场馆设施，为"丝绸之路经济带"的"政策沟通"提供硬件服务。

三是扩大沿线国家不同层次、不同类型的政府官员互访活动。通过国家部委和有关省区政府，华创区要积极制定和实施沿线国家不同层次、不同类型的政府官员互访活动计划，推动国家、城市之间的政策交流、政策理解、政策对接、政策融合。

四是筹办多种形式的沿线国家官员、学者参与的政策论坛。华创区通过举办不同类型的政策论坛，推动沿线国家城市的政策公开、政策辩论、政策完善、政策调整，为"丝绸之路经济带"的科学建设提供政策护航。张掖、酒泉等市连续多年兴办的湿地论坛、新能源博览会可以进一步提升拓展，并使其更具国际化特点。

五是建立沿线国家的国情、政策的信息网络中心。华创区应该筹建沿线国家国情、政策的信息库，实现政策信息的网络联通，为"丝绸之路经济带"的"政策沟通"提供政策信息基础服务。

六是着力打造丝绸之路沿线重要节点城市"友城"联盟。以省会城市为龙头、以市府城市为重点、以县域城市为补充，形成一对一、一对多、多对一、多对多的"友城联盟"建设，为政策相通夯实基础、探路铺石。

七是打造"一带一路"国际智库联盟。通过沿带沿路国际知名智库的牵引作用，逐步扩大智库间对话、合作、交流，把海南中国改革发展研究院模式引入"一带一路"智库联盟建设中来，通过一年一度的丝绸之路（敦煌）国际文化博览会论坛峰会，为"一带一路"沿线国家智库对话、课题合作后成果发布提供窗口和讲坛。

2. 通过推进华创区的现代基础设施枢纽建设，为"丝绸之路经济带"沿线国家实现"设施联通"提供技术文化服务。"设施联通"是"丝绸之路经济带"建设的优先领域，也是古丝绸之路物质文明建设的首要环节。作为位于"丝绸之路经济带"核心区域的华创区，要积极提供硬件设施、现代技术、文化理念等领域的高端、柔性、便利化服务，确保"丝绸之路经济带"的河西走廊大通道基础设施的互联互通、正常运行。此举是华创区助推"丝绸之路经济带"建设与运行的关键环节和主要职责。

一是要弘扬古丝绸之路精神，从古代丝绸之路的交通设施遗迹中、从河西走廊古驿站的服务文化沉淀中提炼"设施联通"建设与服务的历史经验。

二是在华夏文明的基础之上，大胆创新现代基础设施建设与服务的文化理念，形成铁路、高速公路、机场航运、输油管道、天然气管道、通信光缆等基础设施运行服务的新模式。

三是在"丝绸之路经济带"大通道的建设与服务中，既要立足于甘肃省情，又要拥有超越发展的意识，不断提升基础设施的建设质量和服务水平。例如，可设想建设连云港至巴黎、罗马的现代高速丝绸之路，通过公路、铁路、航空联运等方式，把最急需运输的高端创新产品及时"便捷"安全地运达世界各地，发挥"通道经济"的优势。

3. 通过推进华创区的现代物流中心建设，为"丝绸之路经济带"沿线国家实现"贸易畅通"提供基地保障服务。"贸易畅通"是"丝绸之路经济带"建设的重点内容，也是古丝绸之路商业活动的主要追求。华创区要大力弘扬丝绸之路商业文化精神（智于经营、运于商机、勇于开辟、敢于承担、善于沟通、能于化险等），提倡投资贸易便利化，推动"丝绸之路经济带"的"贸易畅通"。

一是在兰州、河西区域建立商品集散地、物流中心、商品市场信息中心等，构建区域内和国家间宽松自由的良好营商环境，在现代商业文化理念和营销文化模式上大胆创新。

二是要挖掘、梳理古丝绸之路的商业文化遗产，传承华夏商业文化精髓，推动传统商业文化与现代商业文化精华的深度融合，创造具有时代特色的"丝绸之路经济带"独有的商业服务理念和商业运行模式。

三是鼓励"丝绸之路经济带"沿线国家的商贸企业、商人的跨国投资、跨国经商活动，积极吸引他们在华创区开展商务活动，设立商业网点，探索中外商业融合发展新模式——"丝绸之路经济带商业模式"。

四是华创区要善于总结及应用"浙商"的商业之道、商业文化，在"丝绸之路经济带"，打造贸易更加畅通的"浙商"模式。改革开放以来，浙江商人不仅遍布全国各地，繁荣商品市场，而且在世界各国开辟了浙商市场，确保了中国与全球商品"贸易畅通"。把"浙商"模式和丝绸之路贸易模式融合创新，转化为"丝绸之路经济带"的"贸易畅通"模式。

4. 通过推进华创区的现代金融服务中心建设，为"丝绸之路经济带"沿线国家实现"资金融通"提供金融保障服务。"资金融通"是"丝绸之路经济带"建设的重要支撑。华创区既要探索丝绸之路上的金融文化，也要建设现代金融服务中心，为"丝绸之路经济带"建设提供全方位的金融支撑。

一是在华创区形成现代金融服务中心,作为"丝绸之路经济带"建设的金融基地,确保沿线国家实现"资金融通"。

二是根据"丝绸之路经济带"建设的需要,在华创区创建以跨国金融业务为主的"丝绸之路银行",以兰州市为银行总部所在地,在沿线国家设立丝绸之路银行服务网点。或积极探索推行亚投行方式的升级版——"一带一路国际合作银行",力争将中心建立在西北城市或兰州市。

三是从古代丝绸之路的商贸金融活动中,提炼"资金融通"文化,经过"资金融通"实践活动的传承创新,为"丝绸之路经济带"建设提供具有特色的金融服务。

四是从西北少数民族贸易的金融活动中提炼"资金融通"、货币流动的理念和模式,如伊斯兰商业活动中的低息、无息借贷等模式,再经过现代金融服务理念、模式的融合与创新,形成"丝绸之路经济带"建设的特色金融服务与支撑体系。

5. 通过推进华创区人文基地、旅游业的创新发展,为"丝绸之路经济带"沿线国家实现"民心相通"提供人文关怀和服务支持。民心相通是"丝绸之路经济带"建设的社会根基,也是丝绸之路文化持久传播的历史基石。华创区要传承和弘扬丝绸之路友好合作精神,广泛开展丝绸之路沿线国家的文化交流、学术往来、人才培养合作、智库沟通、媒体合作、民众交往等活动,为深化"丝绸之路经济带"的国际合作奠定坚实的民意基础。

一是从古丝绸之路和敦煌文化以及沿线国家文化中,提炼、传承民族文化融合、多民族和谐的人文精神,作为"丝绸之路经济带"建设的精神食粮。

二是华创区要主动联合沿线国家旅行社,设计并打造具有丝绸之路特色的国际精品旅游线路和旅游产品。甘肃在华创区建设中极力推行的"把文化与旅游融合发展的文化旅游业作为现代服务业的首位产业"的思路具有重要参考价值。

三是华创区要扩大与沿线国家相互间留学生规模,开展合作办学,加大人才合作培养力度,为"丝绸之路经济带"建设提供国际化人力资源。例如,兰州财经大学已经创办了为"丝绸之路经济带"建设培养中亚国家跨国专门人才的"中亚商学院"。

四是华创区要积极举办沿线国家间的文化年、艺术节、电影节、电视周和图书展等活动,与沿线国家合作开展有关丝绸之路故事的广播影视剧精品创作及翻译,让文化的"好戏连台"成为振兴丝绸之路沿线国家的舞台。

五是华创区应联合陕西、新疆等省区,为有需求的沿线国家提供医疗援助和应急医疗救助,在妇幼健康、残疾人康复以及主要传染病领域开展国际合作,践行丝绸之路的国际人道主义精神,强化沿线国家的民心相通。

六是华创区应利用自身的经验、优势（如防沙减灾、污染治理、扶贫脱贫等），面向沿线国家的基层政府、民众，开展教育医疗、减贫开发、生态环保等各类公益慈善活动，促进沿线贫困地区生活条件改善。

五、形成华创区发展与"丝绸之路经济带"建设的互动机制

"丝绸之路经济带"和华创区都是制定并批准出台的两个领域不同又密切联系的国家区域发展战略，突出的共同点是利用丝绸之路文化精神推动西部地区发展。因此，华创区发展对"丝绸之路经济带"建设完全可以发挥助推作用，更应该探索形成相互推动发展的战略机制。

1. 利用"丝绸之路经济带"建设战略提升华创区的影响力。华创区作为丝绸之路文化的发源地和核心区域，要主动、积极地利用国家"丝绸之路经济带"建设战略，提升和扩大在国内、国际舞台的影响力。

一是利用作为丝绸之路文化的发源地，提升在"一带一路"建设中的战略地位；

二是利用处于"丝绸之路经济带"核心区域的优势，发挥沿线国家和有关省区之间的纽带作用；

三是利用"一带一路"倡议中丝绸之路（敦煌）国际文化博览会的主办者身份，扩大对沿线国家参与"丝绸之路经济带"建设的感召力；

四是利用"丝绸之路经济带"建设战略推动华创区向西开放，获得更多的发展机会等。

2. 根据"丝绸之路经济带"建设战略要求，完善华创区运行的软硬件。由于地处西部欠发达地区，加上各种因素的制约，导致华创区运行所需要的软硬件不够理想，尤其是相关基础设施硬件与其他省市存在一定差距，严重制约着对"丝绸之路经济带"建设的服务能力和服务水准。因此，十分有必要按照"丝绸之路经济带"建设的要求，提升华创区运行的软硬件标准。

一是华创区要进一步解放思想，主动、大胆地推进与"丝绸之路经济带"有关联的物质文明建设；投入各种资源，推动软硬件设施的建设。

二是国家有关部委也要考虑到西部欠发达地区的客观情况和实际困难，加大有关政策、资金等要素的投入，加快华创区的基础设施硬件建设进程，尽快提升对经济带建设的服务能力。

3. "丝绸之路经济带"与华创区的建设互动。"丝绸之路经济带"建设是国家高瞻远瞩，从长远宏观角度和全球视角制定的国际区域发展战略，融合了地方利益、国家利益、他国利益等多种利益诉求。为了实现战略目标，确保国家与地

方政府步骤一致，理应对相关地域的发展规划、发展政策、发展目标提出战略要求。

华创区作为地方政府提出、国家批准实施的区域发展战略，首先要主动响应"丝绸之路经济带"建设战略，并为其战略目标的实现在各个方面提供相应的配套服务；其次要认识到，满足经济带的战略要求、完成经济带下达的任务的过程，也是华创区和"丝绸之路经济带"的互动共建过程。

尤其是在"丝绸之路经济带"建设的起步阶段，在建设项目不足的情况下，华创区要大胆主动地提出既能满足经济带建设要求又能推动自身建设的一些项目，由此形成两大发展战略互动互利的协调推进。同时，可以使华创区在与"丝绸之路经济带"建设的互动发展关系中，由被动变主动，为经济带建设做出更多的贡献。

4. 使华创区成为"丝绸之路经济带"文化建设的成功典范。由于"丝绸之路经济带"建设对华创区发展存在战略地域上涵盖、战略内容上包含的特点，因此，从战略布局上，应该努力把华创区作为"丝绸之路经济带"发展运行的国家实验区（或经济带建设特区），国家应在各方面给予引导、扶持、投入。

建立"丝绸之路经济带"的国家实验区，要根据华创区拥有的文化优势、服务实力和地域便利等特点，把其打造成经济带建设的文化基地、服务基地、保障基地、人文基地、智库基地等。可以建立专门为"丝绸之路经济带"沿线国家建设培养跨国专业人才的中亚学院、中东学院等，也可筹办国家层面的"丝绸之路经济带"研究院，进行智力开发，培养更高层次的专门人才。

同时，地方应该更加自觉主动地承担起国家使命，既要为"丝绸之路经济带"的建设特别是文化建设提供能推广、可复制的经验，还要善于及时总结和推广其成功经验，以推动"丝绸之路经济带"的建设。

5. 形成华创区和"丝绸之路经济带"互助互推的战略机制。华创区应大胆利用"丝绸之路经济带"建设带来的强大国际利好和地方经济发展机遇，弥补文化特区存在的经济短板，推动欠发达地区的文化经济深度融合发展；"丝绸之路经济带"应积极利用华创区的文化软实力优势、人力资源优势、官员群众的热情期盼，聚集向西开放的声势，提高对沿线国家的感召力、影响力，使中国的国际区域发展战略设想，迅速、真正地转变成沿线国家促进共同发展、实现共同繁荣的合作共赢之路。

实施"丝绸之路经济带"建设战略，为国家在 21 世纪对西部大开发进行大规模投资找到了充分的战略依据和现实理由。关键是西部有关省区要有胆识、有能力，根据本地区实际发展需要和经济带建设战略要求，提出具有可行性的建设项目，以形成西部大开发和"丝绸之路经济带"建设同步推进的局面。

参考文献

[1] 朴光姬. "一带一路"与东亚"西扩"[J]. 当代亚太, 2015 (6).

[2] 许瑞泉. "丝绸之路经济带"与长江经济带互联互通模式探讨[J]. 西北师大学报, 2016 (3).

[3] 郭爱君, 陶银海. "丝绸之路经济带"与国家新区建设协同发展研究[J]. 西北师大学报, 2016 (3).

[4] 朱瑜珂. "丝绸之路经济带"背景下甘肃省基础设施投资与经济增长[J]. 兰州财经大学学报, 2016 (6).

(作者单位:兰州财经大学;山西工商学院)

"一带一路"建设中的法律
风险识别及应对策略

李玉璧　王　兰

"小国的目标是国民自由、富足、幸福地生活，而大国则命定要创造伟大和永恒，同时承担责任与痛苦。""一带一路"倡议作为中国的伟大构想，必将引起当今中国和世界"五千年未有之变局"。"一带一路"作为国际合作的公共产品，对我国而言，既面临着全方位开放、周边外交、地区合作、全球发展等机遇，同时又面临各种风险和挑战。"一带一路"建设是一项十分复杂的系统工程和全新事业，没有法治的引领、推动和保障是无法取得成功的。因此，正确认识、评估和应对"一带一路"建设中所面临的法律风险意义十分深远。

一、"一带一路"建设中法律风险产生的原因

"一带一路"沿线各国资源禀赋各异，经济互补性较强，彼此合作潜力和空间很大。共建"一带一路"旨在促进经济要素有序自由流动、资源高效配置和市场深度融合，推动沿线各国实现经济政策协调，开展更大范围、更高水平、更深层次的区域合作，共同打造开放、包容、均衡、普惠的区域经济合作架构。政策沟通、贸易畅通、资金融通、民心相通是"一带一路"建设中的重点合作领域。"一带一路"多是基础设施建设项目，投资周期长、资金量大、运行维护不易，其所涉地区还存在着复杂的宗教、民族矛盾，恐怖主义、分裂主义和极端主义滋生蔓延。而且，"一带一路"沿线国家的对外开放程度、法治状况和市场化水平差异较大，我国市场主体在参与共建"一带一路"中必将会产生诸多法律风险。

一是因沿线国家隶属法系不同而引发。"一带一路"沿线60多个国家，依照其法系不同，主要分为大陆法系和英美法系两大类，除此以外，还有一些国家属

于伊斯兰法系。① 根据"一带一路"所涵盖范围，蒙古国、韩国、日本等东亚国家，除阿富汗外的中亚国家，缅甸、泰国、老挝等东南亚国家，俄罗斯以及法国、德国为核心的绝大多数欧洲国家，都属于大陆法系。印度、巴基斯坦等亚洲国家，坦桑尼亚、肯尼亚等非洲国家，以及欧洲的英国和爱尔兰等属于英美法系。阿富汗以及除伊拉克、以色列等少数国家外的绝大部分中东国家属于伊斯兰法系，均实行伊斯兰教法。

不同法系国家的法律分类与术语、法律表现形式、审判模式与技巧、法律适用规则等差异较大，同一纠纷在不同法系国家之间的处理方式各异，法律的适用性会被削弱。同时，因所属法系不同而产生的法律信息不对称，也可能会给投资者带来许多无法预测的风险。

二是因沿线国家法治状况和国民道德而产生。"一带一路"沿线国家在基础设施、贸易投资等领域的法律法规、税收规定与国内有很大不同，许多国家有关投资贸易的立法仍处在不断调整完善之中，相关法律的修订比较频繁，并且存在不同层级的立法主体，使投资者很难把握即时交易规则，导致贸易难度加大。一些国家的行政执法、行政监管十分复杂，执法透明度不高，对外国或外资企业在执法力度上有所歧视，甚至会基于本国政治、经济利益和安全的考虑，有针对性地对某些跨国公司或者海外企业进行一定程度的法律管制。这些因素的存在，必然会对我国企业的海外投资与贸易活动产生诸多不利影响与潜在风险。同时，沿线国家的国民道德水平和守法意识参差不齐，还可能产生违约、欺诈等商业道德风险。

三是因贸易保护主义而引起。贸易保护主义各有利弊，利在于可以通过限制进口保护本国商品在国内市场免受外国商品竞争。弊则不利于本国工业的进步，易导致国内资源的低效配置，甚至可能失去参与国际分工、获取比较利益的机会。消除投资和贸易壁垒，实现贸易畅通及投资贸易便利化和自由化，构建良好的营商环境，激发释放合作潜力，是"一带一路"建设的重点内容。

当今世界部分地区贸易保护主义势力抬头，严重制约着全球贸易自由化进程的推进。贸易保护主义主要是通过关税壁垒和以绿色壁垒、技术壁垒、认证、认可制度、安全审查、反倾销、知识产权保护等非关税壁垒来限制投资贸易的自由与便利化。"一带一路"沿线国家大多数都属于新兴经济体和发展中国家，经济发展水平和民主法治程度都不是很高，可能会重拾贸易保护主义政策，以维护本

---

① 伊斯兰法系是中世纪信奉伊斯兰教的阿拉伯各国和其他相关国家法律的总称，又称阿拉伯法系。其内容极为广泛，私法比重大于公法。主要包括穆斯林义务、土地所有权、债权法、家庭法、继承法、刑法等。伊斯兰法系中的许多法律规范兼具其宗教和道德属性，同伊斯兰教教义有密切联系，是每个伊斯兰教徒，即穆斯林所应遵守的基本生活准则。

国（地区）的狭隘利益。这样会消解沿线国家和地区为实现投资贸易便利化所做的努力，并可能由此引发投资贸易法律纠纷和风险。

二、"一带一路"建设中法律风险的类型化分析

由于"一带一路"沿线各国政治体制、法律制度、法律环境和法律文化差异巨大，各国法治建设水平极不平衡，参与建设的市场主体在不同国家或地区将面临不同的法律风险。

1. 因直接投资产生的法律风险。由于我国与"一带一路"沿线国家的利益并不完全相同，一些国家的法律出于意识形态、国家利益、安全等方面的考量，会对合营企业中外国投资者的投资范围和持股比例设定许多限制，或是要求合营企业中必须有所在国政府及其委派机构参与经营。即使有些国家没有此类法律限制，其政府也往往拥有对合营企业重大决策的否决权，从而极大地削减了合营企业的自主经营权。一些国家的法律出于反垄断和维护有效竞争的考虑，对外国投资者的跨国并购提出了特别要求，或建立了不透明的跨国并购审查程序，可能会大大增加我国企业海外跨国并购的难度。而且，当所在国一旦对特定的跨国并购项目持有怀疑时，有时甚至会借助"临时立法"的方式加以限制，从而会形成较为严重的法律风险。由于跨国并购可能会导致垄断，进而扰乱所在国及周边地区的市场秩序，甚至打压所在国及周边相关产业，因此，还可能遇到所在国及相关机构的反垄断审查风险。此外，跨国并购还可能面临目标企业的反并购风险、并购程序的合法性风险，以及被并购的目标企业因隐瞒自身涉及的担保、诉讼纠纷等情况，使跨国并购后的企业陷入因信息不对称而引发的法律僵局。

2. 因市场准入产生的法律风险。市场经济条件下的准入制度，其目的是促进市场的合理竞争和适度保护。"一带一路"建设中，一些贸易伙伴出于对保护本国经济利益的考虑，往往会通过设置严格的法律和市场准入门槛，以及苛刻的通关程序，限制海外投资主体及产品进入其本国市场。例如，欧盟对于食品等商品所设置的准入标准就十分严格，符合中国标准的商品进入欧盟时，将会面临许多不确定性，从而隐含着巨大的准入风险。近年来，随着贸易保护主义势力的抬头，从以往赤裸裸的诉诸关税壁垒，到今天各种隐形非关税壁垒的实施，贸易保护主义的形式可谓五花八门，由此引发的法律风险愈演愈烈。中海油收购优尼科失败就与美国对外国投资安全审查制度和贸易投资保护政策有关。

3. 因知识产权保护产生的法律风险。知识产权作为一种竞争性资源要素，在国家的经济和科技发展中扮演着极其重要的角色。拥有知识产权的程度决定着一个国家或企业在全球化经济中进行资源配置和国际分工时的地位。当前，国际

投资法发展的一个重要特征是高标准的知识产权保护，这方面的规定甚至比WTO《与贸易有关的知识产权协议》的要求更高，这就要求一些国家对其现有的知识产权法制进行有效调整。"一带一路"建设中的投资贸易行为，必然会引发知识产权保护问题。如果对外投资与贸易各方对知识产权保护考虑不周，措施不到位，很容易造成知识产权资源的流失，甚至引发知识产权纠纷。我国企业在过去的对外投资贸易中，由于不熟悉知识产权国际保护规则和方法，不懂得如何运用知识产权战略和策略去维护自身合法权益，获得和保持竞争优势，教训十分深刻。

4. 因国际金融交易产生的法律风险。国际投资分为直接投资和间接投资。国际直接投资是指伴有企业经营管理权和控股权的投资。国际间接投资是指投资者不参加企业经营管理，也不享有企业的控制权或支配权，而仅以资本增值为目的，以取得利息或股息等为形式，以被投资国的证券等为对象的跨国投资。因此，国际间接投资实际上就是国际金融投资。

随着中国企业"走出去"步伐的加快，中国企业参与国际金融投资的情况亦越来越多。然而，国际金融交易和监管十分复杂，且涉及两个或两个以上国家的金融交易法和金融监管法，这就决定了国际金融交易风险较国际贸易风险和国际直接投资风险更大。同时，国际金融交易风险还具有影响范围广、破坏性扩张性强、控制难度大等特点。近年，中国平安、中信泰富的巨额海外金融投资亏损，蒙牛、雨润、太子奶和中华英才网等因签订对赌协议所导致的"对赌危机"都是因盲目进行海外金融投资所产生的法律风险。

5. 因劳工问题引发的法律风险。随着国际社会对人权关注程度的增加，劳工标准作为工作中的人权，已逐渐渗透到国际投资法、国际贸易法等领域。劳工权保护已成为国家的义务、企业的社会责任。"一带一路"建设中因劳工问题可能引发的法律风险主要有：一是因不平等招工，忽视所在国特有的民族问题、性别问题等，触犯平等劳动及反歧视相关的法律，将会面临行政罚款等处罚；二是漠视所在国法律赋予工会的权力，未能与当地工人及工会形成良好关系，可能会面临罢工和激烈抗议的风险；三是在雇工待遇和福利保障方面，如果触犯所在国的劳动法，可能面临处罚、诉讼甚至导致并购失败等风险；四是企业在进行人员裁减或调整时，要特别注意所在国有关裁员力度、裁员补偿等方面的法律，否则也容易引发纠纷。

6. 因环境问题产生的法律风险。随着国际环境法的发展和生态文明价值凸显，世界各国尤其是发达国家的环境保护标准和法律越来越严。"一带一路"建设中，海外企业如果不能严格遵守所在国的环境标准和法律，将会引发严重的环境问题。由于部分中资企业在海外投资中履行环保社会责任存在缺陷，中国投资者在海外已面临过多起此类事件。例如，在柬埔寨，当地政府曾因环境问题收回了中国投资者的森林采伐权。中石油和中石化在蒙古国、印度尼西亚等国的某些项目也遇到了当地环境组织的抵制及政府环境规制方面的问题。大量的事实、经验告诉我们，企业只有遵循绿色"一带一路"建设思路，努力适应国外环境标准和法律，才能减少因环境问题而引发的法律争端。

7. 因经营管理不善产生的法律风险。由于法律意识的淡薄和固有的商业惯性，我国海外投资企业在经营管理中容易触犯法律，从而产生法律风险。一是可能产生商业腐败法律风险。欧洲等国家对企业腐败有严格的法律规定，一旦发现企业有行贿、贪污等问题，将面临严重的竞业禁止和制裁风险，企业声誉可能毁于一旦。二是可能产生税收法律风险。同一主权国家都会根据其本国法律对同一纳税实体进行收税，因此，企业在境外经营时，既要根据属人原则向我国政府纳税，又要根据属地原则向所在国政府纳税。如果企业的纳税情况及避税手段不符合所在国的税收法律，则会面临复杂的税收法律风险。三是可能产生项目规划设计法律风险。如果某一项目的规划设计不符合东道国相关法律的规定，项目完成后，就无法通过东道国的验收，从而导致投资遭受重大损失。四是可能产生合同管理法律风险。现代的合同管理涉及合同的谈判、起草、签订、履行、变更、终止、违约处理等过程。在这一全过程管理中，任何一个疏漏都可能引起争议或纠纷，从而产生风险，造成损失。

三、"一带一路"建设中法律风险的应对之策

进行任何一项投资贸易活动都存在风险，关键在于对风险的认知和管控。如何有效应对"一带一路"建设中的法律风险，应从政府和企业两个层面入手。

政府既是"一带一路"倡议的倡导者，又是该战略的组织者、引领者和实施者，因此，政府应是法律风险的宏观管控者。政府的应对之策主要有：

1. 签署双边或多边投资保护协定，实现沿线国家法制协同。为实行投资贸易便利化，消除投资贸易壁垒，"一带一路"沿线国家必须加强法制协同，通过与投资伙伴国签订双边或多边协定，扫清因沿线国家法制不统一的法律障碍，为海外投资者创造良好的法律环境。目前，中国已同俄罗斯、塔吉克斯坦、哈萨克斯坦、卡塔尔、科威特等国家及地区签署了与"一带一路"建设有关的合作协议。已同东盟、新加坡、巴基斯坦等国及地区签署了 12 个自贸协定。这些双边或多边贸易投资合作协议既是"一带一路"建设的引领力量，又是消解"一带一路"建设法律障碍的有效手段。我们应充分利用这些双边和多边投资与贸易合作协定，尽可能通过签订项目合同、合营合同等方式，将合作各方的权利义务予

以明确、细化，从而避免产生不必要的法律风险。

2. 建立海外投资贸易咨询、指导、服务机构及相关制度。一是探索建立促进"一带一路"投资贸易的专门机构，对相关投资贸易活动提供规划咨询、指导服务、跟踪监督。二是建立"一带一路"信息管理制度和"一带一路"大数据库，通过数据收集、编码、加工以及系统化，实现数据信息的同步化和全覆盖，为推进"一带一路"建设提供强大的数据信息支持。三是加强与"一带一路"沿线国家和地区法律政策的有效对接。在不同投资贸易领域，各国的管理制度和规范千差万别，在制度未对接到位的情况下，相关部门应提醒投资贸易方注意做好前期调研，主动适应制度性落差，防止陷入"制度陷阱"。四是政府相关部门应定期编制"一带一路"投资贸易国别指导目录，发布国家风险报告，指导人们理性开展海外投资贸易活动。

3. 加强风险评估、预警研究，有针对性地开展法律风险管控专项培训。中央和地方各级政府应组织协调相关部门和人员，组建专业化的法律专家团队，深入"一带一路"支点城市和沿线国家进行科学调研，专题研究"一带一路"建设可能涉及的投资、贸易和金融法律风险问题，全面了解"一带一路"沿线国家的政治制度、法律制度、法治环境，充分评估投资贸易伙伴的资产经营、产业运营、法律资质、经营范围等方面的现状，制定出一系列法律风险防范策略和办法。通过各种有效便利的方式为海外投资实务部门和企业提供有针对性的海外投资项目风险管理培训。

4. 优化创新海外投资保险制度。我国已由中国信用保险公司建立起了海外投资保险制度，但是，该公司海外投资保险的险种非常有限，难以满足"一带一路"建设法律风险防范需求。因此，需要通过创新保险制度，鼓励相关保险机构扩大其业务范围，提升其保险能力，以满足我国企业的海外投资保险需求。

企业是"一带一路"建设的直接参与者，是法律风险的微观管控者。企业的应对之策主要有：

1. 学习和研究"一带一路"沿线国家和地区的法律，避开法律"雷区"。长期以来，人们对发达国家的法律较为重视，介绍和研究较多，但对发展中国家尤其是不发达国家的法律关注不够。"一带一路"倡议涉及的 60 多个国家中大多数都是新兴经济体和发展中国家，许多国家的法律体制还不尽完善，人治多于法治，部分国家还有被殖民的历史，其法律制度比较复杂，我们对中亚、南亚和西亚等国家的法律和政策知之甚少，因此，学习和研究"一带一路"沿线国家和地区的法律和政策，就成为防范"一带一路"法律风险的基本方法。

2. 自觉遵守所在国法律制度，严格依法经营。中国企业在海外投资时出现的问题，很多都是由于没有遵守当地的法律和政策造成的。因此，中国企业在参与"一带一路"建设时，一定要严格遵守当地的法律、法规，自觉履行法律赋予的义务，与当地政府和民众建立友好合作关系，树立中国企业的良好形象，这样才能有效促进投资贸易。

3. 合理利用国际贸易规则，科学评估争端解决机制。随着"一带一路"建设的推进，投资贸易冲突和摩擦可能增多。企业应从被动应诉变为主动利用各种国际贸易规则和法律机制来维护自身的合法权益。同时，我们还要认识到，沿线许多国家，如哈萨克斯坦、图库曼斯坦、伊拉克、黎巴嫩等都不是 WTO 成员，这些国家将不受 WTO 关于国际贸易争端解决机制的约束。此外，还有一些国家不是《纽约公约》缔约国，这就意味着针对这些国家的投资贸易争端，即使通过国际贸易仲裁取得了有利于我方的裁决，但其承认和执行仍存在有着很大的不确定性。因此，当纠纷无法避免，形成国际法问题时，一定要认真评估各种争端解决机制的利弊，正确选择和确定应对之策。

4. 善于利用中介机构，加强尽职调查。企业要强化风险意识，改善信息管理方式，注意信息搜集、信息分类、信息分析和信息应用。加强与其他利益相关方沟通，充分利用国外中介机构，对投资贸易方的国别环境、行业和项目进行尽职调查，提高自身风险防范意识。企业在海外投资后，应当立即聘请当地律师，与企业法律服务人员协同配合，做好法律风险防范工作。

参考文献

[1]［法］托克维尔. 论美国的民主（第一卷）[M]. 北京：商务印书馆，1996.

[2] 王义桅. "一带一路"：机遇与挑战[M]. 北京：人民出版社，2015.

[3] 包运成. "一带一路"建设的法律思考[J]. 前沿，2015（1）.

[4] 赵大程. 为"一带一路"建设提供法律服务[N]. 人民日报，2016. 11. 17.

[5] 李玉璧. 我国知识产权战略的国际比较及政策建议[J]. 思想战线，2005（5）.

[6] 刘敬东. "一带一路"战略的法治化构想[N]. 经济参考报，2015. 4. 28.

[7] 王铮. 严防海外金融投资风险[J]. 上海国资，2008（18）.

[8] 厉以宁等. 读懂"一带一路"[M]. 北京：中信出版社，2015.

[9] 韩秀丽. 中国海外投资中的环境保护问题[J]. 国际问题研究，2013

（5）.

［10］赵可金. "一带一路"：从愿景到行动［M］. 北京：北京大学出版社，2015.

［11］夏文斌. "丝绸之路经济带"视角下的向西开放［N］. 光明日报，2015.6.25.

（作者单位：西北师范大学中亚研究院）

"一带一路"重点区域省际
地缘经济关系研究

王娟娟　杜佳麟

地缘经济关系是各地区因资源禀赋差异在资源、资金、信息等经济要素利用中形成的竞争或互补关系,以及在政治、文化等领域关联性联系的综合。分析区域之间、城市群之间的地缘经济关系,有助于各地区明确合作对象、合作方式、合作领域等,提高地区竞争力,使整个区域成为关系稳固、分工明确的地缘经济系统。金玉国(2000)对山西省的地缘经济关系进行评价。徐茜(2010)依据浙江省的外联经济量与地缘经济关系的匹配情况划分"经济联系—地缘经济关系"类型。邓春玉(2010)通过分析珠三角经济圈的对外经济联系与地缘经济关系,得出珠三角总体经济联系较弱、竞争较强、匹配关系合理化程度不高的结论。赵明华(2015)揭示了环渤海地区2012年的地缘经济关系及其1981~2012年的演化规律,为环渤海地区进行地域分工与协作提供依据。张鹏岩(2015)对中原城市群地缘经济关系进行研究,且从学术层面给出区域合作发展策略。谢波(2016)应用修正后的外联经济量与地缘经济关系模型,对昆明与国内外周边主要城市之间的经济联系进行分析,划分出"经济联系—地缘经济关系"类型。高新才(2015)利用城市流模型分析了我国"丝绸之路经济带"沿线30个城市的对外联系功能及时空变化特征,并从交通设施建设、优势产业发展、新增长极的培育和城市流强度结构改善等方面给出增强"丝绸之路经济带"城市间经济联系的对策建议。毛汉英(2014)通过中国周边地缘政治与地缘经济的历史、现状和发展趋势,提出"北联、西进、南合、东拓"的地缘政治和经济的发展建议。

综上所述,已有关于地缘经济关系的研究均是对空间距离邻近、涉及地理范围较小的区域的研究,涉及较大空间范围的地缘经济关系研究较少。本研究立足政策红利辐射我国全境的"一带一路"倡议,综合考虑历史、经济、文化、区位等因素选择我国18个省级行政区作为"一带一路"倡议的中国重点区域进行研究,将18个省级行政区作为研究区域,涉及空间范围广、地理距离远,旨在为经济发展较为落后的"一带一路"重点区域选择分工协作对象提供科学依据。

一、研究区域概况和研究方法

(一) 研究区域概况

"一带一路"倡议是我国突破现行单极开放格局,打造全面开放新格局的重大战略构想,对强化沿线国家和地区的对外经济联系具有重大意义。目前,已有70多个国家和地区主动参与其中,"一带一路"倡议正在向国际共识层面演进。对我国而言,这是涉及中国全境、举国参与的重大发展战略,但是,基于经济发展现状、历史文化演革等因素的考虑,当前着重承接"一带一路"倡议的境内省级行政区划单元有18个,分别是西北六省区(新疆、陕西、甘肃、宁夏、青海、内蒙古),东北三省(黑龙江、吉林、辽宁),西南四省区(广西、云南、西藏、重庆),东部五省份(上海、福建、广东、浙江、海南)。为了加速"一带一路"区域的联动发展,国家从空间经济层面明确了这些地区在"一带一路"上的定位。其中,将地处亚欧大陆桥腹地的新疆确立为"丝绸之路经济带核心区";将陕西、甘肃、宁夏、青海定位为面向中亚、南亚、西亚国家的通道、商贸物流枢纽、产业和人文交流基地;将内蒙古、黑龙江、吉林、辽宁定位为中国向北开放的重要窗口;另外,将福建定位为"21世纪海上丝绸之路核心区",将云南定位为面向南亚、东南亚的辐射中心;其他沿海省份也应当以"21世纪海上丝绸之路"建设主力的标准打造。依据现实需求,"一带一路"在我国境内的连接点应当设在广西,其定位是"一带一路"有机衔接的重要纽带。18个重点区域的定位不仅决定着各个省区的对外经济发展方向,而且决定了省际的经济合作。为了切实落实这些重点区域在"一带一路"上的功能定位,必须改善省际地缘经济关系。分析省际的各种经济关系的竞争性或互补性及其程度的大小,可以从宏观、整体上寻找"一带一路"省际经济合作领域,为改善省际地缘关系和促进区域经济合作提供依据,避免恶性竞争,充分挖掘和发挥地区比较优势提供依据。

(二) 研究方法介绍

本研究采用调整后的欧氏距离分析法对"一带一路"重点区域省际地缘经济关系进行测量。从理论层面看,欧氏距离主要用于衡量多维空间各个点之间的空间距离。然而,评价区域之间的地缘经济关系旨在测量区域之间的经济距离,需要大量属性差异大的经济指标介入,这使数据标准化的过程必须同步进行正向标准化和负向标准化,欧氏距离的取值区间也扩大至负数,具体计算公式如下：

$$ED = \sqrt{(X_1 - Y_1)^2 + (X_2 - Y_2)^2 + \cdots + (X_n - Y_n)^2} \tag{1}$$

ED 越大，两地区间各方面的差异性越大，互补性越强；ED 越小，两地区间各方面差异性越小，竞争性越强。将"一带一路"重点区域省际的地缘经济关系划分为四类：强互补型、一般互补型、一般竞争型和强竞争型，并分析各个省区之间的竞争与互补的具体领域。

二、"一带一路"重点区域省际地缘经济关系评价

（一）指标的选取

城市、区域间的竞争性或互补性主要表现为资源与产品的流动性，一般情况下，生产要素从丰裕的地区流向匮乏的地区，从低效的地区流向高效的地区。根据数据可得性及"一带一路"重点区域省际地缘经济关系的评价需要，本研究选取八个综合性的指标 C、F、Z、S、T、U、W、V 来概括地反映和衡量资源等各项要素在不同区域间的流动性：C ＝某地区全社会固定资产投资总额/该地区当年 GDP；F ＝某地区职工工资总额/该地区当年 GDP；Z ＝某地区第一产业增加值/该地区第二产业增加值；S ＝某地区高等学校在校学生数/该地区人口数；T ＝某地区公路货运量/该地区货运总量；U ＝某地区第二产业增加值/该地区第三产业增加值；W ＝年末金融机构存款余额/该地区当年 GDP；V ＝当年实际使用外资金额/该地区当年 GDP。

其中，C 表示该地区以资金余缺状况代表投资效率，C 越大，说明该地区的资金相对充裕或投资效率较低，资金可能会流向外地；反之则说明这些地区资金相对匮乏，或者投资效率已经达到较高水平，需要引入外地资金来加快自身的发展。F 反映该地区的劳动效率，F 越大，说明该地区的劳动生产效率越高；反之则越低。Z 反映资源与产品向外地的流动能力，Z 越大，说明本地农产品的资源量越为丰富，不仅能满足本地需求，还能向周边地区输出，但工业产品较少，需要从外地输入；反之则说明本地工业资源量丰富，向周边地区输出能力较强，但农产品需要从外地输入。S 反映该地区人力资源的科技水平强弱，S 越大，说明该地区的科技水平相对越强；反之则说明科技水平相对越弱。由于"一带一路"重点区域的公路货运量在货运总量中占比较大，水路和铁路运输比重因区位条件差异而相差较大，因此，选用公路货运量反映该地区区域内交通运输能力的高低，T 越大，说明区域交通运输能力越强；反之则越弱。U 反映经济发展层次的高低，U 越大，说明该地区经济发展层次越低；反

之越高；W 反映地区金融服务水平，W 越大，说明该地区金融机构对资金的使用不灵活，基本用于储存，而非投资；反之则表示对资金能够充分使用，资金的流转速率越大。V 反映了地区对外资的吸引能力，V 越大，说明该地区吸引外资能力越强；反之则越弱。

（二）地缘经济关系评价

1. 数据采集。"一带一路"重点区域各省区的原始数据均来源于 2016 年的《中国统计年鉴》，将原始数据进行标准化处理（见表1）。C' 表示新增单位 GDP 需要的新增资本量，数值越小说明投资效果越高；$C'>0$，说明该地区投资效率较低；$C'<0$，说明该地区投资效率较高。$F'>0$，说明该地区劳动生产效率较高；$F'<0$，说明该地区劳动生产效率较低；$Z'>0$，说明该地区农产品的资源量相对较为丰富，可以满足其他地区的需求，而工业产品相对较少，需要从外地引进以满足本地需求；$Z'<0$，说明该地区工业资源量丰富，能够满足其他地区的需求，而农产品则较少，需要从外地引入。$S'>0$，说明该地区人力资源的科技水平较强；$S'<0$，说明该地区人力资源的科技水平相对较弱。$T'>0$，说明该地区交通运输能力较强；$T'<0$，则说明该地区交通运输能力相对其余地区较弱。$U'>0$，说明该地区经济发展层次较低，第三产业发展低于第二产业的发展；$U'<0$，说明该地区的经济发展层次较高，第三产业的发展快于第二产业的发展。$W'>0$，说明该地区金融机构年末存款余额较高；$W'<0$，说明该地区金融机构年末存款余额较低。$V'>0$，说明该地区使用外资频率较高；$V'<0$，说明该地区使用外资较少。

表1　"一带一路"重点区域各省区市地缘经济关系指标标准化数值与"一带一路"的平均水平

标准化数值	C'	F'	Z'	S'	T'	U'	W'	V'
"一带一路"均值	0.867	0.166	0.276	0.017	0.824	0.938	1.991	0.003
陕西	0.494	-0.126	-0.465	2.096	2.645	1.157	0.150	3.078
甘肃	1.272	0.620	0.500	-0.006	0.401	-0.740	0.865	0.062
宁夏	1.015	-0.196	-0.482	-0.026	0.240	0.495	-0.045	-0.929
青海	1.389	-0.115	-0.479	-1.366	0.027	1.038	0.128	-0.601

续表

标准化数值	C′	F′	Z′	S′	T′	U′	W′	V′
内蒙古	-2.018	-2.296	-0.448	-2.303	0.240	1.198	-1.450	-0.836
新疆	0.881	0.951	0.738	-0.802	0.485	-0.291	0.360	-0.817
黑龙江	-0.577	-0.367	1.277	0.347	-0.070	-1.202	-0.824	-0.691
吉林	0.110	-0.713	-0.223	1.013	0.378	1.334	-0.922	-0.386
辽宁	-0.728	-0.823	-0.433	1.007	0.153	0.182	-0.329	0.139
广西	0.298	-0.653	0.266	-0.306	-0.153	0.950	-0.764	-0.256
云南	0.375	-0.132	0.486	-0.793	0.677	-0.220	0.198	-0.481
西藏	1.191	2.425	-0.070	-1.226	0.838	-0.992	2.870	-0.613
上海	-1.848	1.879	-1.223	0.689	-2.062	-1.811	1.724	0.721
福建	-0.141	-0.344	-0.530	0.432	-0.576	1.052	-1.124	0.109
广东	-1.355	0.187	-0.808	-0.045	-0.380	-0.205	-0.156	-0.051
浙江	-0.692	-0.003	-0.853	0.096	-1.176	-0.055	-0.102	0.253
海南	0.196	-0.175	3.273	0.490	-1.739	-1.909	-0.141	-0.628
重庆	0.140	-0.119	-0.527	0.701	0.072	0.019	-0.438	1.914

注：标准化处理：$C'_i = \frac{C_i - E(C_i)}{S_i}$，$C_i$ 为指标的原始数据，C'_i 为 C_i 的标准化数值，$E(C_i)$ 为 C_i 的平均值，S_i 为 C_i 标准差；F'_i、Z'_i、S'_i、T'_i、U'_i、W'_i、V'_i 的计算参见 C_i。

(1) 从地区层面看。表1显示，在西北地区，除陕西外，其他五省区经济发展水平较低，人力资源的科技水平、交通运输能力、经济发展层次、金融服务水平、吸引外资能力等显著低于"一带一路"重点区域平均水平（后文用平均水平代表"一带一路"重点区域平均水平）。而陕西借助西北内陆腹地的区位优势，成为连接中国东部、中部、西北、西南等地区的重要纽带，在人力资源的科技水平、交通运输能力、经济发展层次、吸引外资能力等方面均高于平均水平。在东北地区，资金宽裕程度、劳动效率、交通运输能力、金融服务水平等方面均低于平均水平，但人力资源的科技水平高于平均水平。其中，吉林和辽宁的资源与产品输出能力低于平均水平。形成这一局面的原因在于，作为老工业基地，东北三省已经基本形成了以钢铁、机械、石油、煤炭、化学等产业为主的工业体系，另外，东北丰富的农业资源禀赋主要用于支撑东北地区的农产业发展，且东北地区以铁路运输为主，本研究主要采用公路运输能力作为评价交通水平的指标，故产生一定的偏差。在西南四省区，共同的劣势是人力资源的科技水平和吸引外资能力均低于平均水平。东部地区的资金宽裕程度和交通运输能力低于平均水平，前一指标反映了当前东部地区经济较好但存在资金缺口的现状，后一指标情况与本研究选择的交通运输衡量指标有关，鉴于自然条件，东部地区海运、空运比重较高，对公路运输的依赖性较小，故出现东部交通运输能力低于平均水平的评价结论。

（2）从指标层面看。就投资效率指标看，内蒙古、黑龙江、辽宁、上海、福建、广东和浙江等7个省区的投资效率较高，其余11个地区较低，虽然这11个地区固定资产投资规模不断扩大，但投资效率对产业结构优化已经形成强劲约束。就劳动生产率指标来看，甘肃、新疆、西藏、上海、广东这5个省区市高于"一带一路"重点区域平均水平。需要特别说明的是，传统经济理论中存在劳动力收入与劳动生产效率成正比的理论观点，在区域经济发展中多次得到验证，本研究中以工资水平在地区GDP的比重来反映劳动生产率。自"一带一路"倡议提出后，国家对甘肃、新疆、西藏等地加大支持力度，工资水平因行政干预而提升，这使该指标计算结果中出现这三个地区与上海、广东的劳动生产率均高于区域平均值的情况。就资源与产品输出能力指标看，甘肃、黑龙江、广西、云南、海南等地农产品资源较为丰富，能够向外输出，但工业产品需要从其他地区输入，其余12个地区恰好相反。在人力资源的科技水平方面，陕西、黑龙江、吉林、辽宁、上海、福建、浙江、海南、重庆等地高于平均水平。就交通运输方面看，由于指标选择以公路运输为主，故结果显示，陕西、甘肃、宁夏、青海、内蒙古、新疆、吉林、辽宁、云南、西藏、重庆等地高于平均水平。就经济发展层次指标看，"一带一路"倡议使沿线地区的旅游、信息、物流等产业得以快速发展，其中，甘肃、新疆、黑龙江、云南、西藏、上海、广东、浙江、海南等受益于政策红利，第三产业的良好发展正在助推区域经济结构的优化。就金融服务水平来看，陕西、青海、云南、西藏、上海等地高于平均水平。需要说明的是，本研究以年末金融机构存款余额在区域GDP中所占的比重来反映金融服务水平，但是，我国的现状是西北、西南地区的微观经济主体将资金多存放于商业银行等金融机构，而东部地区民间资本借贷活动活跃，市场繁荣，微观经济主体存放于金融机构的资金规模极小，作为国际金融中心的上海各类金融市场发达，金融体系完善，故用单一金融机构存款余额比重衡量金融服务水平存在一定的局限性，但鉴于这是大部分"一带一路"重点区域的金融方式，因而选用这一指标。就吸引外资能力看，由于区位优势，陕西、辽宁、上海、福建、浙江、重庆等地的第二、第三产业均显示出较强的吸引外资能力。

2. "一带一路"重点区域省际地缘经济关系分类。

（1）分类依据是调整后的欧氏距离。得到C'_i、F'_i、Z'_i、S'_i、T'_i、U'_i、W'_i、V'_i的数值后，计算"一带一路"区域内18省区市间的欧氏距离ED_{ij}，公式为：

$$ED_{ij} = \sqrt{(C'_i - C'_j)^2 + \cdots + (V^i_i - V^i_j)^2} \tag{2}$$

其中，ED_{ij} 中的省略号代表 F、Z、S、T、U、W 等指标，由于计算模式相同而省去。

$$ED_{Cij} = |C'_i - C'_j| \tag{3}$$

其他指标的标准算法与（3）式相同，只需换成相应指标数据即可。

由式（3）知，ED_{ij} 为第 i 个省区市与第 j 个省区市之间的欧氏距离；ED_{Cij}、ED_{Fij}、ED_{Zij}、ED_{Sij}、ED_{Tij}、ED_{Uij}、ED_{Wij}、ED_{Vij} 分别代表第 i 个省区市与第 j 个省区市各项指标的欧氏距离。

对"一带一路"重点区域的各指标进行标准化，利用这一标准化数值测算 18 个地区之间的欧氏距离，并对其进行标准化。标准化后的欧氏距离 ED'_{ij} 的正负性表明两省区市之间的竞争互补关系。ED'_{ij} 为正，说明两地区间呈现互补关系，正值越大，则两地区之间的互补性越强；若 ED'_{ij} 为负，说明两地区间呈现竞争关系，负值的绝对值越大，说明两地之间的竞争性越强。从理论层面看，地区之间欧氏距离的较大差异会影响资源的空间流动和合理配置，这也佐证了区位对地区经济合作的重大作用，区位因素能够强化或削弱地区间的竞争性或互补性经济关系。然而，对"一带一路"重点区域而言，如果根据公路距离随意设置地理位置权数，则会因为一定的主观性而缺失客观性，考虑到权重一般与距离成反比，因此，引入地理位置权数 W，$W = \frac{1}{A} \times 1\,000$，其中，以两省区的省会或首府城市公路距离 A 为参考对象。借助 W 调整 ED'_{ij}，经过调整后的加权距离记为 ED_W，则 $ED_W = W \times ED'_{ij}$。

（2）"一带一路"重点区域省际地缘经济关系分类阈值确定。为了更明晰地显示"一带一路"重点区域省际的地缘经济关系，参考调整后的欧氏距离，在竞争型和互补型地缘经济关系分类的基础上，将研究区域的地缘经济关系细分为 4 类（见表 2）：强互补型为 $ED_W \geq 1.0$；一般互补型为 $0 < ED_W < 1.0$；一般竞争型为 $-1.0 < ED_W < 0$；强竞争型为 $ED_W \leq -1.0$。"一带一路"区域省际地缘经济关系见表 2。

表 2　　"一带一路"重点区域各省区市的地缘经济关系

类型	阈值	省区市
强互补型	$ED_W \geq 1.0$	陕西—甘肃、陕西—宁夏、陕西—青海、陕西—内蒙古、陕西—上海、陕西—海南、甘肃—内蒙古、内蒙古—上海、上海—福建、广西—海南、广东—海南

续表

类型	阈值	省区市
一般互补型	$0 < ED_W < 1.0$	陕西—新疆、陕西—黑龙江、陕西—吉林、陕西—辽宁、陕西—广西、陕西—云南、陕西—西藏、陕西—福建、陕西—广东、陕西—浙江、甘肃—上海、甘肃—海南、宁夏—内蒙古、宁夏—西藏、宁夏—上海、宁夏—海南、青海—内蒙古、青海—黑龙江、青海—西藏、青海—上海、青海—海南、内蒙古—新疆、内蒙古—黑龙江、内蒙古—吉林、内蒙古—辽宁、内蒙古—云南、内蒙古—西藏、内蒙古—福建、内蒙古—广东、内蒙古—浙江、内蒙古—海南、内蒙古—重庆、新疆—上海、新疆—海南、黑龙江—西藏、黑龙江—上海、吉林—西藏、吉林—上海、吉林—海南、辽宁—西藏、辽宁—上海、辽宁—海南、上海—海南、上海—重庆、福建—海南、广西—西藏、广西—上海、云南—西藏、云南—上海、云南—海南、西藏—上海、西藏—福建、西藏—广东、西藏—浙江、西藏—海南、西藏—重庆、浙江—海南、海南—重庆
强竞争型	$ED_W \leqslant -1.0$	甘肃—宁夏、甘肃—青海、宁夏—青海、黑龙江—吉林、黑龙江—辽宁、吉林—辽宁、福建—广东、福建—浙江、广西—云南、广西—福建、广西—广东、广东—浙江、
一般竞争型	$-1.0 < ED_W \leqslant 0$	陕西—重庆、甘肃—新疆、甘肃—黑龙江、甘肃—吉林、甘肃—辽宁、甘肃—广西、甘肃—云南、甘肃—西藏、甘肃—福建、甘肃—广东、甘肃—浙江、甘肃—重庆、宁夏—新疆、宁夏—黑龙江、宁夏—吉林、宁夏—辽宁、宁夏—广西、宁夏—云南、宁夏—福建、宁夏—广东、宁夏—浙江、宁夏—重庆、青海—新疆、青海—吉林、青海—辽宁、青海—广西、青海—云南、青海—福建、青海—广东、青海—浙江、青海—重庆、内蒙古—广西、新疆—黑龙江、新疆—吉林、新疆—辽宁、新疆—广西、新疆—云南、新疆—西藏、新疆—福建、新疆—广东、新疆—浙江、新疆—重庆、黑龙江—广西、黑龙江—云南、黑龙江—福建、黑龙江—广东、黑龙江—浙江、黑龙江—海南、黑龙江—重庆、吉林—广西、吉林—云南、吉林—福建、吉林—广东、吉林—浙江、吉林—重庆、辽宁—广西、辽宁—云南、辽宁—福建、辽宁—广东、辽宁—浙江、辽宁—重庆、上海—广东、上海—浙江、福建—重庆、广西—浙江、广西—重庆、云南—福建、云南—广东、云南—浙江、云南—重庆、广东—重庆、浙江—重庆

三、"一带一路"区域省际地缘经济关系分类

由实证分析可知,"一带一路"重点区域所涉及的18个地区之间已经呈现出不同的地缘经济关系,大致可以分为四类。

(一)强互补型地缘经济关系

在"一带一路"的18个重点省区市中,陕西与上海、海南、甘肃、宁夏、青海、内蒙古等地具有强互补型地缘经济关系,与其他地区强化经济合作的根基扎实,具体来看,陕西与这些地区在人力资源的科技水平、交通运输能力、吸引外资能力等方面合作空间宽广,同时,由于陕西尚在发展阶段,在资金宽裕程度、劳动生产效率等方面与这些地区存在激烈的竞争关系。海南与广东、广西、陕西显示出强互补型地缘经济关系,与广东、广西的地缘经济关系归因于区位因素,与陕西的这一地缘经济关系则归因于经济合作半径扩展大幅缩小了两地的经济距离,从指标层面看,海南与这些地区在资源产品和交通运输领域具有较强的互补性,这些地区进行产业合作的空间和潜力大;另外,在劳动生产效率、人力资源的科技水平、吸引外资能力等方面具有较强的竞争性。上海与福建、内蒙古存在强互补型地缘经济关系,尤其在劳动生产效率、交通运输能力、地区经济发展等方面互补性强,这也验证了上海辐射半径广的论断。甘肃与陕西、内蒙古存在强互补型地缘经济关系,在指标上显示为资金宽裕程度、劳动生产效率、吸引外资能力、交通运输能力等方面具有一定的竞争性。由此可见,在"一带一路"重点区域中,与陕西具有强互补型地缘经济关系的地区较多,而与甘肃形成强互补型地缘经济关系的地区较少。

(二)一般互补型地缘经济关系

在"一带一路"的重点区域,与陕西存在一般互补型地缘经济关系的地区最多,涉及新疆、黑龙江、吉林、辽宁、广西、云南、西藏、福建、广东、浙江等地,陕西与这些地区在人力资源的科技水平、交通运输能力、吸引外资能力等方面具有一定的互补性。宁夏与内蒙古、西藏、上海、海南存在一般互补型地缘经济关系,其中,宁夏与内蒙古、西藏在劳动效率、人力资源的科技水平、地区经济发展水平方面具有一定的互补性,在资源与产品向外地的流动能力、交通运输能力、对外资的吸引能力方面存在一定的竞争性。宁夏与上海、海南在人力资源的科技水平方面具有一定的竞争性,在交通运输能力、经济发展层次方面具有一定的互补性。青海与内蒙古、黑龙江、西藏、上海、海南为一般互补型地缘经济

关系，其中，青海与内蒙古、上海在资金宽裕程度、劳动生产效率方面具有较高的互补性。青海与黑龙江、海南在资金的宽裕程度、资源与产品向外流动、人力资源的科技水平方面的互补性较大。青海与西藏在劳动效率、经济发展层次的高低、地区经济发展水平方面的互补性最大。内蒙古与新疆、黑龙江、吉林、辽宁、云南、西藏、福建、广东、浙江、海南、重庆为一般互补型地缘经济关系，在资金宽裕程度、劳动生产效率、人力资源的科技水平方面具有不同程度的互补性。西藏与上海、浙江、福建、广东、海南、重庆为一般互补型地缘经济关系，尤其在人力资源的科技水平、地区经济发展水平方面存在一定的互补性。广西与西藏、上海为一般互补型地缘经济关系，在劳动效率、经济发展层次方面具有一定的互补性，在人力资源的科技水平、吸引外资能力方面具有一定的竞争性。海南与浙江、重庆、辽宁、吉林、福建、云南为一般互补型地缘经济关系，主要体现为资源产品层面的互补性，而在资金充裕程度、劳动效率、地区经济发展水平、对外资的吸引能力方面存在一定的竞争性。甘肃、上海、海南之间呈现一般互补型地缘经济关系，在资源产品流动方面具有一定的互补性，在人力资源的科技水平、经济发展层次方面具有一定的竞争性。新疆与上海、海南为一般互补型地缘经济关系，在资源产品流动、人力资源的科技水平、交通运输能力、经济发展层次方面具有一定的互补性。东北三省与西藏、上海在劳动效率、地区经济发展水平方面具有一定的互补性。云南与西藏、上海为一般互补型地缘经济关系，集中体现在劳动效率方面的互补性。可见，陕西、宁夏、青海、内蒙古、西藏等5个地区与众多地区形成了一般互补型地缘经济关系，为这些区域延展经济地理半径奠定了坚实基础，而其他地区则相对较少。

（三）强竞争型地缘经济关系

实证显示，具有强竞争型地缘经济关系的地区均为邻近区域，这表明部分"一带一路"重点区域的资源竞争压力依然较大，经济发展尚处于资源依赖性状态。在西北地区，甘肃、宁夏、青海之间存在强竞争型地缘经济关系，尤其在资金、劳动力、基础设施等方面竞争激烈。在东北地区，黑龙江、吉林、辽宁在资金、劳动力、专业人才、交通运输、外资等方面竞争激烈。在东部地区，福建、广东、浙江之间在劳动力、资源产品、专业人才、交通运输外资等方面存在激烈竞争。位于西南地区的广西、云南不仅内部存在强竞争型地缘经济关系，同时，与广东、福建也存在强竞争型地缘经济关系，主要在劳动力、专业人才、交通运输、经济发展层次、外资等方面竞争激烈。总之，具有强竞争型地缘经济关系的地区多为经济结构相似的区域，规避竞争领域、创造合作机会，是这些地区提升自我发展能力的占优选择。

（四）一般竞争型地缘经济关系

甘肃与新疆、黑龙江、吉林、辽宁、广西、云南、西藏、福建、广东、浙江、重庆为一般竞争型地缘经济关系，其中，与黑龙江、吉林、辽宁、广西、云南、西藏、新疆在资源与产品向外地的流动能力、交通运输能力、对外资的吸引能力方面具有竞争性。与福建、广东、浙江、重庆在劳动效率、人力资源的科技水平方面具有竞争性。宁夏与新疆、黑龙江、吉林、辽宁、广东、浙江、重庆、云南、广西为一般竞争型地缘经济关系，在地区经济发展水平、人力资源的科技水平方面具有竞争性。青海与新疆、吉林、辽宁、广西、云南、福建、广东、浙江、重庆为一般竞争型地缘经济关系，其中，与新疆、吉林、辽宁、广西、云南在劳动效率、交通运输能力、地区经济发展水平、对外资的吸引能力方面具有竞争性。青海与福建、广东、浙江、重庆在劳动效率、资源与产品向外地的流动能力方面具有竞争性。新疆与黑龙江、吉林、辽宁、广西、云南、西藏、福建、广东、浙江、重庆为一般竞争型地缘经济关系，其中，与黑龙江、吉林、辽宁、广西、云南、西藏在交通运输、吸引外资方面具有竞争性。黑龙江、吉林、辽宁与广西、云南、福建、广东、浙江、重庆为一般竞争型地缘经济关系，在劳动效率方面具有竞争性。上海与广东、浙江为一般竞争型地缘经济关系，在资金的宽裕程度、资源与产品、人力资源的科技水平、吸引外资能力方面具有竞争性。云南与福建、广东、浙江为一般竞争型地缘经济关系，在劳动效率、吸引外资能力方面具有竞争性。重庆与陕西、福建、广西、云南、浙江、广东为一般竞争型地缘经济关系，在劳动效率、资源与产品向外地的流动能力、经济发展层次、地区经济发展水平方面具有竞争性。可见，存在强竞争性地缘经济关系的地区与更多区域存在一般竞争性地缘经济关系，不利于这些地区延伸区域经济发展半径。

四、结论

本研究采用欧氏距离分析法测量 18 个省区市的省际地缘经济关系，而欧氏距离本义是用于测量地区之间真实的空间距离，本文旨在测量省际的经济距离，因此需要调整欧氏距离分析法，通过大量经济指标介入和相宜的标准化过程，将欧氏距离取值范围扩大至负数，这是本研究的贡献之一。通过对"一带一路"重点区域省际地缘经济关系的研究发现，在微观层面，18 个省级行政区划中能够与其他地区以互补型地缘经济关系为主的地区已经具备较强的经济发展能力，能够突破空间距离的局限，在更大的地理半径开展经济合作，如陕西。与其他地区以竞争型地缘经济关系为主的地区经济发展能力和水平明显较低，空间距离仍是制约区域经济发展的重要瓶颈，如甘肃。这一地缘经济关系现状使承接"一带一路"倡议的重点区域难以均衡充分地享受倡议措施红利，需要决策部门适当介入，引导微观经济主体在非竞争领域强化合作，在竞争性领域明确分工。在宏观层面，"一带一路"重点区域的发展现状已经存在较大差距，但强互补型和一般互补型的地缘经济关系仍为区域经济关系的主导，这表明在"一带一路"区域开展多层次、全方位的经济合作，提升区域经济发展水平具有可行性，同时，也有力佐证了"一带一路"倡议的科学性和合理性。

虽然已经形成一些较有现实意义的结论，但由于诸多因素的制约，本研究尚存在不足，主要体现在两个方面，一是指标选择，本研究共选定8个指标，其中，劳动生产效率、交通运输能力、金融服务水平3个指标的衡量标准并不能如实反映18个省区市的真实水平，仅是大部分地区相关情况的反映。例如，以职工工资总额在GDP中的比重反映劳动生产效率，尽管这一衡量标准有理论支撑，也能反映大部分"一带一路"重点区域省区市的劳动效率，但是由于部分西部落后地区因政策红利带来的行政干预而提升工资水平，所以这一指标并未如实反映18个省区市的劳动效率。类似情况在以公路货运量在GDP中的比重衡量地区交通运输能力、以年末金融机构余额在GDP中的比重衡量地区金融服务水平等两个指标中也已出现，在文中均已进行说明。二是研究方法。本研究采用调整后的欧氏距离分析法测量18个省区市之间的经济距离。综观已有成果，以欧氏距离研究地缘经济关系的区域范围相对较小，经济发展水平差距有限。本研究将此方法用于地域跨度、经济势差等均较大的18个省区市省际地缘经济关系研究，虽然具有一定的创新性，也形成了可行性较强的结论，但仍需要其他研究方法佐证，因此，在后续研究计划中，拟用空间矩阵法测量"一带一路"重点区域的空间关联度，夯实相关经济政策制定的学术研究基础。

参考文献

[1] 金玉国. 山西省地缘经济关系的测度分析 [J]. 经济问题，2000 (10).

[2] 徐茜. 省际外联经济量与地缘经济关系的匹配分析——以浙江省为例 [J]. 经济地理，2010 (4).

[3] 邓春玉. 珠三角经济圈对外经济联系与地缘经济关系匹配分析 [J]. 地理科学进展，2010 (2).

[4] 赵明华，李娇娇. 环渤海地区省际地缘经济关系研究 [J]. 经济地理，2015 (11).

[5] 张鹏岩，张倩倩. 中原城市群核心—外围经济联系潜力与地缘经济关系

类型分析 [J]. 河南大学学报, 2015 (5).

[6] 谢波, 颜亚如. 昆明对周边城市外联经济量与地缘经济关系匹配研究 [J]. 人文地理. 2016 (2).

[7] 高新才, 杨芳. 丝绸之路经济带城市经济联系的时空变化分析——基于城市流强度的视角 [J]. 兰州大学学报（社会科学版）, 2015 (1).

[8] 毛汉英. 中国周边地缘政治与地缘经济格局和对策 [J]. 地理科学进展, 2014 (3).

[9] 张可云, 蔡之兵. 全球化4.0、区域协调发展4.0与工业4.0——"一带一路"战略的背景、内在本质与关键动力 [J]. 郑州大学学报（哲学社会科学版）, 2015 (3).

[10] 杨恕, 王术森. "丝绸之路经济带": 战略构想及其挑战 [J]. 兰州大学学报（社会科学版）, 2014 (1).

（作者单位：兰州财经大学经济学院；兰州财经大学甘肃商务研究中心）

"一带一路"视域下甘肃旅游业发展思考

魏 宏

自2013年9月和10月习近平主席分别提出建设"新丝绸之路经济带"和"21世纪海上丝绸之路"构想以来,"一带一路"倡议得到国际社会的高度关注和有关国家的积极响应。5年来,甘肃省旅游业从不断深入的"一带一路"建设中获益良多,"十二五"期间全省旅游接待人数达52 046.5万人次,年均增长29.5%;实现旅游综合收入3 180.5亿元,年均增长32.7%。旅游人数和综合收入在2010年的基础上实现了"五年翻两番"。甘肃省旅游业的发展实现了规模和速度双增长、质量和效益双提升,旅游主题形象和品牌得到双推广,在稳增长、转方式、调结构、惠民生方面发挥了重要作用,对全省经济社会发展做出了积极贡献。欣喜之余,我们也要冷静思考,并与全国其他省(市、区)的旅游业发展进行对比。

从表1中我们作一个简单的排序,甘肃省旅游收入居全国第26位,同比上升13位;接待游客人数为第21位,同比上升8位;游客在甘肃省的人均消费上只排在了重庆的前面。从以上数据我们可以看出,甘肃省旅游综合收入、接待游客数量和人均消费在全国位次还比较靠后,旅游收入和接待游客数量的同比增长率位次居中上游,说明旅游发展的势头不错,要想取得贵州、江西这样爆发性的增长,还有很多的工作要做。

表1　　　　　　　　2016年全国各省旅游收入统计表

省 (区、市)	旅游收入 (亿元)	同比增长 (%)	接待游客 (万人次)	同比增长 (%)	人均旅游消费 (元)
广东	11 560	11.5	39 000	13	2 964
内蒙古	2 714.71	20.3	9 805	15.2	2 769
北京	5 020	9	28 500	4.6	1 761
吉林	2 897.37	25.15	16 578.77	17.32	1 748

续表

省（区、市）	旅游收入（亿元）	同比增长（%）	接待游客（万人次）	同比增长（%）	人均旅游消费（元）
新疆	1 401	37	8 102	32.9	1 729
天津	3 100	10.9	19 100	10	1 623
江苏	10 200	13	68 000	9.4	1 500
浙江	8 093.23	13.36	58 400	9.16	1 386
上海	3 820	9	30 000	5	1 273
福建	3 935.16	25.3	31 500	18.1	1 249
山东	8 020	13.6	71 000	8.7	1 130
海南	669.62	16.97	6 023.59	12.87	1 112
黑龙江	1 603.27	17.76	14 500	11.27	1 106
云南	4 726.25	44.1	43 100	31	1 097
青海	310.31	25.1	2 876.92	24.3	1 079
江西	4 993.29	37.27	47 000	22.11	1 062
广西	4 191.36	28.8	40 900	19.9	1 025
河北	4 654.5	35.6	46 700	25.5	997
河南	5 764	14.47	58 300	12.37	989
宁夏	210	30.2	2 150	17.1	977
山西	4 247.1	23.2	44 000	23.07	965
贵州	5 027.54	43.1	53 100	41.2	947
安徽	4 932	19.7	52 485	17.08	940
湖北	4 870	13	57 300	12	850
陕西	3 813.43	26.87	44 900	16.45	849
湖南	4 707.43	26.79	56 500	19.47	833
甘肃	1 220	25	19 000	22	642
重庆	2 645.21	17.5	45 086.13	15.1	587
四川	7 600	22			

长期以来，甘肃省旅游发展主要依赖的是沿312国道、连霍高速为主线发展的天水、兰州、张掖到敦煌一线的旅游景点，完成了由点到线的转变。要完成由线到面的布局，还需要我们在旅游发展的战略上做出一些选择。现在甘肃省传统

的热门景点如鸣沙山月牙泉、莫高窟、麦积山、张掖丹霞、崆峒山、拉卜楞寺、九曲黄河等在全国乃至世界都有了一定知名度，成为较为著名的旅游目的地，这些都处于河西和陇东地区，而兰州以南的陇南和定西南部却成了甘肃旅游价值的洼地。本文主要阐释的观点就是甘肃旅游要在继续擦亮敦煌这张"旅游名片"的同时，应将下一个阶段发展重点放在甘肃南部地区，包括甘南、陇南、定西南部。

一、旅游发展重点南移的意义

甘肃南部地区是甘肃省社会经济发展相对滞后的地区，还有许多连片贫困山区，脱贫脱困任务艰巨。在全域旅游战略的指导下发展南部地区的旅游业，可以有效促进南部地区产业发展，有助于脱贫脱困。

1. 南部地区发展旅游业可以实现甘肃旅游网络化发展格局，充分展示甘肃旅游资源的多样性，有助于绚丽甘肃品牌的形成和甘肃旅游线路网络化的形成，更好地打造亚洲最佳旅游目的地的形象，提高全省旅游效益和质量。

2. 有利于全省范围内的均衡发展，可以更好地落实乡村振兴战略，建设美丽乡村和梦想中的家园，实现"青山绿水就是金山银山"的目标。

二、南部地区旅游发展的基础

1. 旅游业发展的良好势头已经形成。甘肃南部地区虽然是甘肃省旅游业发展起步较晚的地区，但在政府和社会各界坚持不懈的努力下，"十二五"期间旅游业取得了长足的发展，陇南市接待游客 3 568 万人次，年增长率为 25.12%；旅游综合收入为 162 亿元；年增长率为 41.70%。定西市接待游客 1 758.49 万人次，年平均增幅为 30%；旅游综合收入 156.1 亿元，年平均增幅为 36%。

从以上数据可以看出，这两个市旅游业的发展与全省发展水平持平，旅游业发展的良好势头已经形成。

2. 独特并丰富的旅游资源。甘肃南部有迥异于甘肃其他地区的地貌特点、文化内涵，陇南市是甘肃省的陇上江南，是森林覆盖率最高的地区，官鹅沟、万象洞景区、哈达铺、文县天池、康县阳坝景区和百公里生态旅游风情线各具风采，现有 5 个国家 4A 级旅游景区；定西市独特的地理位置和悠久的历史积淀，孕育了贵清山、渭河源、狼渡湿地草原、马家窑新石器时代文化遗址等丰富的旅游资源，有国家 4A 级景区 3 处，是休闲度假、消夏避暑的理想之地。

3. 旅游基础设施得到极大改善。目前陇南市、定西南部地区交通条件大为改善,兰渝铁路通车、成县机场通航、一批联通各乡镇与旅游景区的道路通车,行短游长逐渐成为可能,为留住游客创造了条件。陇南市、定西市著名景区游客接待中心先后建成投入使用,旅游基础设施有了根本性的改变。

三、对南部地区旅游业发展的建议

1. 要打造全域旅游的概念。全域旅游是应对全面小康社会大众旅游规模化需求的新理念、新模式和新战略。经济新常态下,全域旅游贯通消费与生产领域,促进中国经济脱虚入实,发挥了"稳增长、促改革、调结构、惠民生、防风险"的重要功能,成为中国经济一抹亮丽的风景线。全域旅游与"创新、协调、绿色、开放、共享"五大发展理念高度契合,发展全域旅游"因之缘起、为之落实、以之为遵循",具有天然的与"四化战略、美丽中国、健康中国、生态文明建设、中国工业2025"等重大国家战略对接和融合发展的优势。全域旅游可以创新区域统筹发展机制,发挥旅游业的全域综合带动效应。首先是产业统筹,打通规划、部门和产业之间的关系,形成"多规合一、部门联动、产业融合"的一体化实施机制;其次是城乡统筹,地方政府通过发展城乡旅游公共交通、城乡旅游标识标牌系统,促进城乡旅游公共服务均等化;最后是区域统筹,可以积极促进区内各行政区之间的合作,同时加强区域内和区域外的合作。比如陇南市可以采取景区+特色小镇+美丽乡村、旅游+电子商务作为全域旅游发展的抓手。定西市可以采取旅游+文化、旅游+中药材作为全域旅游发展的重要抓手。

2. 严格执行"十三五"旅游发展规划。甘肃省、陇南市、定西市"十三五"旅游发展规划都已公布,对发展思路、建设任务、建设项目、发展的重点景区和线路都有规划。鉴于两市经济发展的实力,甘肃省在旅游项目建设、投资上应予以支持。各大旅行社应开发甘肃南部地区的旅游线路,并予以大力推介、宣传。

3. 加强对甘肃南部旅游的宣传工作。要有针对性地策划面向全国的体育文旅活动,扩大南部地区的影响。若到甘肃南部地区旅游,不用翻越千山万水,就可以感受山之魅力、水之清澈、文化之厚重、民风之淳朴,寻找到梦想中的家园。

(作者单位:甘肃省经济研究院)

"一带一路"背景下甘肃蔬菜
向西出口对策研究

张希君

一、甘肃省蔬菜生产现状及出口能力分析

(一) 布局合理，设施蔬菜优势典型

甘肃气候类型多样，昼夜温差大，日照足，是优质无公害蔬菜的理想产地，经过多年发展，形成了河西走廊、沿黄灌区、泾河流域、渭河流域和徽成盆地五大优势产区。兰州市七里河区属二阴地区，正好适合兰州百合的生长特征，是兰州百合的最佳主产区。据部门统计，2017年全省特色优势产业总面积达到3 313万亩，全年蔬菜种植面积为854.71万亩，比上年增长4.2%；蔬菜产量为2 106.47万吨，比上年增长7.9%。其中，设施蔬菜面积为163.95万亩，比上年增长3.6%；产量为579.71万吨，比上年增长3.4%。瓜类播种面积为90.43万亩，比上年增长13.0%；园林水果产量为557.02万吨，比上年增长10%。

(二) 示范作用明显，基地建设加快

近几年，甘肃全省已建成集中连片1 000亩以上的省级高原夏菜标准园279个；集中连片生产净面积50亩以上的省级日光温室标准化小区398个；集中连片生产净面积100亩以上的省级钢架大棚标准化小区526个；年繁育蔬菜种苗300万株以上的省级集约化育苗基地172个；新品种引进筛选示范点48个；科技攻关项目15个；创建农业部蔬菜标准园103个；北方城市冬春淡季设施蔬菜规模化种植基地3个。目前，科技含量高、种植模式先进、示范引导高效、物流服务齐全、蔬菜产业提质增效的蔬菜园区和基地已现雏形，对全省蔬菜产业发展起到了较好的示范带动作用。

（三）年生产能力增强，市场供应稳定

甘肃全省建立了一批试验示范基地，引进蔬菜优良品种，进行试验示范，筛选出了适合当地种植的新优品种，初步实现了品种改良和储备。蔬菜品种从单一的茄果类、叶菜类、根菜类向西（甜）瓜、食用菌、特色菜等方向精细化发展，由原来的茄子、辣椒、西红柿、黄瓜、甘蓝、花椰菜、萝卜等逐步发展到西瓜、甜瓜、食用菌、豌豆苗、空心莲、山药等精细菜和水生蔬菜。茭白试种成功，填补了省内水生蔬菜空白的历史。总结出了塑料拱棚春提早、秋延后和多层覆盖周年生产模式，日光温室深冬茬、冬春茬和一年四茬全年生产栽培模式。品种多样性和茬口多元化，实现了蔬菜周年生产，丰富了蔬菜品种，增加了单位面积产量，保障了市场供应稳定，丰富了市民的菜篮子。

（四）标准体系日趋完善，蔬菜品质显著提升

近年来，甘肃省建立起了国家大宗蔬菜产业技术体系兰州试验站和非耕地有机生态型无土栽培技术示范基地等科技支撑体系；通过制定规范化生产技术标准，蔬菜中无公害、绿色和有机等"三品一标"产品的比重进一步提高，蔬菜产品品质显著提升，生产从注重产量向确保均衡供应和提质增效并重的方向加快转变。各地突出地方特色，规划引导，重点扶持，形成了一批集新品种、新技术示范展示于一体的标准化、规模化科技示范园区和生产基地。以甘蓝、花椰菜、娃娃菜、甜脆豆、西芹等优势露地蔬菜产品为主的"高原夏菜"和以番茄、辣椒、韭菜、甜瓜、西瓜等优势设施蔬菜产品为主的反季节蔬菜享誉省内外，部分产品出口到东南亚、中亚及我国香港、澳门等地区和日本等国。全省已建成12个国家级、49个省级无公害蔬菜标准化生产示范县，有291个蔬菜有效使用绿色标识。

二、"一带一路"背景下甘肃蔬菜向西出口面临的重大机遇

甘肃地处内陆，经济发展水平不高，开放程度不够。"一带一路"倡议的提出，为甘肃省开拓中亚及中东欧市场带来了难得的机遇。随着国家开放战略的调整，甘肃由内陆腹地逐渐成为开放前沿，面临着向西开放、内陆沿边开放和"丝绸之路经济带"建设"三重叠加"的开放机遇。

（一）区位优势带来新的发展机遇

甘肃省地处"丝绸之路经济带"黄金段，距中亚五国经济贸易中心——哈萨

克斯坦阿拉木图市仅 3 000 多公里。甘肃省农产品品种多、质量好，特别是冬春季设施蔬菜生产出口到中亚具有得天独厚的地域优势。"一带一路"倡议从便利贸易出发，打通了中国向西开放的关键通道和相关口岸，为甘肃农产品贸易和农业合作带来难得的机遇。中亚区域经济合作和中哈霍尔果斯自由贸易区的建立，均为各成员之间的农产品贸易提供了机遇。同时，甘肃省也加大了政府扶持力度，在农产品通关、贸易、税收等方面制定较以往更加便利和优惠的一系列政策。开通了甘肃农产品出口服务平台，稳定推进甘肃农产品出口中亚，促进甘肃果蔬与中亚乃至中东欧国家的优势互补。

（二）中亚及中东欧地区广阔的市场需求机遇

中亚国家地处高寒地带，蔬菜和水果品种有限，不能自给，具有很大的进口空间。以哈萨克斯坦为例，哈萨克斯坦水果仅有苹果、葡萄、石榴、西甜瓜、柿子等少数几个品种，现有的生产规模及产量远不能满足市场需求，需大量进口以弥补国内供应的不足。再如，哈萨克斯坦反季蔬菜自产仅能满足需求的 34.3%，60% 以上的蔬菜需要进口。哈萨克斯坦农产品进口零售差价巨大，蔬菜的销售价比进口价格要高两倍左右，因此向中亚出口农产品利润空间巨大。

甘肃农业和畜牧业优势明显，与俄罗斯、哈萨克斯坦、白俄罗斯等丝绸之路沿线国家有较强的互补性。甘肃盛产的洋葱、马铃薯、圆白菜、甜椒、番茄、苹果等果蔬农产品，恰好是中亚各国国民特别喜爱的食物。每年冬春季节是中亚各国反季果蔬的紧缺期，而此时却是甘肃河西走廊日光温室的盛产期，设施蔬菜品种多、质量好，中亚国家对甘肃省秋冬季新鲜果蔬需求旺盛。因此，甘肃特色农产品出口中亚乃至中东欧地区有广阔的需求市场。

（三）企业出口及境外生产的机遇

以往甘肃省农产品出口中亚和其他地区主要依靠外省企业，借助"丝绸之路经济带"建设可以逐步培育甘肃省农产品企业直接向中亚及俄罗斯等国出口，尤其是河西地区的反季节新鲜蔬菜及番茄汁、脱水蔬菜等产品出口前景较好。俄罗斯、哈萨克斯坦官方和民间数据均显示，目前俄罗斯及中亚国家从事农业（蔬菜）生产的人数在不断减少，而且缺乏生产技术和经验。由于中亚及俄罗斯人多地广，探索在中亚及俄罗斯承包土地，开设农场，在冬春季建立设施蔬菜生产基地，供应当地市场前景看好。

三、甘肃蔬菜生产及向西出口亟待解决的主要问题

甘肃省蔬菜产品虽具有品种优势和特色优势，但蔬菜产品出口整体规模较

小、龙头带动企业少、出口产品单一、附加值低、抵御国际市场波动的能力弱。产业体系还不完备，组织化程度、标准化生产相对滞后，蔬菜产品进出口层次不高。同时，出口企业转型跟进慢、技术能力不足，政府针对蔬菜产品出口基地和企业品牌创建支持力度不够，企业自主品牌少，产品竞争力弱。再加上物流成本增高、产品质量不稳定、缺乏专业外贸人才等，都是制约甘肃省农产品稳定增长的重要因素。

从总体看，甘肃蔬菜生产主要存在生产环节和流通环节的问题。

生产环节：一是品质安全问题仍然突出。虽然蔬菜整体质量水平有所提升，但农药残留超标问题依然存在。标准体系不健全、监管手段偏弱、监测与追溯体系不健全等都影响着蔬菜产品整体质量水平的提升。如何为市场提供优质安全的蔬菜产品已成为关键。二是科技创新与转化能力亟待增强。我国蔬菜产业大多依靠传统产品的种子种植，科技投入不足，优良种子的缺失，使得我国蔬菜产品的品质很难得到有效提升，严重制约了我国蔬菜的良性供给。三是缺乏蔬菜品牌体系建设。优质产品无法通过品牌彰显其价值，无法得到市场认可，无法提升市场美誉度。

流通环节：一是流通效率亟须提升。多渠道、多环节，低组织化水平、低效率的问题仍较突出。二是市场均衡供应和保障问题仍待解决。季节性、区域性均衡供应问题矛盾较大。特别是北方冬季重点大中城市的供应。三是基础设施建设和物流设施现代化滞后。由于甘肃省蔬菜产业基础设施现代化水平偏低，冷链物流体系较弱，使得蔬菜生产、仓储、流通成本上升，并造成巨大浪费。

四、促进甘肃蔬菜产业向西出口的主要对策建议

（一）正确发挥政府的引导和扶持作用

1. 切实加强组织领导。各主产区当地政府把发展蔬菜产业作为进一步调整优化农业结构的重要内容，细化目标任务，落实工作措施。成立省级甘肃省蔬菜产业生产专家指导组，负责技术攻关和技术指导工作。各地要把推进蔬菜产业标准化生产工作列入年度农业农村工作重点内容，全力以赴抓好基地建设、关键技术推广和生产任务落实。把蔬菜产业发展列入市县部门考核体系。实行奖励制度，鼓励引导各地发展蔬菜产业。相关部门要结合职能实际，全力为蔬菜产业发展提供支持，创造条件，形成整体推进合力，全面提升现代蔬菜产业发展水平。

2. 加大政策扶持力度。要积极争取财政投入，重点加大对集约化育苗、标准化设施小区、高原夏菜标准园、水肥一体化、绿色防控等生产环节的扶持力度；加大对新品种引进示范推广的扶持力度；加大围绕高原夏菜服务的冷链体系

建设扶持力度；加大对日光温室、全钢架大棚等设施小区的财政支持和信贷支持力度；争取扩大和提高农机购置补贴对蔬菜生产机械购置的补贴范围和比例。对带动基地农户增收效果突出，自筹资金建设的蔬菜贮运及加工企业，给予以奖代补扶持。

3. 建立信息监测、预警和发布制度。建立覆盖主要蔬菜品种生产、流通、消费各个环节的信息监测、预警和发布制度，强化对蔬菜生产、市场和价格走势的分析预警，引导蔬菜种植户、经营者合理安排生产经营活动。根据部门职责分工，协调配合，尽快建立覆盖主产区和主要批发市场的蔬菜产销信息监测预警体系，健全管理制度，定期收集和发布主要蔬菜生产、供求、价格等信息，必要时整合现有信息体系的资源，由分散、重复、非标准、低效率的信息采集发布模式，走向统一、标准化、高效的信息化模式，以及时、准确、高效指导产业发展。

4. 建立出口服务平台。建立甘肃蔬菜产品出口中亚服务平台。主要任务：一是收集信息。通过口岸广泛收集中亚及俄罗斯市场农产品需求品种、规模及价格信息，及时反馈给甘肃省农产品种植专业合作社和产销企业，使得他们按市场需求及时调整生产适销产品，掌控产品质量。二是对接服务。引荐中亚及俄罗斯农产品经销商与省内农产品出口企业直接对接，促进甘肃省农产品直接出口。三是组织协调。将甘肃省内符合出口的农产品品种、数量、质量及产地价格等信息及时传递给出口企业，并协调甘肃出入境检验检疫局在甘肃省产地及时做好出口基地备案工作。四是宣传推介。将甘肃省适销中亚和俄罗斯市场的产品在霍尔果斯中哈合作中心长期展销，广泛宣传推介，让更多的中亚和俄罗斯客商了解甘肃农产品。

（二）加快建设特色蔬菜产业基地

根据区位优势的特点，重点在河西走廊、黄河沿岸、洮河、渭河流域等，建设一批具有特点的出口基地。

1. 加强蔬菜集约化育苗基地建设。充分利用甘肃农业大学、省农科院、育种企业现有育种力量，组建育种创新团队，利用新的育种材料和现代生物育种技术，加快选育适应不同生态类型和不同栽培模式的专用型品种。在五大优势产区选择有实力的市、县（区）技术推广部门，建设蔬菜产业引种、筛选、试验示范基地，加速繁育和推广优质蔬菜新品种。蔬菜主产区政府和农牧（农业）部门要高度重视蔬菜种苗基地建设，支持专业合作社、农业企业建设蔬菜种苗繁育基地，努力增强种苗生产能力，尽快提高种苗统供率，扩大优良品种和优质种苗的覆盖率。

2. 重点支持标准化示范基地建设。以创建农业部蔬菜标准园为样板，每年选择一批重点县（市、区）集成推广无公害标准化生产技术，加强投入品监管和产地环境治理，探索蔬菜副产品无害化处理和循环再利用的有效途径，推进绿色蔬菜和有机蔬菜生产。对结构不合理、生产能力差的旧温室进行技术改造，适度新增高效节能日光温室规模，实现提质增效；建成品种、区域相对稳定的 150 个万亩高原夏菜生产基地；建成 150 个标准化设施蔬菜高新技术示范小区。进一步做好农村土地流转工作，不断优化农村土地、劳力、财力、物力等生产要素的合理流动和优化配置，使有限的农村土地发挥最大的效益。通过 5 年的努力，全省蔬菜标准化生产基地面积达到 800 万亩，标准普及率达到 90%，技术普及率达到 95%，蔬菜生产基本实现标准化。

（三）加强科技创新体系建设

支持蔬菜新技术研发、资源可持续开发利用、工程与装备以及蔬菜质量安全保障技术创新。在五大优势区域各建立一个 10～20 亩的新品种筛选园、100 亩的产学研基地。围绕高海拔冷凉区粮菜复种模式、河西荒漠戈壁滩日光温室建设，建立新的配套技术体系。创建农业部蔬菜标准园配置追溯信息产生、传递所需的标签打印、信息采集等专用设备。通过编码信息对蔬菜专业合作社生产基地生产流通的全过程进行记录。从蔬菜生产到包装、仓储、运输、销售等全过程都可通过编码予以显示，消费环节如果发现蔬菜质量安全问题，即可通过编码系统进行追溯。实现核心技术"本土化"、地方产品"品牌化"、原产地产品"保护化"。

（四）扶持龙头企业建设，加大品牌创建和品牌宣传

扶持蔬菜贮藏、加工、运销企业发展，引导同类企业联合，实行资产重组，做大做强龙头企业。大力扶持农民专业合作社的发展，不断发展壮大运销大户、农民经纪人、产业协会等营销队伍，规范经营行为。组建蔬菜产业集团，以果蔬批发市场为核心，吸引社会运销组织、专业运销户、农贸市场、加工企业以及蔬菜基地的集体经济组织等加盟，组成生产、销售、加工、运输、服务为一体的蔬菜产销"大集团"。加强加工转化增值，提高经济效益。积极发展腌制、泡制、酱制菜等初加工，研究开发蔬菜速溶粉、蔬菜脆片等精细加工产品，增加加工转化增值比例。突出冷链建设，配套完善蔬菜大型物流中心和区域专业批发市场的功能，增强集散能力。支持农超对接，促进直销，打造品牌，扩大产品影响力。

（五）提高贮运保鲜能力，完善质量标准监督监测体系

加快建立功能齐全、交通便利、信息畅通的甘肃省大型蔬菜保藏贮运中心，

在蔬菜生产优势区建立蔬菜保藏贮运分中心。探索线上线下、互联网+销售模式；健全投入品管理、生产档案、产品检测、基地准出和质量安全追溯等五项制度，建档监管制度，普及安全使用知识，杜绝使用高毒、高残留等有害物品。在蔬菜重点产区建立产品质量安全检测中心，对产地蔬菜产品进行全面检测，确保蔬菜产品质量安全。完善质量标准监督监测体系建设，尽快建立起与国际标准接轨的出口蔬菜、食用菌及加工制品的质量卫生安全标准体系。

（六）大力发展戈壁生态农业

充分利用河西沙漠戈壁、盐碱地和废弃地等资源，集合光照足、温差大、病害少等独特优势，在生态保护和资源合理利用的前提下，以农业废弃物为主要原料，以高标准日光温室和塑料大棚为载体，以基质无土栽培技术为核心，集成有机营养枕、水肥一体化、保护地栽培及光伏新能源等系列先进技术，大力发展高效节水农业，初步形成设施装备先进、科技支撑水平高、综合生产能力强、生态环境友好、产品特色鲜明的戈壁农业产业带，打造国内外具有一定影响力的"戈壁农业"品牌，打造西北乃至中亚、西亚、南亚和中东欧的"菜篮子"生产供应基地。

（七）加强与丝路沿线国家的市场交流

积极培育中西亚、中东欧市场，为出口企业参与国际市场交流创造条件。各级政府应定期或不定期地组织出口企业到境外进行经贸活动，参加国际贸易展览，宣传、推介甘肃省蔬菜产品；组织国际贸易考察团，了解丝路沿线国家市场最新动态。以政府的名义，定期组织国际贸易博览会、洽谈会、促销会、讨论会等，为扩大甘肃蔬菜产品向西出口提供更多的机遇。加强市场行情调查与预测分析，实地调查了解中亚、西亚等丝路沿线国家的蔬菜市场和行情变化，实行动态管理。

（八）建立蔬菜生产出口的保障措施

1. 建立资金支持体系。设立蔬菜产业发展专项资金，进一步增加对蔬菜产业发展的投入。探索搭建银政合作平台，适当放宽投融资、土地使用条件，加快招商引资，提升企业竞争力。渠道筹集发展资金。在省一级应列蔬菜产业发展专项资金和足够的信贷额度；各级财政要在各项政策、资金等方面对蔬菜产业给予大力扶持。建立政府投资为引导，农民、专业合作社和企业投资为主体的多元投入机制，吸引社会资金参与蔬菜生产、加工、贮藏、流通等方面建设。

2. 强化科技支撑力度。组织农业院校、科研院所、涉农企业，针对蔬菜生产中的"瓶颈"问题开展联合攻关，开发、引进、培育耐弱光、耐低温和适应市场需求的蔬菜新品种，研究综合配套栽培技术；推广应用新技术、新材料、新机械，实现劳动轻简化，提高单位资源产出率。加强农业技术推广体系建设，完善和健全基层科技服务队伍。加大科技培训力度，提高蔬菜种植水平。

3. 支持蔬菜流通设施建设。加快实施国家《农产品冷链物流发展规划》，加强产地蔬菜预冷设施、批发市场冷藏设施、大城市蔬菜低温配送中心建设。加快产地农产品批发市场建设，升级改造一批大型蔬菜批发市场。加强蔬菜冷藏、冷运、冷销等"冷链"建设；重视精细蔬菜和特色蔬菜的出口创汇，鼓励蔬菜专业合作社与大型超市合作，实现"农超对接"，获得可持续的销售市场。

4. 搞好生产技术培训。重点开展蔬菜栽培技术、集约化育苗技术、保鲜冷藏技术和病虫害防控技术培训。通过县、乡、村不同层次的大规模培训，对5万亩种植规模以上的县（市、区）的专业技术人员和农民进行不同层次的大规模培训。完善服务机构，建立首席专家负责的省级专家服务团队，配备蔬菜栽培、植保、土肥等专业技术人员，建设省级蔬菜专业化服务小组，开展主产区技术巡回指导，提高技术服务水平。

参考文献

［1］2014～2017年甘肃发展年鉴，http：//www.gstj.gov.cn/tjnj/2015.

［2］2015～2017年全省经济运行情况，甘肃统计信息网 www.gstj.gov.cn All Rights Reserved.

［3］张芸，杨光，杨阳."一带一路"战略：加强中国与中亚农业合作的契机［J］.国际经济合作，2015（3）.

［4］陈俭，布娲鹣·阿布拉，陈彤.中国与中亚五国农产品贸易模式研究［J］.国际贸易问题，2014（4）.

［5］张学斌，刘华，祁复绒.抓住政策机遇发挥区位优势把蔬菜产业打造成"富民兴陇"的主导产业［J］.甘肃农业 2013（21）.

（作者单位：中共甘肃省委党校经济社会发展研究所）

"一带一路"建设下甘肃向西开放发展的对策

赵前前

一、"一带一路"建设为甘肃向西开放提供了机遇

2013年国家主席习近平出访中亚和东南亚,先后提出了"丝绸之路经济带"和"21世纪海上丝绸之路"的构想,形成了"一带一路"倡议。作为有着悠久历史文化的甘肃,"丝绸之路"贯穿全省,凝结着甘肃深深的文化认同,也承载着甘肃经济社会复兴的希望。"一带一路"倡议的提出和实施,给甘肃经济社会发展提供了新的历史机遇。

1. "一带一路"建设为甘肃发展提供了新的动力。改革开放以后,国家对区域经济发展进行了战略调整。为了让当时有限的资源能够更好地配置起来,国家调整了区域政策并且辅之以相应的行政手段,从而把稀缺资源配置到了那些利用效率更高的地区、行业和人群。因此,在改革开放后的很长一段时间,西部的资源就以非常低廉的价格被输送到了东部地区,其结果就是在促进东部地方率先发展起来的同时,也造成了东西部之间的发展差异。到了20世纪90年代中期,国家为了缩小东西部的差距,对区域经济政策又进行了调整,提出了西部大开发,从而努力引导国家政策、项目资金和民间企业资本更多地往西部地区倾斜。但是,这次区域经济政策的调整与改革开放开始时的调整有所不同,引导项目资金和民间企业资本的流动主要依靠的是市场作用而不是行政作用,而资源的逐利性必然引发资源往那些回报率更高的区域流动。所以,即使有了政策导向,但是现有的资源还是朝着回报率更高的东部地区集聚,其结果就是削弱了国家西部大开发政策所带来的政策效应。不可否认的是,通过西部大开发,甘肃经济社会发展也迈上了一个新台阶。但是,自然条件恶劣、生态环境脆弱、地理区位不占优势、交通设施建设滞后,浓重的黄土文化虽使民风淳朴但守旧、缺乏闯劲,以及

对政策理解上的保守和执行上的滞后等，这些都让甘肃不能顺利抓住西部大开发的机遇。对新时代甘肃而言，在经济从高速增长向高质量发展转变时期，随着"一带一路"倡议的提出以及推进，又将迎来新的发展机遇和发展动力。

2. "一带一路"建设让甘肃地理区位优势得以发挥。从地理位置上看，甘肃处于我国地理几何中心。华夏上下五千年文明发展历程中，甘肃曾经处于很重要的位置。随着时代的变迁，我国经济文化发展重心逐渐东移，到现在重心固化到东部沿海。区域经济之间的流动也主要集中在中东部地区，资源的流动很少经过甘肃这个全国地理几何中心。经济文化东移的一个结果就是，甘肃这个全国地理几何中心事实上已经远远偏离了国家经济中心。20世纪90年代中后期，随着国家西部大开发的兴起，甘肃也迎来了发展机遇。但是西部地区燎原广阔，甘肃所能享受到的优惠政策都是普惠性的，至于那些带有竞争性的项目资本领域并不能获得太多的"照顾"，所以甘肃在西部大开发中一直是不温不火地发展着。"一带一路"倡议的提出和实施，对甘肃而言意义重大。不同于西部大开发，"一带一路"建设中各地区因为地理位置的不同而有着不同的区域优势。甘肃自古就是丝绸之路沿线的核心地带，占据了丝绸之路近1/3的长度。甘肃省内河西各城市也都是丝路上的重镇，在"丝绸之路经济带"建设中也有着其特殊的地理优势。正是基于此，甘肃提出了打造"丝绸之路经济带黄金段"这个极具现实意义的战略举措，借以通过黄金段的打造来融入国家经济发展进程中，重振昔日繁荣。

3. "一带一路"建设让甘肃外向发展多了一种选择。如前所述，甘肃远离国家经济发展中心。从资本的流动性和逐利性来讲，资本总是追逐回报率高的区域、行业和人群，甘肃处于一个非常不利的市场竞争环境中，所以只能不断努力地去接近东部沿海市场，通过资本的再分配从而获得经济发展。与东部地区接轨和合作、承接东部地区产业转移等成了甘肃发展的一个战略选择，甘肃经济社会的发展在资源流动、政策制度发展上都形成了较强的路径依赖。国家提出和实施"一带一路"倡议，为甘肃的外向发展提供了另一种思路和选择。甘肃可以从之前的瞄准东部沿海、融入东部沿海的发展思路转变成瞄准"一带一路"、融入"一带一路"的发展思路，变向东发展为向西发展。

二、"一带一路"建设中甘肃向西开放存在的困难

面对复杂的国际国内形势，甘肃紧紧抓住西部大开发和"一带一路"机遇，不断加快对外开放步伐，积极主动实施开放策略，推动内需与外需、出口与进口、"引进来"和"走出去"协调发展，在"三外"方面取得了加快发展，开放型经济作用发挥成效渐显。但是，甘肃在向西开放发展中，依然存在着诸多困

难,需要今后努力改进。

1. 基础设施建设跟不上。甘肃处于中国地理中心,是南上北下、东出西进的重要通道,在国家经济社会发展中起着极其重要的战略地位,随着国家"一带一路"建设的推进,其地理优势日渐凸显。然而对甘肃而言,一方面是日益重要的地理位置,另一方面是相对落后的基础设施建设。甘肃基础设施建设滞后主要体现在三个方面:一是交通设施建设推进力度不尽如人意。甘肃实施了"交通突破提升行动",投入了很大比例的公共财政来进行基础设施建设,取得了一定的提升。但是,甘肃交通设施建设历史欠账依然严重,高速公路"县县通"任务艰巨,高速铁路建设标准降低,普通铁路建设推进缓慢,机场规划和建设不尽合理,机场和航空班次过少。二是生产性基础设施建设滞后。在"一带一路"建设下,甘肃获得了更多的承接东部产业转移以及国际物流的机遇,但是相应的生产性基础设施却建设滞后。承接产业转移的高新区、经济开发区以及兰州新区等园区未能有效发挥集聚作用,承接国际国内物流基地的保税区、空港陆港和物流园区建设滞后,承接经济和文化交流的"兰洽会"、文博会等节会展会层次有待进一步提升。三是生活性基础设施建设滞后。生活性的基础设施影响着一个城市甚至一个省的品位,甘肃在大气治理、污染防治、教育、医疗等方面的基础设施建设还饱受诟病。

2. 生态开发修复成本过高。现在的经济社会发展是一体化的,包含了经济、社会、文化和生态等诸多要素。甘肃地处西北,自然环境恶劣、生态资源脆弱,开发修复成本很高。按照经济学的梯度转移理论,产业和经济的转移遵循一定的规则,那就是从高梯度地区转向低梯度地区,甘肃在承接东部沿海地区产业和技术转移的时候,也要考虑到这个基本规律。所以,西部地区在通过招商引资吸引东部沿海地区产业和企业落户时,也可能会引进一些落后的、较高污染的产业,这将会进一步导致生态环境的破坏。另外,甘肃也不能对自然资源进行过度开发,因为甘肃生态环境脆弱,一旦过度开发就很难让自然生态恢复原样。一方面是脆弱的生态系统;另一方面是没有建立完善的生态修复补偿机制,这两方面让甘肃在生态开发和修复过程中成本过高。

3. 外向型经济总量过小。"十二五"期间,甘肃不断加大对开放型经济的支持力度,外向型经济总量较之前有较大增长,全省外贸进出口年均增长2%。2015年,甘肃进出口额达到80.1亿美元,较"十一五"末期增长10%。"十二五"期间累计实际利用外商直接投资4.13亿美元,其中2015年实际利用外商直接投资1.1亿美元,同比增长10%。但是,甘肃外向型经济发展起步较晚、起点较低、总量过小。甘肃在外向型经济发展中,对外贸易规模还是很小,远低于其他省份;对外贸易依存度较低,产业结构较单一,主要还是依赖于石油化工、有色金属、矿产能源等几家国有大型企业，特色农产品和新技术新材料出口有限；自有品牌和自主知识产权产品出口比重不高，出口产品质量和档次以及附加值有待进一步提升；民营企业"走出去"面临资金、技术和人才等要素制约。

4. 政府缺乏发展外向型经济的动力。从"十一五"和"十二五"的数据以及政府制定的"十三五"开放型经济发展规划中可以看出，甘肃政府在开放型经济发展中确实做出了很大努力，取得了一些发展，但是我们也可以看到政府还是缺乏发展外向型经济的动力。在政府运行中，促进当地的经济社会发展是其政府理性的选择。除此之外，政府还有一个很重要的考量因素，就是出于应对上级政府的考核需要，通俗地说，就是出于政绩的需要。甘肃在外向型经济发展中进出口贸易额所占经济总量比重很小，出于考量的需要，政府在发展经济中对于外向型经济发展的动力不足，对于发展外向型经济的基础建设投入也不多。

5. 社会"走出去"氛围尚未形成。一方面是政府缺乏发展外向型经济的动力；另一方面是困扰甘肃外向型经济发展的一个重要因素就是社会"走出去"氛围尚未形成。这两方面的因素互相影响，影响着甘肃外向型经济的发展环境。从政府角度看，政府缺乏发展外向型经济的动力，未能努力营造外向型经济发展的营商环境；从社会角度看，长期"黄土"文化影响使甘肃社会形成了一种保守守成的品质，而这种品质又影响了社会的思维和行为。作为结果，甘肃社会中不管是企业家、商人还是一般的打工者都有很浓厚的乡土意识，不愿意走出去，更不愿意走出国门参与竞争和寻求发展机会。

三、"一带一路"建设中甘肃向西开放发展举措

1. 加强基础设施建设。一是有重点地推进交通设施建设。在甘肃实施了"交通突破提升行动"的基础上，有重点地推进一些交通项目的建设。主要包括：着力打造高速公路"县县通"；高速铁路建设不降低标准，普通铁路重点推进"兰合郎"；合理规划机场设置，适时增设一些机场，增加一些重点城市航空班次等。

二是推进生产性基础设施建设。主要包括：做好承接产业转移的工业园区、高新区、经济开发区以及兰州新区等建设；做好承接国际国内物流基地的保税区、保税物流中心、空港陆港和物流园区建设；提升兰州新区、兰洽会、文博会、华夏文明传承创新区等展会平台品位，促进"一带一路"建设中的经济、文化和贸易合作平台地位。

三是推进生活性基础设施建设。主要是通过城市基础设施的建设，改善城市生活中必不可少的空气、水源质量，提升医疗和卫生、教育和就业等服务水平，

从而提升甘肃众多城市形象和城市品位，让其他省份以及国际友人愿意来甘肃生活、工作和旅行。

2. 做好园区以及展会等平台。甘肃在"一带一路"建设中，需要一些平台作为做好向西发展的抓手。从目前现有的平台来说，当前甘肃需要利用好以下四个平台。

一是用好兰州新区这个经济平台。从现有的甘肃园区来看，兰州新区无疑是最具有发展前景的经济平台。兰州新区作为第五个国家级新区，有着极其特殊的地位。国务院在对兰州新区进行批复的时候，就对新区提出了定位，即"国家重要的产业基地，西北地区重要的经济增长极，向西开放的重要战略平台，承接产业转移示范区。"所以，兰州新区这个经济平台是甘肃向西开放的最重要的一个平台。

二是做好开发区示范工程。甘肃全省有众多不同类型的开发区，有经济开发区、高新技术开发区、保税和物流园区以及境内和境外合作园区等。要促进这些开发区的增容扩区工作，让这些开发区能够更好地承接东部产业转移功能以及发挥产业聚集区作用，有条件的开发区可以着力打造成企业西进、产业西移、产品西出的重要基地。

三是提升中国兰州投资贸易洽谈会这个经济贸易平台的含金量。"兰洽会"已经成功举办了23届，成为甘肃经贸交易的重要品牌，在国内外都有一定的影响力。我们要进一步提升"兰洽会"这个品牌的含金量和美誉度，不仅要做好项目签约工作，更要保障项目的成功落地。

四是用好丝绸之路（敦煌）国际文化博览会和华夏文明传承创新区这两个文化交流合作平台。甘肃有着悠久的历史文化，也有着丰富的矿产资源、旅游资源以及特色产业产品，这些都是需要通过宣传和传播才能让世界认识甘肃、了解甘肃。通过两个文化平台的交流，能够更好地促进甘肃和"一带一路"相关国家和地区的交流和合作，让甘肃更好地融入"一带一路"建设。

3. 要培育外贸竞争新优势。甘肃通过政府和企业从上到下的努力，在外贸进出口方面取得了较快的发展，下一步要培育外贸竞争新优势。

一是优化出口企业和商品结构。一方面要释放出口企业经营主体的活力，支持省属重点企业参与境外资源合作开发，支持有能力的民营企业走出去，建立境外原料基地，改善产业结构，不断增加出口企业的竞争能力；另一方面要优化出口商品结构，巩固传统出口商品份额，提升装备制造业和大型成套设备的出口优势，拓展特色农产品出口市场，积极推进新材料、新能源、生物技术等产业进入国际市场。

二是做大出口产业和产品基地，促进出口市场多元化。重点做大出口产业和产品基地,着力打造国家级和省级外贸转型升级基地。扩大对外贸易伙伴范围,促进出口市场多元化。巩固美国、欧盟、东南亚等传统市场,拓展非洲和拉美等市场,利用好九个商务代表处,做好产业、产品和文化交流活动。

三是改善和创新贸易方式。一方面是坚持改善传统贸易方式,坚持一般贸易和加工贸易同步发展,继续保持规模优势,培育自主品牌,增强贸易自主发展能力,提升贸易商品中的技术含义,延伸贸易商品的价值链,增加贸易商品的附加值。另一方面要创新新型贸易方式,融入"互联网+"产业发展趋势,积极探索发展跨国跨境电子商务贸易模式,提高外贸商品的第一、第二、第三产业融合发展程度。

4. 做好"引进来"工作。要进一步做好"引进来"工作,吸引外资来甘肃投资,吸引外国贷款来甘肃增加建设中的资金支持以及承接国外产业的转移等。

一是创新引资方式,优化外资结构。一方面要创新招商引资方式。政府要积极"走出去",讲好甘肃故事、宣传甘肃优势、推介甘肃资源,变传统的"甘肃需要你们的投资"为现在的"我们想来甘肃投资"。另一方面就是优化利用外资结构。在引进外资的时候把中心工作放在引进那些能够促进甘肃传统产业升级改造的资本上,鼓励外资投向甘肃重点发展的新能源、新材料、生物产业等战略新兴产业。

二是在服务业和"大数据"产业上做好引资工作。从现阶段甘肃经济发展的特点来看,一方面,需要在服务业上做好引资工作。甘肃会越来越深地融入"一带一路"的发展,这就需要甘肃在服务业做好工作。除了加快传统服务业的发展,甘肃更加需要在现代物流、空港路港服务、金融服务、商务服务、科技和文化服务等现代服务业上下功夫。另一方面,甘肃在电力、土地供给、自然气候以及地理区位等方面有着显著的优势,可以着力发展大数据产业,努力使甘肃成为继贵州之后的另一个国家大数据中心。

三是努力承接产业转移工作。在"引进来"方面,还有一项重要的工作就是承接外国企业和产业的转移。由于受材料和人工成本上升以及东部地区产业调整等影响,很多国外企业把企业转移到运行成本更低、获利更多的中西部地区,从而完成产业的转移。甘肃也要做好相应的准备工作,努力承接国外企业和产业的转移。

5. 做好"走出去"工作。外贸、外资和外经这"三外"是一个国家和地区外向经济发展中的三个重要风向标,甘肃除了做好外贸、外资方面工作外,还要努力做好"走出去"工作,促进外经方面的发展。

一是拓宽对外投资业务,创新投资合作方式。甘肃要更加积极地拓宽对外投资方面的业务,鼓励政府和企业走出去,促进海外文化交流,参与海外业务。利用九个商务代表处做好政策沟通、文化交流、商务合作等工作,有条件的情况下可以增设一些商务代表处。支持省属大型企业去开拓海外市场,参与国外市场的竞争,鼓励有条件的民营企业"走出去"开展灵活的商务活动。引导省属企业和民营企业创新投资合作方式,除了投资建厂等传统投资方式之外,还可以更多地以经营、技术入股、资金入股等方式开展合作。

二是发展对外承包工程和对外劳务合作业务。一方面,甘肃有着建投这样的省属大型国有企业,在全国甚至全球都有一定的知名度和影响力,要支持建投积极开展海外承包工程业务。另一方面,甘肃有着众多的劳动力,要鼓励劳务企业开展海外劳务合作业务,争取输送更多的劳动力出国开展劳务活动。特别值得一提的是,要努力促进对外承包工程和对外劳务相结合,通过对外承包工程项目带动甘肃劳务的输出。

(作者单位:中共甘肃省委党校经济社会发展研究所)

甘南、临夏地区生态红线划定研究

温煜华　王乃昂　李宗省　严欣荣

　　为进一步加强环境保护，我国于 2011 年首次提出"划定生态红线"的重要战略任务，它是继"18 亿亩耕地红线"后的国家层面的生态线。生态红线自提出以来备受关注，学者们做了大量的探索性研究。在内涵界定方面，环保部给出了比较权威的界定，即"在重点生态功能区、生态环境敏感区和脆弱区等区域划定的严格管控边界，是国家和区域生态安全的底线。"高吉喜、林勇等认为，生态红线是由空间红线、面积红线和管理红线共同构成的综合管理体系。在生态红线划定方法方面，虽然 2014 年环保部印发的《国家生态保护红线——生态功能基线划定技术指南（试行）》对生态红线的划定提出了指导借鉴，但生态问题具有典型的尺度性和区域差异性，不同地区在划定生态红线时应选择能充分体现区域生态环境特征的指标。如渤海地区考虑了环境灾害风险评价，草原地区重点评价土地沙化敏感性和防沙固沙功能性，喀斯特地区重点评价水土流失敏感性和石漠化敏感性，城市地区重点评价生态恢复力和生态敏感性。已有研究借鉴生态承载力和生态安全理论，从生态功能重要性、生态环境敏感性等方面构建生态红线评价指标体系。评价方法多采用 GIS 空间分析技术确定生态红线的空间范围。在生态红线管控方面，分级划定、分类管理的差异化的生态红线管控模式为生态红线的可持续管理构建了技术支撑。

　　国际上虽然没有"生态红线"的提法，但保护地（protected area）与我国的生态红线异曲同工。保护地指的是具有严格地理边界管理的生态保护区域，如国家公园、生态保护地、特殊保护地、特别保育区等。在保护地的划定方法上，有生态要素空间定位界定法、生态功能界定法和主体功能界定法，多数学者倾向于采用生态功能法。在保护地评价指标体系构建中多采用生态功能重要性、生态脆弱性、生态敏感性及人类的干扰影响力等指标。在保护地面积的确定上，大多数国家的保护地面积占其国土面积的 5% ~40%，对不同的保护地采取分级分类管控。为了增强保护地的连通性，有些国家在保护地之间构建大尺度的绿色廊道或生态网络，加强生物多样性保护，如欧洲的绿带计划（The European Green

Belt)、美国的绿道网络（American Greenway Network）等。本研究以甘南临夏为例，以生态承载力为理论基础，试图构建研究区生态红线划定的评价指标体系，确定可操作性的红线划定方法，并提出分区分级的管控对策。这不仅可以完善生态红线划定的理论和方法，而且对维护黄河流域的生态安全，寻求民族地区生态建设与区域经济发展的契合点具有重大现实意义。

一、研究区概况

大江大河的源头是我国重要的生态屏障。黄河重要水源补给区位于黄河上游的青海、甘肃两省，其中青海段属于全国主体功能区划中的"三江源草原草甸湿地生态功能区"。因此，本研究将黄河重要水源补给区甘肃段作为研究范围，包括甘南藏族自治州和临夏回族自治州。它与三江源草原草甸湿地、若尔盖草原湿地、秦巴生物多样性三个国家重点生态功能区相邻，是青藏高原生态屏障的重要组成部分，对维系黄河流域生态安全具有重要作用。区内山峦叠嶂、沟谷纵横、地形错综复杂。区内大部分地处3 000米以上，年均降雨量为500~800mm，寒冷湿润是该区的主要气候特征。独特的地理环境和气候条件孕育了大面积的森林、草地和湿地生态系统。境内有"一江三河"，即白龙江、黄河、洮河、大夏河，河流众多，水资源丰富，是长江、黄河的重要水源涵养区和补给区，有"黄河蓄水池"之称。研究区不仅对涵养水源、维持生物多样性具有重要作用，而且可以调节黄河水量、泥沙量，对维持整个流域的生态平衡意义重大。研究区属于民族地区，以畜牧业和旅游业为主，工业发展落后，存在生态环境脆弱和经济发展落后的双重困境。

二、研究方法

（一）评价指标体系构建

生态红线评价借鉴生态功能区划和中国主体功能区划中的区划评价方法，以生态承载力为理论基础构建评价指标体系。生态承载力作为度量可持续发展的核心工具之一，其理论和方法备受关注。承载力研究从资源/环境承载力扩展到生态承载力，研究对象从单一要素扩大到整个生态经济系统。生态承载力通常从支持力和压力两个角度展开，支持力指资源供给量和环境容量的指标，压力指社会经济发展对生态系统的干扰强度。本研究结合研究区的自然地理条件和生态环境特征，从生态弹性力、生态敏感性和社会经济影响力三方面来构建生态红线评价指标体系。

1. 生态弹性力指标。生态弹性力指生态系统自我维持、自我调节及抵抗各种压力与扰动的能力大小，主要反映生态系统对外界作用的调节和缓冲能力。研究区的生态类型从南向北依次为森林—草地—农地，不同生态类型的生态弹性力是不同的。生态弹性力主要由地形地貌、气候、水文、土壤、植被状况决定，因此，生态弹性力评价主要考虑上述指标。研究区地形起伏较大，对能量和物质的分布产生再分配效应，尤其是白龙江河谷沟壑纵横，使自然环境和生态类型呈现垂直地带性，生态弹性力差异较大，因此在地形地貌方面选取海拔指标；气候条件中的气温和降水是影响水文和植被的重要因子，进而影响生态系统的结构和功能，因此在气候方面选取年均气温和年均降雨量两个指标；水文条件为植被生长提供了环境，一般河网密度可以反映区域水资源的丰富程度，因此在水文方面选取河网密度指标；土壤类型和质量决定了土地的生产能力，尤其是土壤中的有机质含量影响植被的生长发育情况，因此在土壤方面选取土壤有机质含量指标；植被状况对生态系统的稳定性有直接的影响，一般来说，生态系统的植被类型越复杂多样，物种越丰富，生态系统的健康状况越好，生态弹性力就越大，因此在植被方面选取植被覆盖率和生物丰度指标。上述指标代表了研究区地形、气候、水文、土壤、植被状况等信息，能表征生态系统的状态和弹性力大小。

2. 生态敏感性指标。生态敏感性指生态系统对外界干扰所具有的敏感反应和自我恢复能力。不同的区域有不同的生态环境问题，研究区南部的甘南州草地面积占总面积的70%以上，近年来由于气候暖干化和人类的超载过牧，引起大面积的草地沙化，大量的湿地也面临过度利用和土壤盐渍化的问题。北部的临夏州处在青藏高原与黄土高原交接地带，气候干旱，容易引起水土流失。所以该区的主要生态环境问题是土地沙化、水土流失和土壤盐渍化，相应的敏感性指标从土地沙化敏感性、水土流失敏感性和土壤盐渍化敏感性三方面来评价。土地沙化敏感性是由气候的干燥程度、风力大小、植被覆盖和土壤状况所决定的，因此，采用干燥指数、起沙风天数、植被盖度与土壤质地来评价。区域水土流失受到多种因素的影响，降水是水土流失的触发因子，地表起伏度和沟壑密度与水土流失程度成正相关，土壤质地是水土流失的抗性因子。水土流失敏感性是各影响因子综合作用的结果，因此，选取降水侵蚀力、地表起伏度、沟壑密度、土壤质地和植被盖度来评价；土壤盐渍化的发生和发展与地下水、气候和土壤质地关系密切。地下水水位越高、矿化度越大，植被覆盖率越低，土壤盐渍化就越严重；因此，选取地下水水位、地下水矿化度、降水量/蒸发量比值与土壤质地来评价土壤盐渍化敏感度。

3. 社会经济影响力指标。人类活动是引起生态系统变化的重要因素。社会经济发展对生态的影响有两方面：一方面，由于人口增加和生活质量的提高，引起需求增加而产生的生态压力，因此选取人口密度、农民人均纯收入、人均农牧业总产值、第一产业GDP比重等指标；另一方面，由于科技进步和社会经济发展，人类逐渐提高的生态环境修复治理能力和潜力，因此选取人均GDP、GDP年均增长率、城市化水平、人均受教育程度、科技人员比重、环保投入占GDP比重等指标。综合以上分析，构建了黄河重要水源补给区生态红线评价指标体系（见表1）。

表1　黄河重要水源补给区生态红线评价因子权重

评价综合层	权重	评价项目层	权重	评价因子层	权重
生态弹性力	2.62	地形地貌	0.23	海拔	0.23
		气候	0.66	年均气温	0.27
				年均降雨量	0.39
		土壤	0.21	土壤有机质含量	0.21
		水文	0.54	河网密度	0.54
		地表覆被	0.98	植被盖度	0.72
				生物丰度	0.26
生态脆弱性	5.65	土地沙化	2.68	干燥度	0.93
				起沙风天数	0.52
				土壤质地	0.38
				植被盖度	0.85
		水土流失	2.13	降雨侵蚀力	0.74
				地表起伏度	0.25
				沟壑密度	0.36
				土壤质地	0.21
				地表覆盖度	0.57
		土壤盐渍化	0.84	地下水位埋深	0.31
				地下水矿化度	0.29
				蒸发量/降水量	0.18
				植被覆盖度	0.06

续表

评价综合层	权重	评价项目层	权重	评价因子层	权重
社会经济影响	1.73	社会	0.49	人口密度	0.23
				农牧民人口比例	0.18
				人均受教育程度	0.08
		经济	0.90	农民人均纯收入	0.12
				人均 GDP	0.25
				人均农牧业总产值	0.14
				第一产业 GDP 比重	0.33
				GDP 年均增长率	0.06
		生态治理	0.34	科技支出占 GDP 比重	0.11
				生态治理投入	0.23

（二）数据收集与整理

水文数据：河网密度以 DEM 数据为基础，采用 GIS 的水文分析功能自动提取水系，计算每个格网内水系长度后得出；地下水矿化度采用 2012 年《甘肃省水土保持区划》的数据；地下水埋深采用 2015 年甘肃省水利厅对研究区 44 个井的实测数据；降雨侵蚀力通过对国内外 11 种计算方法比较，采用比较稳定的月均降雨量法。

地貌数据：海拔空间数据是通过将研究区内的 SRTM 海拔数据转换成分辨率为 1km×1km 的栅格获得；地表起伏度是通过 ArcMAP 的空间分析模块的统计功能获得；沟壑密度通过设置合理的汇流阈值，用多流向算法计算得出。

气象数据：温度空间数据采用 2016 年的 MODIS 影像在 ArcMAP 中进行栅格运算获得；降雨量、蒸发量、大风日数资料由甘肃省气象局提供，包括 2007~2016 年甘南、临夏 16 个市县及相邻的青海省的同仁、河南、久治、玛沁及四川省的若尔盖、阿坝共 22 个县的气象站数据，包括各市县气象站点的编号、经纬度和海拔，各气象站点分析时间尺度内的降雨量（0.1mm）、蒸发量（0.1mm）、风速（0.1m/s）。湿润度指数采用适合于西北地区的 de Martonne 计算公式。

土壤数据：土壤类型图以甘肃省 1∶100 万土壤图为基础底图，对研究区的土壤类型进行数字化获得；土壤质地分布图以《甘肃土壤》和《甘肃土种志》为基础，对土壤质地进行分类获得；土壤有机质含量来自《甘肃土壤》中的随机土样测量数据。

植被数据：植被指数（NDVI）是从地理空间数据云下载 2016 年陆地标准产

品 MODIS 计算得出（空间分辨率为 1km，时间分辨率为 16d），选取 7 月份的数值计算，因为 7 月份的 NDVI 值为多年平均月 NDVI 值的最高值，能够充分反映植被覆盖的空间分布差异。

上述水文、地貌、气象、土壤、植被的栅格数据是通过插值法得出的连续有序的空间分布值。

社会经济数据：通过 2016 年《甘肃省统计年鉴》资料获得。

（三）评价方法

本研究以黄河重要水源补给区所在的甘南、临夏两州所辖的县级区为综合评价单元，用 1km×1km 栅格单元作为各评价指标的数据载体。评价方法如下：第一，采用层次分析法确定权重。通过向 20 名专家发放征询问卷，根据其对指标相对重要性的判定构造判断矩阵，计算出各评价指标因子权重（见表1）。第二，对评价指标数据进行处理。各评价指标单位不同、量纲各异，对各指标数值采用均值法进行无量纲化处理。各评价指标对生态环境的影响有正负效应之分，对负向指标通过倒数法进行正向化处理。第三，采用加权求和多指标运算，代入模型

$$E = \sum_{i=1}^{n} Q_i P_i \qquad (1)$$

其中，E 为生态红线评价结果值，Q_i 为第 i 个评价指标的权重，P_i 为第 i 个评价指标的分值，n 为评价指标的数目。在 ArcMAP 中利用地图代数进行运算，按照自下而上的顺序依次计算生态弹性力、生态敏感性和社会经济影响力指标层结果。第四，运用 GIS 的空间分析技术，对生态弹性力、生态敏感性和社会经济影响力进行叠加分析，根据叠加结果将研究区划分为生态红线区、生态黄线区和生态绿线区。其中，按照《生态保护红线划定技术指南》中的规定，将禁止开发区，如国家级自然保护区、国家级风景名胜区、国家级地质公园、国家级森林公园以及重要饮用水水源地，均纳入生态红线区范围。对难以明确界定或具有争议的生态红线区边界走向、拐点地理坐标等进行实地勘测，对破碎化的图斑进行聚合处理，形成边界清晰、切合实际的生态红线分布图。

三、结果分析

（一）单项评价要素分析

1. 生态弹性力评价。如图 1 所示，生态弹性力评价结果显示，黄河重要水源补给区从北向南生态弹性力指数有逐渐上升的趋势，说明南部的甘南州生态系统比北部的临夏州稳定。但甘南州局部地区的生态弹性力指数较小，如甘南州玛

曲西南部、夏河西北部、碌曲南部、卓尼与迭部的交界处，其中，玛曲西南部和夏河西北部是由于近年来气候暖干化和人类超载放牧形成的退化草地，碌曲南部主要是退化的湿地，卓尼和迭部的交界处属于洮河林区，自中华人民共和国成立以来遭到大肆砍伐后生态被破坏，近年来人工造林取得显著成效，但人工林的生态功能显著低于自然林，因此，这一地区的生态弹性力较低。一般情况下，影响生态弹性力的主要有植被和降水。甘南州的降水量较大，水资源丰富，植被覆盖

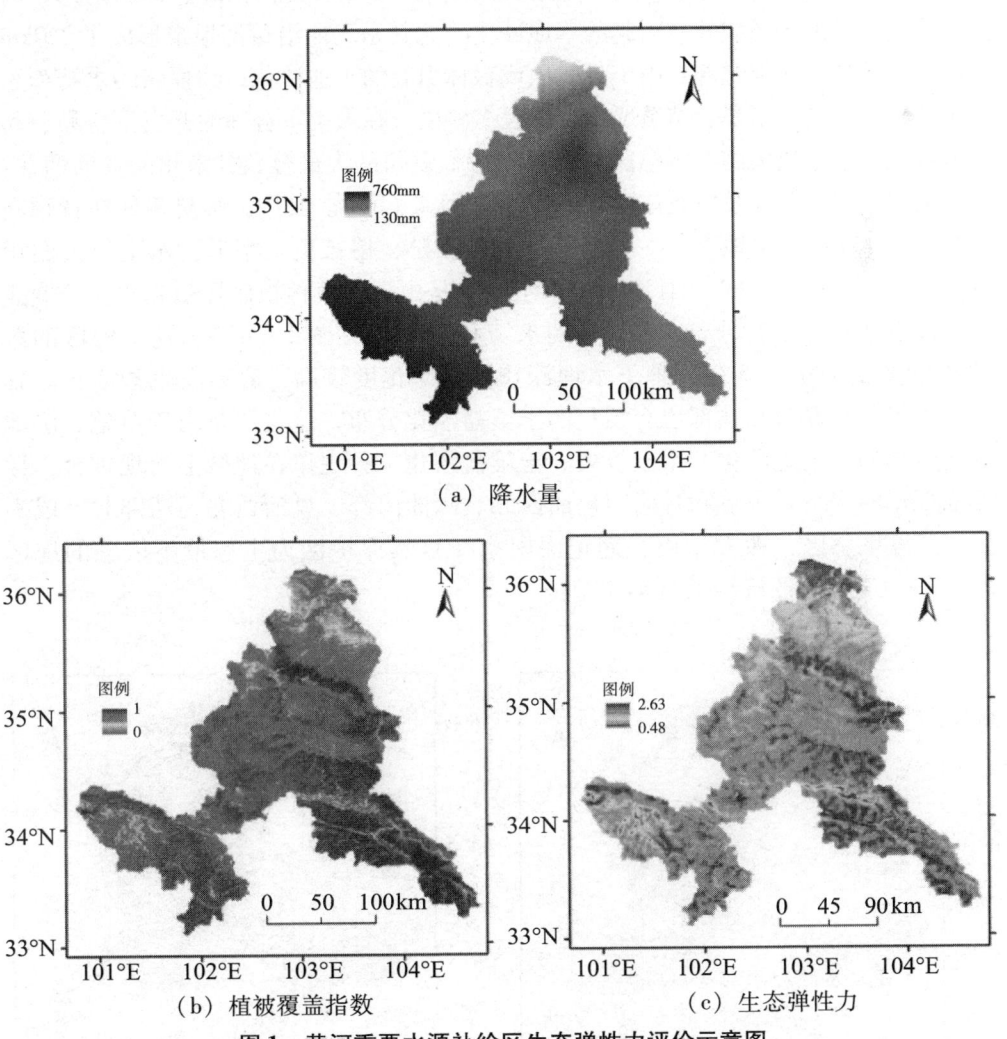

图1 黄河重要水源补给区生态弹性力评价示意图

率高,生态系统类型丰富多样;而临夏州处于青藏高原向黄土高原过渡区,降水量较少,植被稀疏,生态系统自我调节和恢复能力较差,生态弹性力也较低。研究区降水量自南部的甘南州向北部的临夏州逐渐递减(见图1(a)),植被覆盖率随之降低(见图1(b)),生态弹性力也呈递减趋势(见图1(c))。

2. 生态敏感性评价。从土地沙化、水土流失、土壤盐渍化三方面对生态敏感性进行评价。土地沙化高度敏感区分布在甘南州夏河西北、碌曲南部、玛曲西北、迭部北部、临夏州的永靖和东乡(见图2(a)),其中,夏河西北、碌曲南部、玛曲西北主要是由于超载放牧引起的草地沙化,尤其是玛曲沿黄河地带形成了220km的流动沙丘带;迭部北部是由于过度砍伐森林引起的土地沙化;临夏州的永靖和东乡主要是由于气候干旱、植被稀少、地表多沙质,在人类不合理的开发下容易引起土地沙化。水土流失高度敏感区主要分布在临夏州的大部分、甘南州的夏河西北、碌曲南部、玛曲西北及白龙江河谷地带(见图2(b))。其中,临夏州处在青藏高原与黄土高原的交接地带,气候干旱、土质疏松、植被覆盖率低,水土流失面积占土地总面积的79.9%;甘南州的水土流失是由于林草植被破坏引起的。土壤盐渍化高度敏感区主要分布在临夏州的永靖和东乡(见图2(c)),这些地区的蒸发量是降水量的3~5倍,地下水埋深较浅,矿化度较高,容易发生盐渍化。甘南州的玛曲、夏河和迭部也有零星的土壤盐渍化分布,这主要是由于草地、湿地退化引起的。土地沙化、水土流失、土壤盐渍化三种现象在地域上出现重合,导致临夏州的永靖、东乡和甘南州玛曲西北、碌曲南部、夏河西北、迭部北部成为生态高度敏感区,而太子山、莲花山国家级自然保护区为生态最不敏感的地区(见图2(d)),评价结果与实际相符。

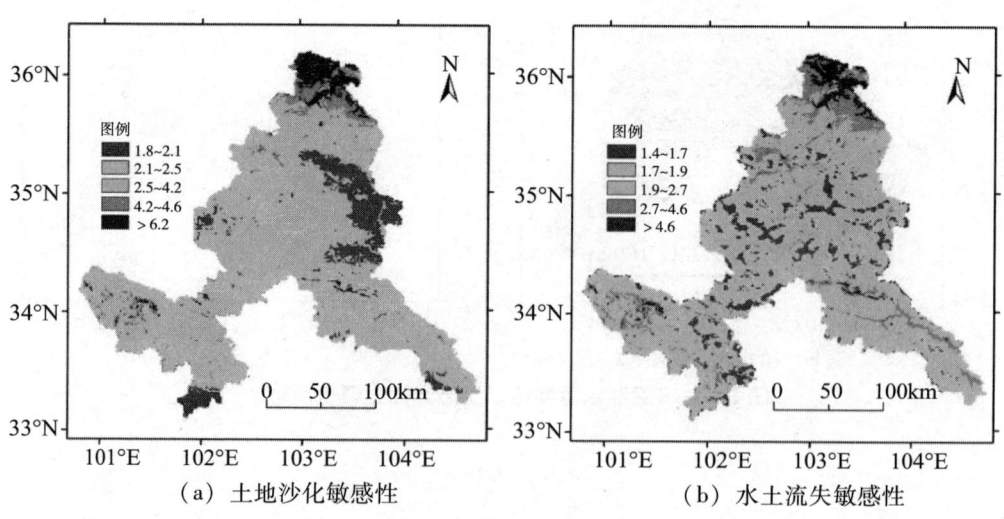

(a) 土地沙化敏感性　　(b) 水土流失敏感性

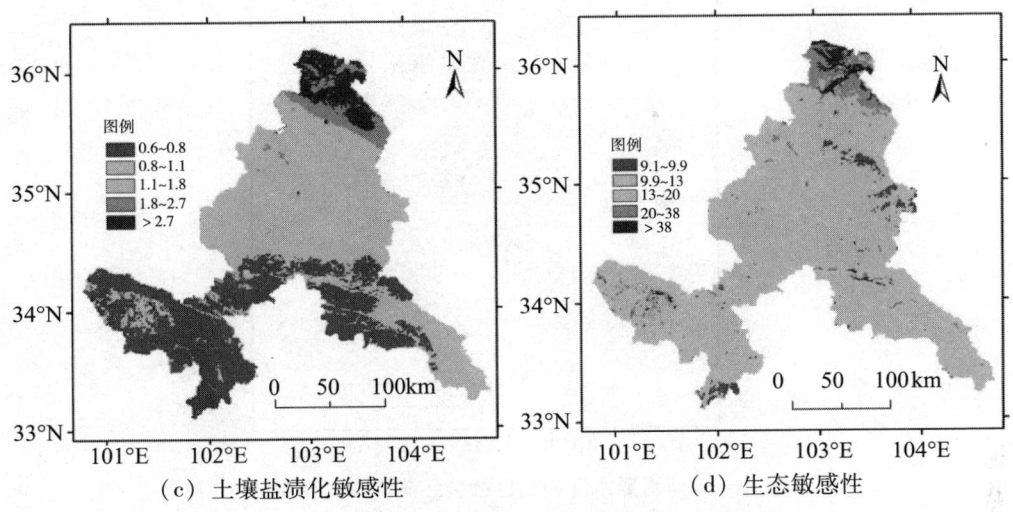

(c) 土壤盐渍化敏感性　　　　　(d) 生态敏感性

图2　黄河重要水源补给区生态敏感性评价示意图

3. 社会经济影响力评价。黄河重要水源补给区的社会经济影响力评价结果见图3。社会经济影响力值越大，表明生态系统受到的压力越大；值越小，表明生态系统受到的压力越小。其中，太子山和莲花山国家级自然保护区在行政区划上既不属于临夏州，也不属于甘南州，保护区内人烟稀少，该图中以空白表示。社会经济发展对生态环境影响最大的是临夏州的临夏市及南部的积石山、东乡、广和和康乐，这些地区气候干旱，植被稀疏，近年人口密度高达227～493人/km^2，高密度的人口使得农牧产品的需求量增大，大量开垦荒地造成水土流失加剧，对农业生态环境造成巨大威胁，生态环境已经处于超载状态。社会经济影响力较大的临夏州的临夏、和政两县，这些地区第一产业占GDP比重高达23%～31%，单一化的农业结构加剧了生态环境与社会经济发展的矛盾。此区经济落后，科技水平低，对生态环境的修复治理有限，使得已经破坏的生态环境很难改善。社会经济影响力最小的是甘南州的合作和迭部，人口密度为34～47人/km^2，第一产业所占比重相对较低，为7%～23%，第二产业已经形成矿产、电力、绿色食品开发等工业体系，对土地的依存度较少，该区也属于全国主体功能区划中的重点生态功能区，国家已投入大量的资金和技术对生态环境进行修复治理。

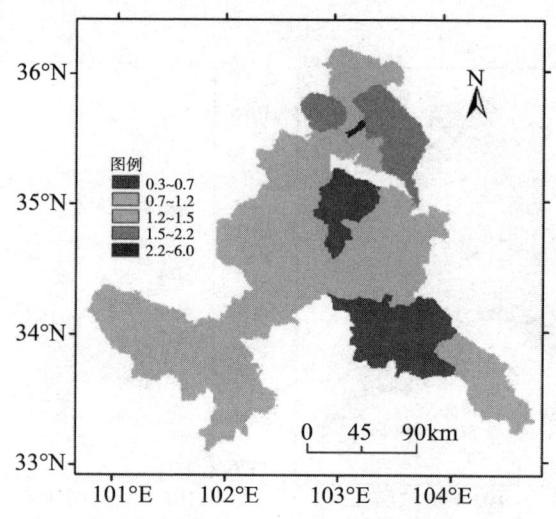

图3 黄河重要水源补给区社会经济影响力示意图

(二) 生态红线划定结果

叠加生态弹性力、生态敏感性和社会经济影响力评价图层，得到甘南临夏评价结果（见图4），综合评价指数值在 24.2~95.6 之间，运用 GIS 的断裂点法将其划分为 3 个级别：31.7~95.6 为生态红线区，面积为 16 976 平方米，占研究区总面积的 38.4%；27.6~31.7 为生态黄线区，面积为 17 285 平方米，占研究区总面积的 39.1%；24.2~27.6 为生态绿线区，面积为 9 946 平方米，占研究区总面积的 22.5%。

本研究在单项因子及综合评价的基础上，根据各评价指标的贡献程度，辨识了生态红线区的主导功能和关键生态特征（见表2）。研究区内的大量湿地、草地和河流源头是最大的自然资本，理所当然成为生态红线区。生态红线分布面积最大的是甘南州的玛曲，占玛曲总面积的 45.9%，处于"高稳定、高敏感和低压"状态。玛曲降水量大，草地覆盖率高，生物多样性丰富，生态弹性力大；生态敏感性主要表现为草地沙化和退化。近年来实行游牧民定居及异地搬迁后，有效缓解了人口对草地的压力，除金矿开发外，经济社会发展对生态环境的压力较小。玛曲境内大片的草地和湿地就像巨大的蓄水池，源源不断地补给黄河，因此，将玛曲境内的红线区命名为"玛曲黄河重要水源涵养生态红线区"。甘南、临夏两州交界处也有大面积的红线区，主要分布在临夏州南部的临夏、和政、康乐，甘南州北部的夏河，包括两州交界处的太子山国家级自然保护区和莲花山国

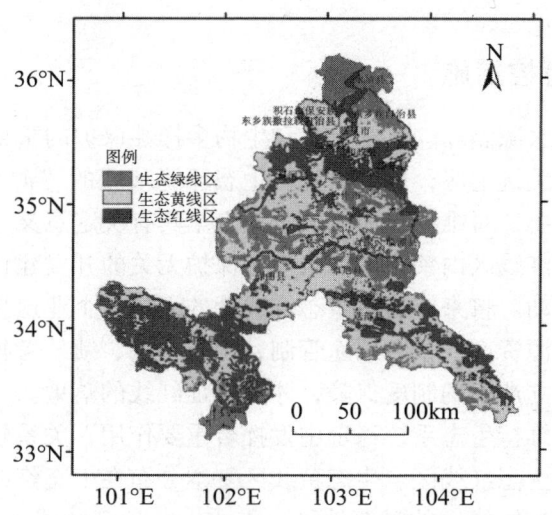

图 4 黄河重要水源补给区生态红线、黄线、绿线分区示意图

家级自然保护区，这些红线区处于"中等稳定、较高敏感和中压"状态。由于该区处在农牧交错带，水土流失敏感性指数大，区内的两个国家级自然保护区生态系统复杂多样，物种资源丰富，因此命名为"农牧交错带水土保持与生物多样性生态红线区"。甘南州的碌曲和合作境内有大片湿地，湿地被称为"地球之肾"，是蓄水调洪的巨大储库，在涵养水源、维持生物多样性、保护环境方面具有不可替代的作用，因此，将这些区域分别命名为"碌曲湿地水源涵养红线区""合作湿地水源涵养红线区"。此外，在黄河、长江主要支流的源头都划定了红线区，分别是"洮河水源涵养红线区""大夏河水源涵养红线区""刘家峡水库红线区""白龙江沿岸水土保持与水源涵养红线区"。生态黄线区主要集中在临夏州南部、甘南州西北部和南部，基本分布在生态红线区的周边。生态绿线区主要分布在临夏州的北部、甘南州的中部，是城镇化和工业化发展的主要承载地。

表 2　　　　　　　　　　　红线区的划分及分布情况

红线区	分布情况
水源补给涵养红线区	玛曲大部分、碌曲湿地、合作湿地、洮河水源、大夏河水源、刘家峡水库
水土保持与生物多样性红线区	临夏州南部的临夏、和政、康乐，甘南州北部的夏河，包括甘南、临夏两州交界处的太子山国家级自然保护区和莲花山国家级自然保护区
水土保持与水源涵养红线区	白龙江沿岸

（三）分区管控措施

生态红线区是水源涵养、水土保持和生物多样性保护的重要生态功能区，是生态保育与修复的关键地区，也是研究区生态环境基底的"源"和"汇"。它的生态战略地位很重要，对维护黄河流域生态安全具有决定意义，要实行最严格的管控措施。在生态红线区内禁止一切与生态保护无关的开发建设活动，禁止工业化城镇化等开发活动。将来应明确生态红线区的人口与企业退出机制、产业环境准入标准、自然资源资产产权和用途管制、生态补偿、绩效考核等政策导向，只有对生态红线区建立严格的制度保障，才能保证红线的落地。

生态黄线区在维持生态系统稳定中发挥着重要作用，关系较大范围的生态安全，其级别仅次于生态红线区。生态黄线区基本分布在生态红线区的周边，是介于生态红线区和生态绿线区的过渡地区。本质上，生态黄线区是一种弹性区域，可以根据区域发展战略发挥不同的空间功能。当区域开发以扩张为主时，可作为城镇发展的后备空间资源；当区域发展以收缩保护为主时，可作为生态保护缓冲区。生态黄线区在国土开发过程中，要以保护生态本底为主，允许不影响主导生态功能的适度开发建设活动，以保持区域生态产品供给能力，但应该限制大规模高强度工业化城镇化开发，禁止高污染、高能耗类工业发展，不断降低资源消耗量和污染物排放量。

生态绿线区的生态承载力较高，生态环境功能较弱，适宜进行适度规模的开发活动。但由于研究区的生态战略地位重要，生态绿线区在开发过程中，应充分利用生态优势，大力发展生态产业。利用得天独厚的天然优质草场和畜种资源，推进生态畜牧业产业化发展；利用原始的自然风光、浓郁的民俗风情和厚重的宗教文化，发展生态旅游；围绕水电、风电和太阳能的规模化开发，构建清洁能源产业体系；通过构建绿色低碳的现代产业体系，实现生态环境建设和经济发展的双赢。

四、结论与讨论

甘南和临夏处在黄河重要水源补给区，作为我国生态屏障的要冲，探索该区生态红线划定方法，确定生态红线划分结果，并提出相应的管护对策，为我国江河源区生态红线划定和保护提供了参考借鉴。

1. 构建生态红线评价指标体系。生态红线划定是一项涉及多学科的系统工程，不仅涉及地理学、生态等学科，也涉及 GIS 等空间分析技术的应用。由于生态环境问题具有典型的尺度性和区域差异性，因此，选择能表征生态系统特征和功能的指标体系，是划定生态红线的关键。本研究以甘南、临夏为例，在构建生态红线评价体系过程中，不仅考虑区域生态环境自身的特征，而且考虑了社会经济活动对生态环境的影响，并将其影响从生态压力和能动性改造两方面来评价，充分体现了社会经济与生态系统是一个统一体，各要素之间相互影响、相互制约的系统观。

2. 确定生态红线区。运用 GIS 空间分析技术，通过综合评价分级，将研究区划分为生态红线区、生态黄线区和生态绿线区。其中，生态红线区占研究区总面积的 38.4%，这相较于国外的生态保护地的面积（5%~40%）较合理，但相较于国内相关研究划定的其他地区红线占比（18%~24%）稍高，这是因为研究区 16 个市县中有 11 个市县属于国家主体功能区划中的甘南黄河重要水源补给生态功能区，生态战略地位非常重要，因此红线面积所占比例较大也是合理的，因为生态红线区面积太小势必会影响保护效果。本研究划定的生态红线区均是生态功能强、生态敏感性高、生态战略地位重要的地区，评价结果基本符合研究区生态系统的实际情况。

3. 实行生态红线的制度保障。目前，很多地区都在尝试生态红线分区管理模式和分级分类管控措施。本研究划定了不同类型的生态红线区、生态黄线区和生态绿线区，并明确了各区的主导生态功能，提出红线严控、黄线调控、绿线开发的差别化管理，有助于进一步完善生态红线的管理机制。为有效保障生态红线，必须从制度、体制、机制入手，建立生态红线的根本保障。生态红线要实行"源头严防、过程严管、后果严惩"制度。明确生态红线在国土空间中的优先地位，将其作为空间规划编制的基础。通过建立监测网络和监管平台，强化执法监督，实现过程严管。强化评价考核和责任追究，对于生态红线保护好的地区，加大生态补偿力度；对于造成破坏的，严格追究责任。只有实行最严格的制度保障，才能保证生态红线的落地。

参考文献

[1] 高吉喜，邹长新，郑好. 推进生态保护红线落地保障生态文明制度建设 [J]. 环境保护，2015，43（11）：26-29.

[2] 林勇，樊景凤，温泉等. 生态红线划分的理论和技术 [J]. 生态学报，2016，36（5）：1244-1252.

[3] 许妍，梁斌，鲍晨光等. 渤海生态红线划定的指标体系与技术方法研究 [J]. 海洋通报，2013，32（4）：361-367.

[4] 冯宇. 呼伦贝尔草原生态红线区划定的方法研究 [D]. 北京：中国环

境科学研究院, 2013.

[5] 杨世凡, 安裕伦, 王培彬等. 贵州赤水河流域生态红线区划分研究 [J]. 长江流域资源与环境, 2015, 24 (8): 1405-1411.

[6] 张晓瑞, 贺岩丹, 方创琳等. 城市生态环境脆弱性的测度分区与调控 [J]. 中国环境科学, 2015, 35 (7): 2200-2208.

[7] 邹长新, 王丽霞, 刘军会. 论生态保护红线的类型划分与管控 [J]. 生物多样性, 2015, 23 (6): 716-724.

[8] 喻本德, 叶有华, 郭微等. 生态保护红线分区建设模式研究——以广东大鹏半岛为例 [J]. 生态环境学报, 2014 (6): 962-971.

[9] Ervin J. Protected Area Assessments in Perspective [J]. *Biological Science*, 2003 (53): 819-822.

[10] Liu J G, Mooney H, Hull V, et al. Systems Integration for Global Sustainability [J]. *Science*, 2015 (347): 963-969.

[11] Day J C. Zoning-lessons from the Great Barrier Reef Marine Park [J]. *Ocean & Coastal Management*, 2002, 45 (2): 139-156.

[12] Halpern B S, Walbridge S, Selkoe K A, et al.. A global Map of Human Impact on Marine Ecosystems [J]. *Science*, 2008, 319 (5865): 948-952.

[13] 刘冬, 林乃峰, 邹长新等. 国外生态保护地体系对我国生态保护红线划定与管理的启示 [J]. 生物多样性, 2015, 23 (6): 708-715.

[14] 邓铭江, 樊自立, 徐海量等. 塔里木河流域生态功能区划研究 [J]. 干旱区地理, 2017, 40 (4): 705-717.

[15] 樊杰. 中国主体功能区划方案 [J]. 地理学报, 2015 (2): 186-201.

[16] 向芸芸, 蒙吉军. 生态承载力研究和应用进展 [J]. 生态学杂志, 2012, 31 (11): 2958-2965.

[17] 高吉喜. 可持续发展理论探讨——生态承载力理论、方法与应用 [M]. 北京: 中国环境科学出版社, 2001.

[18] 乔青, 高吉喜, 王维等. 生态脆弱性综合评价方法与应用 [J]. 环境科学研究, 2008, 21 (5): 117-123.

[19] 王生荣, 李巍, 王录仓. 人地关系视角下的少数民族生态脆弱区城镇化问题研究——以甘南藏族自治州为例 [J]. 农业现代化研究, 2013, 34 (3): 333-337.

[20] 胡琳, 苏静, 桑永枝等. 陕西省降雨侵蚀力时空分布特征 [J]. 干旱区地理, 2014, 37 (6): 1101-1107.

[21] 韩宇平, 张冰, 黄会平等. 华北平原干燥度指数时空分布特征及其影

响因素分析 [J]. 干旱区地理, 2016, 39 (4): 695 – 703.

[22] 甘肃省统计局. 甘肃统计年鉴 [M]. 北京: 中国统计出版社, 2016.

[23] 陈国宏, 李美娟. 基于方法集的综合评价方法集化研究 [J]. 中国管理科学, 2004, 12 (1): 101 – 105.

(作者单位: 温煜华: 中共甘肃省委党校经济社会发展研究所; 王乃昂: 兰州大学资源环境学院/干旱区气候变化与水循环研究中心; 李宗省: 中国科学院西北生态环境资源研究院; 严欣荣: 国际竹藤中心竹藤科学与技术重点实验室)

"一带一路"愿景下甘肃向西开放对策研究

王 悦

对外开放对于一国的经济增长具有巨大的推动作用。随着经济全球化和区域经济一体化的不断深入,越来越多的国家和地区为寻求自身经济的发展不断地实施对外开放战略,积极参与到国际分工与合作中去。甘肃地处中国西北边陲,临近亚欧大陆中心地带,全省东西蜿蜒1 600多千米,面积45.37万平方千米,是古老丝绸之路上的重要节点和黄金路段,拥有独特而富有魅力的古老丝路文化,以亚欧大陆桥、古丝绸之路为纽带,东与中国内地相通,西与新疆、青海、中亚、西亚相连,北与内蒙古、蒙古国接壤,是除了新疆维吾尔自治区之外连接中国与中亚、西亚乃至南亚、欧洲的主要通道,在中国的向西开放战略中处于关键地位,是中国向西开放的前沿阵地和主战场,是"丝绸之路经济带"的黄金路段。

2015年3月28日,国家发展改革委、外交部、商务部联合发布了《推动共建丝绸之路经济带和21世纪海上丝绸之路的愿景与行动》,明确提出了"一带一路"倡议,为甘肃向西开放带来了难得的发展机遇。因此,甘肃应构筑宽领域、多层次、全方位的对外开放格局,发挥独特的地缘优势,盯住中亚、西亚、南亚、东欧、蒙古国、俄罗斯这片极富潜力的大市场,加快开放发展,提升开放型经济发展水平,以开放促发展,为甘肃经济社会转型升级发展注入新动力、增添新活力。甘肃省向西开放不仅为我国加强与周边国家的区域经济合作提供战略平台,也为促进西部地区经济社会的跨越式发展带来新的历史机遇。在国际经济新形势下,中国要扩大对外开放的广度和深度,就需不断提升向西开放水平,持续推进西部地区产业结构的调整与升级,重点打造开放型为主导的优势产业。

一、甘肃向西开放理论分析

中国向西开放战略是顺应经济全球化和区域经济一体化发展的重大举措,是促进东、中、西互连互动,构建全方位对外开放新格局的重要战略部署。在互利互惠、合作共赢的基础上，主要面向中亚、西亚、南亚、东欧等周边国家和地区的合作与联系。向西开放不仅为我国加强与周边国家的区域经济合作提供战略平台，也为促进西部地区经济社会的跨越式发展带来新的历史机遇。甘肃地处我国西北边陲，亚欧大陆核心地带，是我国向西开放的前沿阵地和桥头堡。应充分利用国内外两种资源、两个市场，坚持全面推进"外引内联、东联西出、西来东去"的对外开放战略，扩大在中亚、西亚、南亚乃至欧洲的国际影响力，进一步提升向西开放水平。鉴于此，本研究中的向西开放就是指甘肃面对中亚、西亚乃至欧洲的开放。

向西开放战略特征表现为：向西开放程度与周边国家的政治稳定和双边关系密切相关，开放对象的针对性也较强，不同的地区各有侧重。周边国家除俄罗斯外，基本属于发展中国家或地区，其经济发展水平与我国相近或者落后，在资源类型、产业结构、市场需求等方面与我国存在较强的互补性，其资金、技术和产品多以输入型为主。相对于内陆省份，甘肃在双边贸易中处于优势地位，出口主要以工业制成品为主，而进口则以原材料为主，属于开发性市场。因此，向西开放战略从开放功能上强调互补式开放，其合作方式为开放式合作与开发式合作相结合。在发展模式上，向西开放强调区域内部发展的均衡以及内部省市间的协调合作，共同促进开放水平的提升。另外，向西开放还强调内源型和外源型相结合，以及贸易发展与投资驱动相结合，利用西部地区的沿边优势，通过次区域经济合作来发展开放型经济。

二、"一带一路"愿景下甘肃向西开放的 SWOT 分析

（一）"一带一路"愿景下甘肃向西开放的优势

1. 区位交通优势明显。甘肃自古就是丝绸之路的主要组成部分，是古丝绸之路的咽喉要道和精华路段。从地缘上看，甘肃地处欧亚大陆桥的核心通道，地形狭长，东联陕西、通中原腹地，西接天山南北、直达中亚西亚，南与青藏高原毗邻，北与蒙古高原接壤，战略地位和区位优势明显。从古至今，甘肃就是连接国家中部、东部沿海地区和西部新疆地区以及中西亚国家的重要通道，可谓交通要道与资源集中地带。在国家西部大开发战略推动下，甘肃省作为连接东西的交通要道，作用更加重要，促进"丝绸之路经济带"互联互通的"黄金通道"优势十分明显。"一带一路"倡议提出后，甘肃省加快与沿线国家互联互通步伐，积极开辟国际航线和国际货运班列，打通了我国到南亚的运输大通道。武威保税物流中心和兰州新区综合保税区相继封关运营，实现海关特殊监管区零的突破；兰州海关实现与"丝绸之路经济带"沿线省区海关区域通关一体化。随着兰新铁

路第二双线、兰州铁路综合货场、兰州铁路枢纽编组站、兰州西客站等重大项目建成投运,兰渝铁路、宝兰客专、甘肃铁路路网密度已达到全国平均水平的83%,通畅能力和区位优势正在进一步提升。

2. 文化资源丰富。甘肃与中亚、西亚国家地缘相近、人文相通,人员往来、文化交流源远流长,敦煌文化、黄河文化等为古丝绸之路的繁荣做出过重大贡献。甘肃是华夏文明的发祥地之一,历史遗产、经典文化、民族民俗文化、旅游观光文化四类资源列全国第五。甘肃是古丝绸之路的咽喉要道,是华夏文明与域外文明交流融合之地,也是中国与欧亚各国经贸往来、文化交流、交通运输的必经之路,在促进中外交流与发展方面具有举足轻重的作用。

3. 产业特色战略平台突出。甘肃省为国家重要的能源、原材料基地,已形成以石油化工、机械电子、有色冶金等为主的工业体系。近年来,新能源、新材料、生物医药、信息技术、装备制造、节能环保及新型煤化工等战略性新兴产业发展迅猛,在推动"丝绸之路经济带"建设、深化产业合作方面潜力巨大。国家生态安全屏障综合试验区、兰州新区、华夏文明传承创新区为甘肃省三大国家级战略平台。其中,国家生态安全屏障综合试验区建设进展顺利,重点流域和重点区域生态综合治理进展良好。兰州新区是全国第五个、西北第一个国家级新区,兰州新区申请设立的自由贸易园区有望成为第一批内陆地区的自由贸易园区试点。华夏文明传承创新区是中国第一个国家级文化发展战略平台。目前,创新区全面完成顶层设计。

4. 资源能源丰富。资源优势是构成基础竞争力的重要因素。一般而言,资源优势通过转化为成本优势而影响基础竞争力。甘肃省矿藏条件优越,在甘肃省已探明的110种储量矿种中,有10个矿种保有资源储量居全国首位、34个矿种居全国前5位、60个矿种居全国前10位。此外,甘肃省新能源开发优势明显,太阳能资源丰富,全省大部分地区,太阳日照时数和天数分别为2 200~3 300小时和240天以上。全省太阳能可开发资源量按现有利用水平测算,约为520万吨标煤/年;风能资源有一定的潜力,北纬40°以北地区及乌鞘岭、华家岭一带属风能资源丰富地区,年有效风能储量大于800千瓦时/米^2,有效风能时数在6 000小时以上。

(二)"一带一路"愿景下甘肃向西开放的劣势

1. 甘肃产业结构不合理。甘肃省产业结构不合理的主要表现是各产业间缺乏关联性。甘肃省的产业结构形成和转换是在国家宏观政策的调控下完成的,带有明显的重工业型特征,并与农业、轻工业的发展相脱节,从而导致产业结构上重工业和配套产业、重工业和轻工业、轻工业和农业、轻工业和第三产业的四层断裂。同时，低层次的资源型工业高度自我循环式发展，既不能对周边地区经济发展起到辐射带动作用，也影响了甘肃省产业集群的形成与资源的有效利用，导致甘肃省产业结构失调。

2. 甘肃承接内地产业转移的能力较差。承接外部产业转移是促进区域经济发展的重要方式之一。自2008年全球金融危机以来，我国东部地区传统产业的比较优势逐步丧失，并开始向西部欠发达地区转移，西部地区自然资源和廉价劳动力较为丰富，适合发展劳动密集型和资源密集型产业。甘肃，尤其是兰州新区的战略目标是打造承接产业转移示范区，所以近年来新区凭借其广袤的土地资源，以承接产业转移为主要发展模式。但是，由于甘肃承接产业转移建设起步较晚，基础设施建设还不完善，产业配套能力差，所以近年来兰州新区承接中东部产业转移效果欠佳，薄弱的产业发展环境只会吸引同类产业的移入，移入的绝大多数企业其行为还很不规范，这也为甘肃省内承接产业转移的企业的管理增添了重重阻碍。而"丝绸之路经济带"的提出为甘肃承接国际与东部地区的产业转移提供了契机。

3. 甘肃支撑向西开放的现代金融和服务业发展滞后。向西开放产业发展不仅要重视实体产业的发展，还要重视金融和服务等软实力行业的发展。但从目前看，甘肃支撑向西开放的现代金融和服务体系发展滞后，制约了甘肃产业的外向型发展。整体上看，甘肃的金融主体还相对缺乏，甘肃目前主要是以四大国有银行为主，而商业银行主要集中在乌鲁木齐，其他的地市商业银行比重较低，使得甘肃的银行缺乏竞争活力。同时，甘肃南北疆金融发展的差异也较大。在这样的金融机构组成中，甘肃的资金流通能力也就相应地受到了制约。再者，由于甘肃缺乏高新技术产业支撑，大量资金没有很好的投资项目或投资渠道，资本在甘肃的运作效率较低，更难以进入像农业这种低收益的行业，因此，大量的资本可能通过甘肃银行的收储而流向了内地市场，进一步加剧了甘肃资本市场运作的困境。甘肃仍然处于央企或国企为主导的行业发展现状，民营企业和小微企业难以获得国有银行的贷款，但是各地区又缺乏商业银行支撑，这严重制约着甘肃产业的培育力度。同时，甘肃物流、信息服务、文化等现代服务业也制约着甘肃产业的发展水平和产业承接转移能力。甘肃传统低端服务业仍占第三产业主导地位，缺乏与开放型产业发展配套的现代金融、物流、基础设施、信息服务等中高端服务业。当然，甘肃缺乏金融服务机构还会制约甘肃向西开放的能力，由于汇兑业务的分布受到限制，那么甘肃参与国际贸易中将很难发挥贸易的便利性。

（三）"一带一路"愿景下甘肃向西开放的机遇

1. "一带一路"为加深甘肃与沿线国家多领域合作带来机遇。2009年底，时任俄罗斯总理的普京签署俄联邦政府令，批准了《2025年前远东和贝加尔地区经济社会发展战略》，此战略将毗邻中亚的广大地区纳入俄联邦长期发展战略，表明了俄罗斯意在通过贝加尔加强与中国及中亚各国的经济合作。2011年12月，哈萨克斯坦最高人民会议常任委员通过了《经济贸易法》，将临近中国的东哈萨克斯坦州升格为中央直辖的特别州，作为对外开放的前沿窗口，欲将东哈萨克斯坦州打造成为哈萨克斯坦版的深圳。2015年，中哈两国政府正式签署中哈自由贸易协定，中哈经贸合作迈上新台阶。"一带一路"倡议的提出，不仅响应了上述各国的国家性战略，更为甘肃深化和拓展与上述各国在经贸、科技、文化、旅游等多领域合作提供了重大机遇。

2. "一带一路"为加强甘肃与国内沿线省份经济合作带来机遇。在国家"一带一路"倡议公布后，与甘肃相邻的新疆、陕西、宁夏等省区已经积极行动起来，主动融入和推进"一带一路"建设，并取得了一定成效，甘肃可以借助近邻的优势，与这些省区开展深度合作。从国家层面上来看，"一带一路"倡议是各地可以共同利用的发展方式。各地明确自身定位，差异化发展，加强合作，是利用好这一国家战略、实现共同发展的关键所在。"丝绸之路经济带"建设将我国发展迅速的东部地区与西部地区相链接，不仅能释放西部地区的活力，更使西部地区成为产业转型升级的承接地。甘肃可以借助自身区位优势，积极承接东部优势产业和技术。"21世纪海上丝绸之路"建设中，甘肃可借助地处丝绸之路黄金段的优势，加强与东部沿海各省的联系和互动。另外，近5年来，甘肃先后开通了"天马号""兰州号""嘉峪关号"国际货运班列，目前已顺利发出60多列，输运货物总值已超过2亿多美元，并且开通了兰州至迪拜、法兰克福和日本大阪等16条国际和地区航线，运输通达能力有了大幅提高。"天马号""兰州号"等国际货运班列实现了常态化运营，95%以上的货运都来自省外，说明甘肃建设向西开放大物流基地的区位、通道优势正在形成。

（四）"一带一路"愿景下甘肃向西开放的挑战

1. 部分丝绸之路沿线国家政治动荡。金融危机将加大各国经济摩擦，国际政治形势也将发生改变，目前，甘肃向西开放的国家主要是中亚五国，冷战结束以后，中亚国家是大国角逐的地缘战略目标。在这样的国际政治条件下，中国和中亚各国面对的"三股势力"——恐怖势力、分裂势力、宗教极端势力对双边和多边经贸合作的干扰和破坏也不可能停止，金融危机使中亚地区数千万人重新陷入贫困，引发社会危机，造成中亚社会不安定因素，影响了中亚政局的稳定。这些政治上的不安定因素使我国的经济和社会安全风险加大，是影响甘肃向西开放优势产业发展的重要因素。

甘肃与周边国家的经济贸易往来主要集中在中亚地区。金融危机后甘肃与中亚国家之间原本连年增长的对外贸易，瞬间出现了严重的下滑，虽然在中亚国家经济复苏后，经济增长对进出口带动作用较大，但甘肃与中亚国家对外贸易形势仍然难以乐观。在经历了金融危机的洗礼后，中国在对外贸易中遭受的损失越来越大，发达国家普遍使用反倾销政策，甚至以特殊保障条款限制和反补贴措施等办法来限制和减少中国商品出口，严重影响了中国开放战略的持续发展，在全球贸易保护主义有所抬头的情况下，中国与西部的俄罗斯、中亚国家也开始出现出口受阻的现象，加上长期在中亚地区存在的"中国威胁论"，认为中国以廉价的出口商品换取这些国家的石油天然气资源，甚至冲击他们的制造业，影响产业结构升级，最终沦为世界原材料基地。这些因素都会直接或间接地影响到甘肃对外贸易的快速发展，进而影响到甘肃向西开放战略的全面实施。可见，金融危机对向西开放的直接影响明显，并且后续的负面作用仍然很多，中亚国家经济增长不稳定因素越来越多，面对地区经济发展不平衡的局面，向西开放战略在继续抓住机遇的同时，也面临着更多的挑战。

经济全球化和区域经济一体化是当今世界经济发展的总趋势。欧亚大陆存在着多个由大国主导的次区域经济合作组织，而这些次区域经济合作组织在国别构成、合作机制和制度安排上存在较大差异，致使不同区域组织之间的成员国在进行经贸往来时产生种种贸易壁垒。对我国向西开放经济发展而言，受俄白哈关税同盟的影响最为突出。普京在2012年竞选俄罗斯总统时首次提出"欧亚联盟战略"，并认为这是联结欧亚大陆的重要经济组织，成员国之间可以更好地协调经济和货币政策。"欧亚联盟"是以"俄白哈关税同盟"为基础，逐渐吸纳原独联体国家，以实现其大成员国的目标。最先响应普京号召的是吉尔吉斯斯坦和塔吉克斯坦两国，他们认为"欧亚联盟"既有利于中亚国家经济发展，也有利于区域合作机制向纵深层次发展，形成多赢和共赢的良好局面。这对向西开放战略提出了尖锐的挑战。哈萨克斯坦、吉尔吉斯斯坦、塔吉克斯坦是甘肃向西开放的主要通道，如果"欧亚联盟"按照普京的设想逐步实施，一个完整的区域一体化组织将会形成甘肃向西开放的屏障，必然导致向西开放战略的极端被动。

2. 国内参与"一带一路"倡议省份之间的竞争激烈。许多省区市已经将"一带一路"倡议视为加速自身发展的重大机遇，并列入其长期规划之中。据中国人民大学相关课题组统计，国内包括新疆、山西、甘肃、宁夏等17个省区市已将"丝绸之路经济带"列入其2014年度政府工作报告之中。一些省区市还根据自身特点纷纷出台融入并推进"一带一路"倡议的实施方案。国内各省区市参与"一带一路"建设的竞争主要体现在以下方面。

一是自由贸易园区建设的竞争。国家"一带一路"倡议推行过程中，催生了各地申请自由贸易的竞争。2014年初就有12个省区市的自由贸易区方案进入国务院多部委联合调研阶段。不仅东部沿海的天津、辽宁、山东等省市积极争取，中西部的四川、宁夏等不沿边、不沿海的省区也着手开始设计自贸区方案，争抢贸易自由化、投资便利化的政策。

二是在国家级重大互联互通项目争取上的竞争更趋激烈。甘肃省互联互通、向西开放的基础设施建设由于财力不足等原因，一直依赖国家支持。各省在"一带一路"倡议建设过程中，首先要考虑互联互通的重大基础设施建设问题，也会向国家提出一些重点项目上的诉求，这必然会为甘肃在互联互通基础设施项目的争取上带来更多的竞争。

三是区域位置较新疆、西藏等省区相差甚远。众所周知，新疆是我国向西开放的桥头堡，更与中亚、西亚各国有宗教、民族、语言等沟通优势，甘肃与之相比自身条件差距明显。

综上所述，"一带一路"倡议为甘肃开发开放带来的不仅是机遇，还有许多挑战，需要在实践过程中逐步、有针对性地解决。

三、"一带一路"愿景下甘肃向西开放的对策建议

展望未来，"一带一路"倡议将是我国长期实施的长远战略。借助"一带一路"建设不仅能提升甘肃的向西开放水平，为甘肃的长期发展提供保障，更能有效地发挥"一带一路"倡议在中国西北地区的重要作用。因此甘肃应从以下几方面入手，在借助"一带一路"倡议加快向西开放过程中，要紧紧依托区位、文化、产业等方面的特色优势，不断补齐自身短板，加快向西开放步伐。

（一）加强政策保障和沟通

1. 提高甘肃各级政府的公共服务职能。切实转变政府职能，强化政府公共服务职能，完善各项社会管理职能。在推进甘肃向西开放优势产业发展中，要明确政府和市场在优势产业发展中的作用，坚持市场对资源配置的主导作用，加强政府的监管作用，防止政府在经济发展中出现"瞎指挥"的情况。这就需要政府明确其在经济社会发展中的地位。政府本质上要成为市场服务主体，而非市场的运行主体，在促进甘肃向西开放优势产业发展，构筑甘肃向西开放格局过程中，规范甘肃政府行政行为，推行听证、咨询论证、重大项目公示制度，为市场行为的良好运行营造公平、公正的环境。政府应规范审批行为，充分发挥市场机制的作用，减少政府对经济事务的行政性审批。进一步清理规范行政许可审批事项，实现审批法定化。另外，甘肃政府在参与向西开放优势产业发展中应重点做好优

势产业推介平台建设，以服务型政府建设为理念，创新甘肃向西开放优势产业与国际市场的对接形式，充分发挥丝绸之路文化博览会作用，扩大文博会在中亚、西亚、南亚、欧洲乃至全世界的影响力，提升向西开放水平。办好兰洽会，提升甘肃的国际影响力。以博览会、展销会等平台推进甘肃优势产业与国际市场的接轨，提高国际市场对甘肃优势产业的认知度。

2. 建立甘肃与丝绸之路沿线国家合作机制。甘肃作为一个省份，无法独立开展外交活动、参与国际合作，但可考虑借力"丝绸之路经济带"国际合作，开展与周边国家的联系和合作。中国、俄罗斯、中亚、蒙古国都存在有效的协调合作机制，甘肃一是建立有效的沟通合作机制，通过地方长官定期会晤、建立友好城市等形式，加强与周边国家的相互联系；二是充分利用丝绸之路文化博览会、兰洽会、乌鲁木齐的亚欧博览会等各种展会等机会推进与周边国家交流合作和人员往来。

（二）提高甘肃多方合作平台承载能力

1. 增强兰州新区的产业集聚能力。首先，甘肃应继续加大兰州新区基础设施建设的投入力度，为进入新区的企业提供必要的物质基础，为产业集聚提供保障，首先，可以为中小企业提供配套设施齐全的产业孵化基地，促进中小企业集聚发展；其次，发挥各类园区的特色，产生真正的产业集聚效果，例如，获得国家科技部批准的甘肃国际农业科技园区在进行招商引资过程中，要注重引进农业科技型项目，放弃以往"放进筐里就是菜"的招商理念，从招商上就体现出产业集聚的特色；再次，要建立承接产业转移的示范园区和东西部地区互动产业合作示范园区，做到承接沿海发达地区产业、聚集优势特色产业的作用；最后，要在兰州新区的运行管理机制上下功夫，调整其管理向服务职能转变，实现开发区内部管理企业化和外部管理社会化。

2. 继续办好办活"文博会"。丝绸之路文化博览会有助于加强甘肃与国家各相关部门、相关省区的合作交流，尽早将甘肃建设成为我国西部地区实现对外开放的重要门户。

一是完善丝绸之路文化博览会中心的服务保障能力。积极主动地做好各项筹备和服务工作，保质保量地完成"文博会"会展中心建设工作，为成功举办"文博会"提供良好的软硬件条件；细化安保措施，规范服务内容，做好会务管理和服务保障工作。二是巩固扩大招商招展和组展成果。有效搭建甘肃招商引资和区域经济发展平台，鼓励本土企业积极参与国内外知名企业参会，壮大参会企业和团体数量；邀请社会团体和学者参会，积极听取专家学者的可行性建议，使甘肃各族人民和中外广大客商切实感到实在的利益；努力争取国家政要参会，多举办高质量、高层次的专题活动。三是大力推广宣传"文博会"。通过中央媒体、甘肃媒体以及专业媒体，及时组织举行新闻发布会，全方位宣传"文博会"的背景、定位、展位设置和招商组展进展情况，积极宣传"文博会"的筹办、举办情况，主动办好"文博会"，提升国际影响力，将乌鲁木齐建成国际知名会展中心。保持"文博会"展览的内在连续性，积极探索专业化、市场化的办展方式，举办专业商品展，促进甘肃产业发展、民生建设和对外开放。

3. 加快道路交通网络建设。道路连通方面，加快陇海兰新线东西陆路通道建设，形成一个以新亚欧大陆桥甘肃段为主轴，覆盖周边区域、辐射西部地区的新经济网络和物流网络。完善国家快速铁路网，加快与重要铁路干线相配合的高速公路网建设，积极发展国际联运集装箱运输班列，积极开辟直飞中西亚、中东和欧洲等地区的国际航线及货运航线，进一步拓展甘肃省与中亚西亚国家的陆路和空中运输通道。加快能源通道建设，继续支持西气东输四线、五线等油气管道建设，促进疆煤外运，优先安排和布局以输送新能源为主的特高压直流电外送通道建设，促进甘肃省与中亚西亚能源资源的开发合作。进一步推进国际口岸开放，借力兰州机场成为国际航空口岸的机遇，巩固现有国际航线，积极开辟兰州直飞中西亚、中东和欧洲等地区重要城市的国际航线。争取敦煌机场口岸尽早对外开放，力争启动马鬃山口岸复关磋商机制。

4. 建设向西开发的投资融资平台。应由相关政府部门牵头，建立甘肃与向西开放产业合作地区、产业园驻扎区等地区的政府高层磋商机制。一方面，就双方年度人文、旅游、互访考察计划、重点产业合作及境外产业园建设等定期进行会晤、磋商；另一方面，开展产业合作、境外产业园区建设，以及企业"走出去"所涉及的准入、管理、纠纷调处等协调服务，为企业"走出去"、境内外产业合作的风险控制、权益维护等提供保障。

（三）加强与丝绸之路沿线国家文化交流

1. 开展人文交流。人与人之间的良好沟通能拉近距离，国与国之间的有效交流能增进互信，开展人文交流是增进互信的有效方法。一是借助兰州大学、西北民族大学、西北师范大学与多国大学业已建立的良好合作关系，开展学术交流活动，促进高层次人才往来，并合作开展重大科技攻关项目，共同促进实现科研成果转化；二是发挥体育、文化交流的桥梁作用，通过开展周边国家和地区人民喜闻乐见的体育比赛、歌舞巡演、文化年、艺术节等形式，吸引周边国家和地区的人流，拉近与周边国家和地区人民民心上的距离；三是发挥民间组织和团体的作用，充分利用好企业家协会、青年联合会、作家协会和各类公益慈善组织在非政府间活动中扮演的重要角色，开展各类交流活动，为周边国家和地区交流提供更大的平台。

2. 扩大旅游合作。作为"丝绸之路经济带"上重要的一站，甘肃省借国家"一带一路"的重大决策需要，应充分发挥历史文化底蕴深厚、旅游资源丰富的优势，借助华夏文明传承创新区来推动旅游产业的快速发展。大力发展旅游产业，既是富民的现实选择，也是强省的重要途径，对向西开放具有重大而深远的意义。一是整合旅游资源，将甘肃自身的旅游资源与西北、西南、新疆旅游相结合，探索建立与跨境旅游完美衔接的旅游链条，使甘肃成为去新疆和到中亚、西亚旅游的必经之地；二是培育旅游市场，与境内外著名的旅游企业合作，开发设计旅游线路，打造多语种旅游信息服务平台，培养多语种导游服务人员，为旅游开发奠定基础；三是大力度宣传甘肃旅游特色，打破现有的 14 个市州各自宣传的格局，设计甘肃整体旅游形象，在相关的国内外媒体上播放，提高甘肃旅游的知名度。

3. 加强留学生培训合作。甘肃应扩大留学生教育培训规模。争取国家培养计划支持，吸引更多"一带一路"沿线国家学生来甘肃留学。积极争取国家支持，以提供奖学金、助学金等方式，吸引中亚、西亚国家学生来甘肃就读，扩大留学生规模。依托兰州大学、西北师范大学、兰州财经大学、甘肃中医药大学、西北民族大学等高校，在兰州建设中亚西亚国家留学生教育研究中心、阿拉伯语教育研究中心等基地和文化教育平台。突出甘肃敦煌学、古丝绸之路和中亚西亚研究的特色及优势，整合省内院校和研究机构力量，建立综合性研究基地，加强与沿线国家的院校和科研院所合作，深入开展国际研讨和学术交流，提升甘肃在丝绸之路和中亚西亚研究方面的地位。组织甘肃省高校到丝绸之路沿线国家开展学术交流合作及开办教育展。着眼于加快培养"丝绸之路经济带"构建交流合作短缺人才，加大和突出小语种培训，中亚西亚国家国情区情、宏观政策、民族宗教、法律法规、投资金融、医药卫生、中介服务等内容的培训，充分发挥甘肃多民族聚集，与沿线国家交往久远、民心相通的优势，推进甘肃与沿线国家的深入合作与共同发展。

（四）强化甘肃向西开放优势产业发展

1. 制定完善向西开放甘肃优势产业发展的相关政策。向西开放是我国全方位对外开放战略的重要组成部分，因此，在政策制定上不仅是甘肃本区域的孤立型政策，而且是关系我国整体对外开放水平提升的重要内容。制定和完善向西开放的政策措施，对于保障甘肃向西开放的顺利实施至关重要。首先，中央和地方政府应制定和完善更加倾斜的甘肃向西开放优势产业发展的政策措施。通过政策的引导，在相关政策的激励下，鼓励东中部地区产业特别是具有出口优势的产业积极向甘肃进行产业转移，借助东部地区的资金和技术，开发和发展壮大本地的优质资源，逐渐建设资源和能源的深加工基地和出口基地。扶持如石油化工业、新型建材业、农副食品加工业等在全国及中亚有影响力的产业。促进甘肃产业结构转型升级，更好地培育甘肃本地出口优势产业，提升甘肃经济发展实力和向西开放水平，同时也为沿海地区的产业升级腾出空间，延长产业的生命周期。其次，制定和完善财政、金融、保险、外经贸、海关、检验检疫等促进"走出去"的政策措施。引导和鼓励有实力的优秀企业"走出去"，为企业到周边国家开展来料加工、境外投资或承包工程提供良好的发展条件。支持甘肃企业参与我国与周边国家开展的境外资源合作项目，以投资带动甘肃向西开放优势产业的发展。

2. 加大向西开放优势产业的人才培养和科研力度。甘肃发展向西开放优势产业，更好地参与国际竞争与合作，应该加强向西开放优势产业人才培养和产品的科技投入，通过产业自身的技术引进、消化吸收再创新，或者自主创新来推动产品附加价值增长。一方面，要加大对科技人才的培养，人才匮乏是甘肃向西开放产业发展的重大制约因素，甘肃应从人力资源开发和劳动力素质提高的角度，努力培养和引进一批高素质的有助于向西开放优势产业发展的科技人才队伍，为自主创新提供良好基础。一是制定相应的薪酬待遇政策，引导内地具有先进技术知识的人才向甘肃流动，比如政府设立引进人才的专项资金，制定工资、住房、子女教育等优惠政策吸引人才；二是根据企业对向西开放产业发展的需要，通过地方高校如兰州大学、西北师范大学、兰州交通大学、甘肃农业大学、兰州理工大学、兰州财经大学等开设定向专业，培养开放型经济及向西开放优势产业发展所需的本土人才，从而有效防止人才流失。另一方面，注重本土产品创新，依靠技术创新，巩固和提高产品的科技含量和市场占有率。对优势产业中的所有产品生产企业都要建立技术中心，建立和完善优势产业中产品的质量保证体系，与国际标准接轨。甘肃现有优势产业在增加科研投入方面具有雄厚的资金和技术支撑，能够较快地实现生产技术的转换，而潜在优势产业由于产业规模较小，还不具备大量投资科研的基础，因此，甘肃向西开放现有优势产业与潜在优势产业在人才和科研投入上虽然都迫切需要，但是还应区别对待各优势产业的发展情况，加强对潜在优势产业科研投入的支持力度。

3. 强化品牌战略，培养向西开放优势产业的核心竞争力。甘肃与丝绸之路沿线国家应结合自身经济发展状况，充分发挥经济互补优势，深化油气资源领域的合作，落实好已有的合作项目，积极拓展产业合作范围，完善产业合作配套服务设施，扶持发展优势资源产业，挖掘非资源领域的合作潜力，推进高新技术产业、新兴产业等多领域的合作。一是优化贸易商品结构，改造提升传统产业。甘肃与丝绸之路沿线国家的贸易往来以原油、成品油、液化石油气等燃料为主，在矿物和金属、制成品等方面也具有较强的互补性。为优化双方的贸易商品结构，要加快改造石油化工、煤炭、纺织加工、钢铁、电力、建材、机械等传统产业，淘汰落后的工业技术和生产力，提高传统产业新产品的科技开发和创新能力。二是发挥特色产业优势，加强非资源领域合作。巩固与丝绸之路沿线国家的资源合作，及时了解各国工业创新发展的市场需求，掌握丝绸之路沿线国家非资源领域的投资方向，推进合作产业结构调整。加快开发有色金属资源，积极培育有色金属工业、特色农产品深加工工业等优势产业，重点投资农业生产、原料加工、机械设备制造、交通运输等非资源性产业合作项目。三是加快工业现代化进程，培育发展高新技术。立足于国内外的发展资源，瞄准国际科技前沿领域，大力发展高新技术产业、战略性新兴产业。以突破核心技术和掌握自主知识产权作为推进工业现代化进程的根本着力点，完善政府资金投入管理模式，采取基金、股权、贷款贴息等多种方式，引导企业和社会资金积极投入技术创新；提高新兴产业发展专项资金使用管理效率，重点支持战略性新兴产业的布局发展、关键技术的自主创新、高新技术项目产业化等，形成一批拥有自主知识产权、技术含量高、市场竞争力强的高新技术产业，提高核心竞争力。

参考文献

[1] 国家发改委. 推动共建丝绸之路经济带和海上丝绸之路的愿景与行动, 2015.

[2] 甘肃省委、省政府. "丝绸之路经济带"甘肃段建设总体方案, 2014.

[3] 甘肃省委、省政府. 甘肃省参与丝绸之路经济带和21世纪海上丝绸之路的实施方案, 2015.

[4] 甘肃行政学院课题组. 全面提升甘肃向西开放的水平[J]. 发展论坛, 2016 (9): 21-23.

[5] 徐娟秀. "一带一路"背景下甘肃文化旅游产业创新发展模式研究[J]. 城市旅游规划, 2016 (5): 11-12.

[6] 杜占杰. "一带一路"背景下的甘肃省整体形象再定位研究[J]. 甘肃科技, 2016 (7): 15-17.

[7] 徐黎丽. "一带一路"建设中甘肃"黄金段"作用的发挥[J]. 西北师大学报（社会科学版）, 2015 (7).

[8] 许恒周. 陕西、甘肃、新疆在"一带一路"战略中的比较优势与建议[J]. 西部大开发, 2016 (9): 14-17.

[9] 刘波. 陕西、甘肃、宁夏推进"一带一路"的实践及对广西的启示

[J]. 经济社会与发展, 2015 (4): 9-11.

[10] 张小影. 陕西省加快丝绸之路经济带建设调研: 构筑丝路新起点 [N]. 经济日报, 2014-09-03.

[11] 张小影. 宁夏加快丝绸之路经济带建设调研: "塞上江南"谋开放 [N]. 经济日报, 2014-09-03.

[12] 许凌. 打造丝绸之路经济带战略支点 [N]. 经济日报, 2015, 3 (25): 10.

[13] 霍建国. "一带一路"战略构想意义深远 [J]. 人民论坛, 2014 (5): 20-22.

[14] 袁新涛. "一带一路"建设的国家战略分析 [J]. 理论月刊, 2014 (11).

[15] 辛桦. 各省区市 "一带一路" 实施方略 [J]. 新闻综述, 2015 (4).

(作者单位: 中共甘肃省委党校经济社会发展研究所)

做好现代特色农业文章 助推甘肃脱贫攻坚

张希君 展晓玲

一、大力发展现代特色农业，打好脱贫致富的物质基础

重农固本，是安民之基。中共十八大以来，党中央始终坚持把解决好"三农"问题作为全部工作的重中之重，大力推进农业现代化建设。习近平总书记多次就发展现代农业发表重要讲话，指明了农业现代化的发展方向和基本实现路径。2017年，习近平总书记在广西调研时进一步强调，解决好十几亿人口的吃饭问题，始终是我们党治国理政的头等大事。要以构建现代农业产业体系、生产体系、经营体系为抓手，加强农田水利等农业基础设施建设，严格落实耕地保护制度，加强农业科技创新和推广，夯实粮食安全基础，延伸农业产业链，着力发展高附加值、高品质农产品，提高农业综合素质、效益、竞争力。要扶持新型农业经营主体，培养造就新型农民队伍，把现代特色农业这篇文章做好。

甘肃是一个传统的农业大省，农业发展和"三农"问题在全省经济与社会发展中占据十分重要的位置。近年来，大力发展特色农业与农产品加工业成为甘肃省脱贫攻坚的重要举措。为此，甘肃要全面贯彻落实总书记重要讲话精神，切实把现代特色农业这篇文章做好，要紧紧围绕推进农业供给侧结构性改革这条主线，通过大力发展现代特色农业，构建现代农业产业体系，改革创新体制机制，激活农村生产要素，培育农业农村发展新动能，实现农业增效、农民增收、农村增绿。

产业振兴，是脱贫致富的物质基础。要紧紧围绕发展现代农业，围绕农村第一、第二、第三产业融合发展，构建现代农业体系，实现产业兴旺，促进农民增收，全力以赴消除农村贫困，推动乡村生活富裕。只有这样，才能建立主要依靠产业支撑的可持续的农民稳定增收长效机制。

近年来，甘肃省积极引进重大农副产品加工和交易园区建设，助力当地农民脱贫致富。未来，甘肃省将大力实施乡村振兴战略，坚决打好精准扶贫攻坚战，

不断加快农业强、农村美、农民富的进程。将更加注重富民产业培育，着力发展现代特色优势产业，把脱贫攻坚作为一号工程，深入实施精准扶贫，发展现代特色优势、特色产业，尽最大努力让农民分享产业链增值收益；推进国家级旱作农业示范区建设，多措并举，综合施策，谋求粮食产能的换挡升级，使粮食总产稳定在 1 000 万吨以上；注重农业供给侧结构性改革，培育现代农业产业体系，稳定马铃薯、玉米制种、中药材发展、酿酒原料生产面积，提质增效；着力打造一批产值过百亿元的特色农产品加工产业链，助推脱贫致富、乡村振兴早日实现。

二、甘肃特色产业优势明显，农业经济发展快速

甘肃地处青藏高原、蒙古高原和黄土高原的交汇地带，分属黄河、长江、内陆河三大流域。地形狭长，地理过渡性强，生态和气候类型多样，农业自然资源丰富，在发展特色农业方面具有明显的比较优势。甘肃特色农产品市场需求潜力巨大，已经有了很大的国内、国际声誉，在市场需求方面也有很大的优势。在"一带一路"建设中，甘肃作为陆上丝绸之路黄金段，具有明显的区位优势，为甘肃发展特色农业、农产品加工业带来了新的历史机遇。国家精准扶贫系列政策的出台和落实，也让甘肃迎来了新机遇。

（一）特色优势产业发展迅猛

近年来，甘肃省深入推进农业供给侧结构性改革，加快培育农业农村发展新动能，产业结构调整成效凸显，特色农业经济运行总体上呈现较快发展态势。全省形成了马铃薯、优质果品、草食畜产品、蔬菜、啤酒原料、酿造葡萄、制种、中药材、球根类花卉、油橄榄十大类具有明显优势的农产品生产区域。形成了以定西为中心的马铃薯生产；以陇西、岷县、渭源为中心的中药材生产；以庆阳、平凉、天水、陇南为中心的苹果生产；以河西走廊、沿黄灌区、泾河流域、渭河流域为中心的蔬菜生产等知名特色农产品生产基地。2017 年全省特色优势产业总面积达到 3 313 万亩。全年蔬菜种植面积 854.71 万亩，中药材面积 451.57 万亩，棉花种植面积 25.14 万亩，糖料种植面积 5.58 万亩，瓜类播种面积 90.43 万亩，园林水果产量 557.02 万吨。其中，草食畜牧业以 50 个牛羊产业大县和 3 个市州全产业链试点建设为重点，从牧区资源约束型逐步走上了农牧互补的循环发展路子。同时，甘肃省已成为全国最大的杂交玉米制种、马铃薯脱毒种薯和重要的蔬菜、花卉种子生产基地，其中杂交玉米制种面积和产量分别占全国的 42% 和 48%。

(二) 新型经营主体生机勃勃

截至2017年年底,甘肃省共认定和创建国家级现代农业示范区5个,省级现代农业示范区29个、示范园75个。全省现有农业产业化组织7 585个(龙头企业2 534家),其中国家级重点龙头企业27家,省级重点龙头企业405家;龙头企业实现销售收入739.7亿元,其中销售收入10亿元以上的龙头企业5家,销售收入1亿元以上的龙头企业95家,参与产业化经营组织的农户超过300万户,各级农民合作示范社达2 500余家。全省已建成农产品交易市场615个,县乡农贸市场991个,冷链保鲜储藏规模达350万吨。政府财政和社会金融资本对农业的支持力度不断增强,现代生产要素正加速注入农业领域,生产方式已主要依靠现代设施和机械作业,物质装备条件加快改善;农村基本经营制度加快创新,全省土地适度规模经营和农户参加农民合作社的比重分别达到38%和42%,农业经营方式已初步实现专业化、合作化,现代农业产业体系和可持续发展机制加速构建,全省农产品加工率达到49.5%。

(三) 农业装备科技水平全面提升

甘肃省农业科技体制机制创新步伐加快,旱作农业和高效节水农业取得了一大批理论和实践成果,形成了全膜双垄沟播、膜下滴灌、垄膜沟灌等一系列技术模式,航天育种、马铃薯品种选育与脱毒种薯繁育、中药材新品种开发与标准化种植、特色林果繁育与栽培、玉米品种选育与制种、草地农业等技术推广应用及创新方面取得了丰硕成果。农业科技已经成为推动全省现代农业持续发展的内生动力,农业科技贡献率预计达到55%,全省耕种收综合机械化水平达到47%,农田灌溉水有效利用系数达到0.55,农业生产节水、节约和节能水平不断提升。

(四) 农村综合改革不断深化

甘肃省在坚持土地公有制性质基础上,不断深化以土地制度改革为重点的农村集体产权制度改革,积极探索赋予农民对承包地占有、使用、收益、流转及承包经营权抵押、担保权能,引导农民以承包经营权入股发展农业产业化经营,推动农村土地征收、集体经营性建设用地入市、宅基地制度改革试点。目前,全省土地流转面积已达776.1万亩,流转率为16%。林业和水利改革不断深化,集体林权制度综合配套改革全面推进,集体林地股份制改革试点、省级示范性家庭林场评选认定和林权流转交易管理信息平台加快推进;疏勒河流域水权和民勤县等5个县(区)全国农业水价综合改革试点有序开展,农业灌溉用水总量控制和定额管理制度在石羊河流域已经建立,并初步探索出符合甘肃实际的水权流转方式。

三、以构建三大体系为抓手，全力做好现代特色农业文章

（一）着力优化产业结构，构建现代农业产业体系

要适应农产品消费加快升级的发展趋势，着力发展高附加值、高品质农产品，特色水果等大宗优势农产品，发展富硒农业和林业经济，抓好现代特色农业示范区和农业科技园创建，提高农业综合素质、效益、竞争力。甘肃省草食畜牧业、设施蔬菜、优质林果、马铃薯、中药材、现代种业和酿酒原料等特色产业初具规模，部分农产品产量位居全国前列，但高品质农产品不多，农产品加工特别是精深加工率低，产业大而不强、大而不优，与消费升级的矛盾日益突出，必须在农业产业结构调整上下更大的功夫，构建竞争力强的现代农业产业体系。

1. 守住粮食安全底线。总书记多次强调，解决好十几亿人口的吃饭问题，始终是我们党治国理政的头等大事，中国人的饭碗要牢牢端在我们自己手里，要装我们自己生产的粮食。要落实粮食安全，确保粮食总产量稳定在 1 000 万吨，确保口粮基本自给。深入推进粮食绿色高产高效创建，大力发展优质粮食、地方特色粮食品种和富硒有机品种。完善粮食直补订单收购制度，健全粮食储备体系，提升粮食应急保障能力。

2. 优化升级优势特色产业。做大做强草食畜、设施蔬菜、优质林果、马铃薯、中药材、现代制种和酿酒原料六大特色优势产业。加快特色优势产业转型升级，以供给侧结构性改革为主线，突出优势产区，狠抓提质增效，适当扩大规模，创新体制机制。广泛推行无公害农产品、绿色食品、有机农产品和农产品地理标志和小产区认证，抓好农产品品种、品质、品牌和标准化生产，着力打造"陇字号"知名农产品品牌。

3. 推动农业产业绿色发展。大力发展高效节水农业，实施农药化肥零增长、负增长行动，努力降低农药和化肥施用量，解决农田残膜污染，坚决取缔高污染、非科研、严重破坏地力的大棚种植。要优化调整种养业结构，促进种养循环、农牧结合，推进畜禽粪污染综合治理和开发利用，大力推广节地、节肥、节水、节能技术和生态循环农业模式。建设绿色植保技术示范区，推广"微生物+"生态养殖模式。大力发展生态循环农业，实施种养结合、农牧结合、农林结合、粮草兼顾，因地制宜推广"猪沼果"、林下经济等模式。加强农产品质量安全监管，推进农产品质量安全追溯体系建设，提升农产品质量安全水平。

4. 提升农业产业链价值链。发展农产品精深加工，加快发展订单直销、连锁配送、电子商务等现代流通方式，健全产业链与农民利益联结机制，推动第

一、第二、第三产业融合发展。拓展农业多种功能，加快发展乡村旅游、休闲农业、农村电商、健康养生等新产业、新业态。推动现代特色农业示范区扩面提质，大力推进现代农业产业园、科技园、创业园和田园综合体建设，逐步实现农业园区化、要素集聚化、产业集群化。做大做强一批农产品加工示范企业和国际竞争力强的出口企业，建设一批高标准农产品生产加工基地和现代农业科技园区，带动农户进行标准化生产。培育年销售额 10 亿元以上的龙头企业 15 家以上，重点扶持建设 16 个省级现代农业示范区，以保障食品安全为主线，全面推进"食安甘肃"品牌引领行动，提升全省食品加工整体水平。

5. 大力发展戈壁特色农业。据部门资料显示，甘肃有 1 亿多亩戈壁、1.8 亿亩沙地、480 万亩盐碱地，发展"戈壁设施节水农业"及沙化地等改设施农业潜力巨大。目前，河西 5 个市州利用戈壁等非耕地已经建成高效节能日光温室 5 万余亩。要充分利用河西地区可开发的戈壁、沙漠、盐碱地和废弃地等资源，优化农业产业结构，转变发展方式，狠抓基础设施建设和科技推广新品种应用科学管理工作。开展农产品精深加工，培育品牌，拉长农产品产业链，增加农产品附加值。大力开拓中西亚、中东欧农产品消费市场，建立健全农产品营销网络。打造国内外具有一定影响力的"戈壁农业"品牌，打造西北乃至中亚、西亚、南亚和中东欧的"菜篮子"生产供应基地。

（二）强化基础和技术支撑，构建现代农业生产体系

加强农田水利等农业基础设施建设，严格落实耕地保护制度，加强农业科技创新和推广，实施"藏粮于地、藏粮于技"战略，夯实粮食安全基础。甘肃省农业基础设施总体薄弱，科技支撑能力不强，机械化水平与全国平均水平有较大差距。要适应农产品消费升级需要，应对国际农产品竞争压力，必须构建现代农业生产体系，用现代生产技术和装备武装农业，用现代生产方式改造农业，推动农业生产良种化、机械化、科技化、标准化，全面提高农业发展的基础设施和物质技术支撑水平。

1. 夯实现代农业发展基础。落实最严格的耕地保护制度，全面划定永久基本农田，开展高标准农田建设和中低产田改造，建成一批集中连片、旱涝保收、稳产高产、生态友好的高标准农田，加强粮食主产区、优势农产品区及贫困地区的农田水利基础设施建设，不断改善农业生产条件。加强资源保护和生态修复，实施土壤污染防治行动计划，实施山水林田湿地生态保护和修复工程，开展大规模国土绿化行动，推进重大生态工程建设，保护好农业可持续发展的生态环境和基础条件。

2. 强化农业科技支撑。大力发展现代种业，培育一批"育繁推"一体化现

代种业企业,加强农作物良种繁育基地建设。开展基础性、前沿性和公益性重大农业科技研究,加强农作物轻简栽培、错季生产、富硒农业、重大动植物疫病防控、农产品精深加工等技术研发。促进农业科技成果转化和农业技术推广,推动农业科技服务向基层延伸、向产业延伸、向经营主体延伸。加快推进"互联网+"现代农业,推广应用物联网、大数据、云计算、移动互联等现代信息技术,发展精准农业、智慧农业。

3. 推进农业现代化、品牌化。推进向优势产区集中布局,增强龙头企业加工转化能力,提升农产品精深加工水平,鼓励主食加工业发展,加强综合利用,支持农民合作社等新型经营主体发展加工流通,鼓励企业打造全产业链、创新模式和业态;推进加工园区建设,提升科技创新能力,加速科技成果转化推广,提高企业管理水平,提升质量品牌价值。鼓励企业创建知名品牌,支持各地打造区域公用品牌,利用各种平台,宣传推介农产品区域公用品牌和"老字号""陇字号"品牌,提高农产品的认知度;大力提升标准化生产能力、全程化质量控制能力、技术装备创新能力、品牌培育创建能力;加强农产品质量安全立法和执法检查,加强商标和地理标志商标注册与保护。

(三) 培育壮大新型经营主体,构建现代农业经营体系

习近平总书记强调,将来"谁来种地"是关系我国农业发展的重大战略问题,要扶持家庭农场、专业大户、农民合作社、龙头企业等新型农业经营主体,培养造就新型农民队伍,加大政策和资金支持,富裕农民、提高农民,让农业经营有效益,让农业成为有奔头的产业,让农民成为体面的职业,让农村成为安居乐业的美丽家园。甘肃省农业产业组织体系发展滞后,新型经营主体发育不足,适度规模经营远低于全国平均水平,必须加快构建以农户家庭经营为基础、合作与联合为纽带、社会化服务为支撑的立体式复合型现代农业经营体系。

1. 培育壮大新型经营主体。实施龙头企业成长计划,有针对性地引进一批国内外有实力、有技术、有销售网络的农业龙头企业,整合组建一批国有或混合所有制农业龙头企业。推进农民合作社规范化建设,灵活运用贷款贴息、先建后补、以奖代补等多种方式,引导农民合作社与农民建立密切的利益联结机制。积极开展生产、供销、信用"三位一体"综合合作,引导发展农民合作社联合社。大力扶持专业大户和家庭农场快速发展。

2. 积极培育新型职业农民。建立健全新型职业农民教育培训、认定管理、财政金融、科技服务、社会保障等扶持政策,引导有条件的农民走向职业化,让农民成为体面的职业,为农业现代化提供坚实的人力基础。加大职业农民精准培训,实施现代青年农场主培养计划,开展新型农业经营主体带头人轮训,加强返

乡下乡人员农村创业培训。

3. 发展多种形式适度规模经营。尊重农民主体地位，顺势而为、因势利导，鼓励通过经营权流转、股份合作、代耕代种、土地托管等多种方式推动适度规模经营。实施"小块并大块"，实现农户连片耕种。鼓励发展社会化服务，有效组织小规模家庭经营对接大市场。培育农机作业、农田灌排、统防统治、烘干仓储等生产性服务组织，支持供销社及其他社会化服务组织开展合作式、订单式、托管式等农业社会化服务。

（四）改革创新体制机制，为构建三大体系提供强大动力

1. 深化农村土地制度和集体产权制度改革。加快土地承包经营权确权颁证工作，完善"三权分置"办法，健全归属清晰、权能完整、流转顺畅、保护严格的农村土地产权制度。创新农业发展用地保障机制，确定一定比例年度新增建设用地计划指标，用于农村创业、创新用地和新产业、新业态用地，允许村庄整治、宅基地整理等节约的建设用地，通过入股、联营等方式，重点支持乡村休闲、旅游、养老等产业和农村第一、第二、第三产业融合发展。全面开展农村集体资产清产核资，加快组建和完善农村集体经济组织，由点及面、有序推进集体经营性资产股份合作制改革，探索发展农村集体经济有效途径，增强集体经济发展活力。

2. 创新农业投入机制。完善农业投融资机制，加强涉农资金整合，充分发挥财政资金杠杆作用，加大以奖代补和贴息支持力度，扩大贷款风险补偿基金、农业投资引导基金规模，推广政府和社会资本合作，撬动更多金融和社会资本投向农业农村。深化农村金融改革，加快信用体系、担保体系、风险补偿机制建设，加快农业保险扩面、增品、提标，探索开展农业巨灾保险。

3. 改革农业科技体制机制。整合农业科研机构和技术力量，建立农业工程技术协同创新战略联盟和高校协同创新中心，推进资源开放共享与服务平台基地建设。深化农科院所改革，完善省、市、县联动的技术研发体系。健全农业科技创新激励机制，落实事业单位科技成果使用处置和收益管理规定，落实科技人员兼职取酬等制度规定，探索"后补助"等方式支持农业科技创新和成果转化。健全农业科技推广体系，深入推行科技特派员制度。完善科技人才培养和引进政策，建立多层次农业科技人才队伍。

参考文献

[1] 2014~2017年甘肃发展年鉴，http://www.gstj.gov.cn/tjnj/2015.

［2］2015～2017 年全省经济运行情况，甘肃统计信息网，www.gstj.gov.cn All Rights Reserved.

［3］李含琳. 加快构建现代农业三大体系［N］. 经济日报，2017 - 12 - 23.

［4］马绍茵，曹方，马燕玲. 甘肃特色农业产业发展现状、问题与对策［J］. 贵州农业科学，2011（3）.

［5］李朝阳，李有才. 欠发达地区特色农业产业化地域发展模式研究［J］. 河西学院学报，2017（2）.

（作者单位：中共甘肃省委党校经济社会发展研究所；中共甘肃省委党校图书馆）

在文化产业蓬勃发展中彰显文化自信
——以甘肃为例

雒庆娇

中共十九大报告指出:"坚定文化自信,推动社会主义文化繁荣兴盛。没有高度的文化自信,没有文化的繁荣兴盛,就没有中华民族伟大复兴。"这显现了我们党对文化发展的高度重视与文化自觉。当今中国发展进入新时代,意味着我们要从站起来、富起来到强起来。"强"不仅是硬实力的表现,更是软实力的发挥。而文化产业作为支柱性、先导性、引领性的产业形态,是增强国家软实力的重要组成部分,通过文化产业的蓬勃发展不断彰显我们的文化自信。

一、新时代甘肃需要文化产业的蓬勃发展

甘肃虽地处祖国西北腹地,经济不是很发达,但是作为华夏文明的分支和重要组成部分,形成了独有的文化形态和雄浑多姿的主体内涵,包罗了中国西部文化的种种素质,成为西部文化的典范。但是长期以来我们对自己的文化不是很了解,所以谈不到文化自信,我们总觉得甘肃很落后,甘肃人在发达地区的人面前往往很谦卑,其实甘肃自古就有"天下称富庶者无如陇右"的美誉,只是近代以来落后了,但是精神生产在历史上并不落后,我们应当对甘肃的历史文化有充分的认识,要树立高度的文化自觉和文化自信。

(一)华夏文明传承创新区建设需要加强甘肃文化资源的转化

"丝绸之路三千里,华夏文明八千年"是对甘肃历史悠久、文化厚重的生动写照。甘肃文化资源不仅丰富,而且个性鲜明,具有源头性、重大性、独特性等特点。历史遗产、经典文化、民族民俗文化、旅游观光文化等四类资源丰度排名全国前五位。现存"古文化遗址7 000多处,各类石窟寺337座,古文化类型近10个,重大革命文物遗址300多处,现存明代长城里程居全国之首。全省出土汉

简 6 万多枚，占全国出土总数的 82%。"① 敦煌是世界文化宝藏，敦煌学是甘肃文化辉煌和世界文明交流的标志，丝绸之路旅游线被国家确定为向全球推介的十二条中国旅游精品线路之首。世界文化遗产 7 处，排在全国第二位。在长期的民族交融中，甘肃人民也创造了极具特色的非物质文化遗产，"全省境内已发现非遗线索 27 075 条，现有花儿和环县道情皮影戏 2 项联合国非遗代表作、国家级非遗代表性项目 68 项、省级代表性项目 493 项、市级项目 1 911 项、县级 4 575 项。"② 是当之无愧的"中华民族重要的文化资源宝库"。这也就是中央为什么把首个国家级华夏文明传承创新区建设平台放在甘肃的原因，中央要求甘肃在 2020 年基本建成华创区，而且要在全国推广成功经验。甘肃要如期完成这个任务，实现从文化资源大省转向文化强省，关键任务就是文化资源的转化问题，把这些潜在的文化资源和文化财富转化成现实的文化产品，打造成文化精品，文化产业是最重要的抓手。

（二）产业的下游化需要加大文化产业发展

进入 21 世纪以来，甘肃省产业结构变化较大，产业发展水平显著提高。从总体上看，第一产业 GDP 占比逐年下降，从 2000 年的 18.44% 到 2017 年的 13.85%；第二产业的比重从 2000 年的 40.05% 下降到 2017 年的 33.38%；第三产业的比重从 2000 年的 41.51% 增长到 2017 年的 52.77%。③ 由此可见，产业中心不断向下游延伸，服务业已牢牢地占据了半壁江山，随着去产能深入推进，传统行业调整不断推进，而第三产业内部的结构也在变化，过去主要是为生产服务，而现在主要是为老百姓的日常生活服务，而且越来越走向满足人的精神文化需求。快递就是一个最典型的例子，快递的交送量虽然生产用品也占一定比重，但大量的是满足老百姓的生活。迪士尼的老板就说过一句话："只要人们爱玩，我们就有钱可赚。"所以大力发展文化产业已成为世界性的选择。

（三）人民需求的上游化助推文化产业发展

丹麦未来学家沃尔夫·伦森认为："人类在经历狩猎社会、农业社会、工业社会和信息社会之后，将进入一个以关注梦想、历险、精神及情感生活为特征的梦幻社会。"④ 他说的这个梦幻社会就是自我想象、自我实现。按照马斯洛需求层次理论，人的需求是从低级到高级、从生理需求到自我实现。随着社会生产力

---

① 数据来源：甘肃省文化厅.
② 甘肃省文化厅. 甘肃省非物质文化遗产情况梳理.
③ 数据来源：甘肃省宣传部.
④ 于喜廷. 论当代经济发展的文化机制 [EB/OL]. 论文网，2012 - 3 - 2.

的迅速发展，人们的社会需要不断提高，在基本物质层次满足的基础上，人们更多地关注文化上的、精神上的、心理上的需要。2017年7月26日，习近平总书记在省部级主要领导干部专题研讨班上发表重要讲话指出，"经过改革开放近40年的发展，我国社会生产力水平明显提高；人民生活显著改善，对美好生活的向往更加强烈，人民群众的需要呈现多样化多层次多方面的特点。"根据国际经验，人均 GDP 在 1 000 美元以下，居民消费主要以物质消费为主；人均 GDP 在 3 000 美元左右，进入物质消费和精神文化消费并重时期；人均 GDP 超过 5 000 美元，居民的消费转向精神文化消费为主的时期。我国 2015 年人均 GDP 已突破 8 000 美元，所以人民的需求应以精神文化为主。中共十九大报告指出："中国特色社会主义进入新时代，我国社会主要矛盾已经转化为人民日益增长的美好生活需要和不平衡不充分的发展之间的矛盾。"这也说明在新的历史方位，人们的需求由满足物质需求为主转向了满足精神文化需求为主。中共十九大报告中指出，"满足人民过上美好生活的新期待，必须提供丰富的精神食粮。"文化产业能够提供丰富的文化产品来满足人民的精神需求，所以从这个角度讲，新时代需要文化产业发挥积极的先导作用。

二、甘肃文化产业发展现状

（一）甘肃文化产业发展概况

"十二五"时期，随着国家对文化产业的不断重视和政策扶持，甘肃省文化产业实现高位持续快速增长，由起步阶段进入了快速发展阶段。从 2011 年到 2015 年五年间，甘肃省文化产业增加值从 62.03 亿元增长到 157.09 亿元；文化产业增加值占全省 GDP 的比重从 1.24% 增长到 2.31%，法人单位数从 3 855 户增长到 11 301 户，从业人数从 8.84 万人增长到 32 万人，占全国文化产业增加值的比重由 0.5% 增长到 0.6%。① 这就是甘肃文化产业在全国的位置，基本上在全国垫底，在西部十二省区位居第九位，在西北五省区位居第三位。

（二）甘肃文化产业发展中存在的问题

目前，甘肃省文化产业发展中存在的问题十分突出，这影响了人民群众的文化获得感和文化享受的质量。

1. 总量少，单位规模小。"十二五"期间，在经济下行压力较大的背景下，甘肃省文化产业增加值连年增长，平均增速达 26.2%，文化产业增加值占全省

---

① 林铎在中国共产党甘肃省第十三次代表大会上的报告. 2017 – 6 – 4.

GDP 的比重稳步提升，但是总量少、发展水平低，与全面建设小康社会的目标——到 2020 年文化产业增加值占全省地区生产总值比重达到 5% 及以上——仍存在着很大的差距。2015 年甘肃省文化产业机构仅为 11 301 家，其中，规模以上工业企业和限额以上的批零企业仅 97 家，7 家省直文化企业总资产达到 139.41 亿元，营业收入 64.17 亿元，总负债 71.28 亿元，3 家亏损、4 家盈利，净亏损 1.92 亿元。① 总量少、单位规模小的现状表明甘肃省文化产业发展的带动作用尚没有得到充分发挥，其对经济增长的拉动力较弱。

2. 地区发展不平衡，产业结构不合理。从区域结构看，由于经济发展和资源分布上的差异，甘肃文化产业发展在区域之间有很大差异。兰州作为省会城市，在政策、资金、环境、人才各方面都具有发展文化产业得天独厚的优势条件，2017 年兰州市文化产业增加值为 66.4 亿元，占 GDP 的比重为 2.68%，② 在 14 个州市中居于首位。除了兰州市之外，酒泉市、天水市、庆阳市、平凉市、张掖市、白银市的文化产业发展情况也较好，因为这些地区都有良好的文化消费环境，且都处于进行产业结构调整、转变经济增长方式的变革路口，注重利用现有的文化资源和基础设施优势大力发展文化产业。而临夏和甘南两个民族自治州虽拥有丰富的民族文化资源，但是经济水平相对落后，资源挖掘力度不够，文化产业发展水平最低（见表 1）。

表 1　　　　甘肃省 14 个市州 2011 年文化及相关产业发展情况

地区	从业人员（人）	增加值（万元）	增加值占全省文化产业增加值比重（%）
甘肃省	96 500	529 985.03	100
兰州市	30 526	222 095.4	41.91
酒泉市	6 674	50 092.79	9.45
天水市	7 522	36 749.19	6.93
庆阳市	8 060	31 030.10	5.85
平凉市	7 035	26 796.81	5.06
张掖市	4 213	25 814.45	4.87
白银市	5 739	25 545.35	4.82
武威市	5 142	23 900.00	4.51

① 甘肃省文化厅文化产业处. 甘肃省文化产业发展情况汇报，2016 - 7.
② 兰州市文化和旅游局. 关于兰州市文化产业发展情况的汇报，2018 - 3 - 21.

续表

地区	从业人员（人）	增加值（万元）	增加值占全省文化产业增加值比重（%）
陇南市	3 080	20 226.85	3.82
定西市	5 911	19 127.31	3.61
嘉峪关市	3 424	18 414.70	3.47
临夏州	4 043	15 536.20	2.93
金昌市	3 015	8 645.57	1.63
甘南州	2 116	6 010.23	1.13

资料来源：甘肃省宣传部.

从甘肃省文化产业发展现状来看，仍存在着结构不合理的问题，主要表现为传统文化产业比重过大，以信息化、数字化为核心的新兴产业如现代传媒、动漫游戏、数字视听、演艺娱乐、文化旅游、网络文化、会展博览等比重偏小、发展缓慢。

3. 项目水平不高，创意创新能力不强。"十二五"期间，甘肃省文化产业招商引资项目共计1 319个，落地932个，项目落地率达70.65%；签约合同金额达5 893.43亿元，到位资金为1 216.88亿元，资金到位率为21.64%。[①] 而且落地的项目大多都是中小型的，金额有限，资金到位率不高。

同时，甘肃文化产业单位普遍创新能力不足，没有形成创新激励机制，使现有文化资源得不到充分有效的利用，造成文化资源大量闲置和浪费，老百姓并未"靠山吃山，靠水吃水"，而是守着连绵的"宝藏"长期过着穷日子，这制约了甘肃文化产业的发展。

4. 市场主体发育不成熟，缺少具备竞争力的文化产业主体。甘肃省文化产业主体以中小企业为主，除了几个国有大型文化企业集团以外，还没有形成一批在国内外有影响的大型文化企业集团。一方面，企业投资多以自筹资金为主，中小企业占据主体，主要分布在文化旅游、娱乐、文化产品销售等领域。企业规模较小，层次和规模还达不到产业发展的要求，造成甘肃省文化产业可持续发展能力较低；另一方面，现有的文化产业领域中，具有核心竞争力的企业不多，大企业不大，比如读者出版集团2017年实现销售收入15亿元，这在甘肃已是航空母舰了，而江苏凤凰传媒集团2010年的销售收入为140亿元，两者差距非常大。

5. 居民的文化消费力不强。作为文化产业链上的最终环节和促进居民消费

---

① 施秀萍. 浓墨重彩写华章"十二五"时期甘肃省文化产业发展综述. 甘肃网，2016-2-23.

结构升级的重要力量，文化消费对于拉动文化生产、提高国民素质和推动甘肃产业结构的优化升级有着十分重要的意义。近年来，甘肃经济总量稳步提升，居民的文化消费支出也有所增加，但是甘肃居民的文化消费水平仍然很低。2015～2017年，甘肃省城镇居民人均文教娱乐用品及服务支出不到2 500元，占居民人均纯收入的比重均在9%以下；甘肃农村居民人均文教娱乐用品及服务支出不到1 000元，占居民人均纯收入的比重均在13%之下（见表2）。由此可见，文化消费对甘肃省文化产业发展的带动作用较弱，对经济增长的拉动力不足。

表2　2015～2017年甘肃省文教娱乐消费支出

年份	城镇			农村		
	可支配收入（元）	文化教育娱乐支出（元）	文教娱乐支出占人均纯收入的比重（%）	可支配收入（元）	文化教育娱乐支出（元）	文教娱乐支出占人均纯收入的比重（%）
2015	23 767	2 045	8.6	6 936	854	12.3
2016	25 693.5	2 322.1	9.0	7 456.9	965.5	12.9
2017	27 763.4	2 341.9	8.4	8 076.1	993.7	12.3

三、推动甘肃文化产业蓬勃发展，增强陇原人民的文化自信

习近平总书记在中共十九大报告中指出，"文化自信是一个国家、一个民族发展中更基本、更深沉、更持久的力量。"对于甘肃来讲，文化产业是甘肃文化强省建设的重要方式，是不断满足人民过上美好生活新期待的重要抓手，只有甘肃文化大发展大繁荣，才能增强每个陇原儿女的底气，才能使文化自信发自内心地洋溢在每个甘肃人的脸上。

（一）正确认识文化产业的多重功能，以文化的方式发展文化产业

文化产业是一种新型的产业形态，具有意识形态、文化传播、市场繁荣、保存积累和发展民族文化、审美和评价、抒情娱乐等多种功能，它是通过精神文化的消费来获得经济效益和社会效益的。文化产业不仅是摇钱树，而且对我们的文化、文化理想、文化传统、价值观是一个传播，文化产业是在向消费者讲故事，讲故事就有一个意义问题，而文化的核心是精神内涵、是思想意义，这就是文化之"魂"。传递精神内涵、思想意义的文化产品与文化服务，是文化之"体"。因此文化产业的发展，既不能"丧魂失魄"，也不能"魂不附体"。发展文化产

业，既要抓住"强魂"这个本质要求，又要抓住"健体"这个关键所在，还要实现"增值"这个产业要求。首先要考虑的是为社会提供怎样的文化产品，在意义内容的前提下再来考虑它的经济效益，绝不能因为追求经济效益而放弃社会效益。我们说要像重视经济建设一样重视文化建设，但绝不能用经济建设的方式来建设文化，否则就如画家韩美林所讲的，"没有文化的文化最可怕，没有文化的领导更可怕。"① 没有文化的领导并不是没有文化，而是不懂得文化产业发展的规律，片面地强调高大上、上档次，或者片面地追求经济效益，那会把文化产业引向歧途。

（二）打破行业内外壁垒，大力实施"文化＋"战略

当今时代，"文化＋"不但是大势所趋，更能补齐文化产业发展的诸多短板。而实施"文化＋"战略，融合是关键，不仅文化产业内部壁垒、部门之间的隔阂要打破，而且文化产业和别的行业之间的壁垒也要打破，推动跨地区、跨行业、跨所有制兼并重组。"文化＋"的核心是怎样"加"和"加"什么？《甘肃省"十三五"文化产业发展规划》中就提出，"构建'1655'文化产业体系，把文化旅游业作为发展文化产业的首位工程，大力发展文化与旅游融合、文化与科技融合、文化与体育融合、文化与农业融合、文化与中医药养生保健融合五大融合型文化产业，放大文化溢出效应，实现各产业互利共赢。"② 通过实施"文化＋"战略，打破行业内外壁垒，实现跨界融合，优化文化产业结构，催生一批融合度高、关联性强、带动能力强、产业链长的新兴文化业态，在陇原大地盛开融合之花，广结融合之果。

（三）以创新驱动文化产业发展

深入推进大众创业、万众创新，增强文化产业发展的创造力。强化文化企业创新主体地位和主导作用，支持和鼓励文化企业在经营模式、产品设计、市场营销、企业管理等方面进行全方位创新。突出科技创新在文化创新中的引领作用，通过资金投入、政策支持、平台搭建等方式，引导省内高校、科研机构参与文化创新，加快推动文化科技创新成果的产业化转化。切实发挥好兰州国家级文化和科技融合示范基地的集聚孵化功能，培育和孵化一批文化科技创新企业。优化文化领域创新创业发展环境，建立创新创业公共服务平台，鼓励企业内部众创，培育一批创新能力强、市场前景广、拥有自主知识产权、"专精特新"特点突出的创新型小微文化企业。

---

① 七州同心. 文化缺位，安全缺失：两会提案观察. 百度文库，2012－3－14.
② 甘肃省人民政府办公厅关于印发《甘肃省"十三五"文化产业发展规划》的通知.

创新创意又涉及版权问题，长期以来我们缺乏版权保护意识，盗版容易维权艰难。而盗版侵害的不仅仅是个人的文化权益，也打击了文化产业这个行业。盗版越多，人就越不愿意创意，因为文化原创需要付出许多金钱和精力，可以说投入大回报少。所以要加大原创的利润，增强知识产权保护意识，加强文化商标注册和品牌管理，对具有地域特征的民族民俗特色文化产品鼓励注册集体商标、证明商标，加强对老字号、知名商号的保护和传承，最大限度降低侵权和盗版率。

（四）实现差异化发展，突出自身特色

由于甘肃省境内环境、气候相差较大，又是一个多民族省份，各民族信仰不同，以及各市（州）社会经济发展的不平衡，文化资源的分布呈现出鲜明的地域差异性及民族性，正所谓"荞麦垅，燕麦捡，十里乡俗不一般"。不同区域、不同市（州）县（区）、不同村落（宗族）的民俗事项也呈现出明显的差异性，这种差异性在各市（州）志、县志上均有记述，如镇原人素好书画，环县人喜听道情，秦安人喜好小曲，甘南人擅长舞蹈，河西一带精道宝卷，岷州一带爱唱花儿……

近年来，甘肃各市州加大了对当地文化资源的挖掘开发力度，一些地域文化名片已经走上产业化道路，如庆阳的香包产业、通渭的书画产业、天水的丝毯织造产业、永靖的生铁铸造产业、临夏的清真饮食产业、甘南的唐卡、临夏的砖雕、卓尼的洮砚、甘南的藏医药等。但是，这些产业规模小，发展水平不高，没有成为支柱产业，对地区经济的拉动很有限。比如雕刻葫芦艺术最早出在甘肃，但是兰州的刻葫芦却没有做大做强。而山东聊城 2009 年却被国家授予"中国雕刻葫芦艺术之乡"，聊城种植了 4 000 亩的葫芦，不仅种葫芦、卖葫芦，而且精挑细选进行艺术加工，精美包装上市，一个小葫芦做成了大产业。所以不要盲目地求同，要发挥自己的特色优势。

（五）扩大文化消费，促进文化生产

进入新时代在一定意义上就是进入了消费社会，在这个新阶段，消费成为拉动经济增长的第一动力。解决当前社会发展的主要矛盾，不断满足人民群众对美好文化生活的需求，就需要在引导文化消费中提高有效文化供给，不断提高民众的审美品位和艺术情趣，显著提升大众的文化获得感，使文化自信得到不断彰显。

一方面，要关注人们消费的新变化。第一，从一般文化消费向特色文化消费转变。人们外出旅游总要选择独特的旅游线路、观赏具有地域特色的歌舞、体验当地的风俗人情、买一些特色商品带给亲友，比如到甘南，就要买唐卡、藏族服

装配饰等具有特色的文化产品,到兰州来吃牛肉面就是特色消费。第二,从高端向基层文化消费转变。像云南普洱茶主打高端,温和的拒绝普通消费者,这是不对的。因为高端消费毕竟是少数,中低档消费要占大头,高端消费多了,直接拉动物价上涨,中下层口袋就越紧越买不起,这样造成恶性循环,老百姓就不买,造成市场萎缩。所以应该有适当的高端产品,但大多数应是普通老百姓喜欢的价廉物美的产品。第三,从传统文化消费向新兴文化消费转移。比如敦煌游客服务中心用球幕电影展示敦煌文化就是新兴文化消费。第四,从省内向省外消费转移。

另一方面,要扩大文化消费。2014年10月29日,李克强总理主持国务院常务会议时指出:"消费是经济增长重要引擎,要瞄准群众多样化需求,打造中国经济升级版。一要增加收入,让群众'能'消费;二要健全社保体系,让群众'敢'消费;三要改善消费环境,让群众'愿'消费。"这三点也是扩大文化消费的关键所在。

(六)加大文化产业人才队伍建设

文化发展说到底是人的发展,衡量一个国家和地区的发展水平,关键强调人的发展,这是文化的核心。文化是人造的,文化发展水平的高低,人的素质是最主要的体现。文化产业是载体,区域软实力最重要的是人的素质问题。因此甘肃要加大文化人才队伍建设,创新文化人才培育引进方式,实施优秀文化企业家培养计划,建立职业化、市场化、专业化经营管理人才队伍,突破高端文化人才紧缺瓶颈。健全文化产业人才培养机制,逐步形成高等教育与在职教育、专业技能培训、中等专业培训相结合的人才培养体系。完善激励机制,形成公平竞争、各尽所能的人才成长环境。依托省内高校、科研院所及大型文化企业,建立文化产业智库,为全省文化产业发展提供政策建议和智力支持。全面提升甘肃人民的文化素质,这才是文化建设的最高目标。

总之,我们既要对甘肃的发展前景充满信心,提升文化产业的实力和发展能力,也要看到当前我们与文化强省的差距,增强文化自省意识。通过深度挖掘文化资源的丰富内涵,展现自己的色彩和形象,全面提升区域软实力,在国际国内发出自己的声音,使陇原人民的文化自信得到最大限度的彰显。

参考文献

[1] 习近平在中国共产党第十九次全国代表大会上的报告[EB/OL]. 中国政府网,2017-10-18.

［2］林铎在中国共产党甘肃省第十三次代表大会上的报告［EB/OL］.甘肃网，2017-6-4.

［3］范玉刚.文化产业发展彰显中国特色社会主义文化自信［EB/OL］.宣讲家网，2017-11-17.

［4］甘肃省人民政府办公厅关于印发甘肃省"十三五"文化产业发展规划的通知（甘政办发〔2016〕135号）.甘肃网，2016-9-1.

［5］甘肃省文化厅.甘肃省文化产业发展情况汇报，2016-9-9.

［6］甘肃省文化厅文化产业处2017年工作总结.

［7］兰州市文化和旅游局.关于兰州市文化产业发展情况的汇报，2018-3-21.

（作者单位：甘肃省委党校文史教研部）

创新驱动发展背景下甘肃省科技人才开发策略研究

陈治华

中共十八大提出,"科技创新是提高社会生产力和综合国力的战略支撑,必须摆在国家发展全局的核心位置",强调要坚持走中国特色自主创新道路,实施创新驱动发展战略。习近平总书记2013年春节前在甘肃视察工作时也明确指示甘肃要"着力推动科技进步和创新,增强经济整体素质和竞争力"。甘肃省第十三次党代会报告中提出,要深入实施创新驱动发展战略,坚决破除阻碍发展的体制机制弊端,加快形成以创新为主要引领和支撑的经济体系和发展模式,使改革动力加速释放,创新活力不断涌现。

甘肃省目前正处于经济社会转型升级发展的关键阶段,要"富民兴陇"、建设"幸福美好新甘肃",就必须坚持把创新驱动发展作为转型升级的核心战略,依靠创新来开辟全新发展空间和发展路径。

一、甘肃省科技创新发展现状

据《中国区域科技创新评价报告2016—2017》显示,截至2016年,甘肃省综合科技创新水平指数首次突破50%,达到50.63%,比2015年提升1.12个百分点,综合科技创新水平跃升至全国第二梯队,在全国排名继续保持第18位,在西部12个省市区中继续保持第4位,排在重庆、陕西和四川之后,科技对经济增长的贡献率达到51.3%。从5个区域科技创新评价一级指标来看,科技活动产出指数为47.01%,继续保持全国第14位,西部省区第4位;高新技术产业化指数为56.13%,居全国第18位(比2015年上升4位),西部省区第6位;科技创新环境指数50.67%,居全国第21位(比2015年降低4位),西部省区第5位;科技活动投入指数42.76%,居全国第23位(降低3位),西部省区第6位;科技促进经济社会发展指数58.08%,居全国第26位(上升1位),西部省区第

9位。

从市州综合科技进步水平来看,依据《2016年甘肃省科技进步统计监测报告》显示,甘肃省14个地区综合科技进步水平划分为五类:综合科技进步水平高于甘肃省平均水平(56.36%)的地区只有兰州市;综合科技进步水平高于45%低于56.36%的地区是金昌市、白银市和武威市;综合科技进步水平高于30%低于45%的地区有庆阳市、陇南市和定西市;平凉市、甘南州、临夏州综合科技进步水平低于30%。

"十三五"期间,甘肃省面临着由加快经济发展速度向加快发展方式转变、由规模快速扩张向提高发展质量和效益转变的重要机遇期,经济社会发展对科技创新的依赖日益加深,迫切需要以科技创新为核心的全面创新来助推经济社会转型跨越发展,形成经济转型、生态保护和民生改善协同推进、良性互动的可持续发展格局。那么甘肃省如何提高创新水平和创新能力,来推动深入实施创新驱动发展战略呢?习近平总书记2014年5月23日在上海考察时就指出,"人才资源是第一资源,也是创新活动中最为活跃、最为积极的因素。没有人才优势,就不可能有创新优势、科技优势、产业优势。"2014年8月18日,习近平总书记在中央财经领导小组第七次会议上的讲话中明确指出:创新驱动实质上是人才驱动。中共十九大报告进一步指出:加快建设创新国家。创新是引领发展的第一动力,是建设现代化经济体系的战略支撑。培养造就一大批具有国际水平的战略科技人才、科技领军人才、青年科技人才和高水平创新团队。

甘肃要加快形成以创新为主要引领和支撑的经济体系和发展模式,使改革动力加速释放、创新活力不断涌现,必须首先开发科技人才,为科技人才营造良好的环境,以此来取得巨大的创新发展推动力。

二、甘肃省科技人才开发中存在的问题

中共十八大以来,甘肃省科技人才的开发取得了较好的成效,但是与甘肃省创新驱动发展的要求相比,还有许多不相适应的地方。

1. 科技人才总量少。2016年甘肃省R&D人员达到39 796人,其中大学本科及以上学历人员为30 593人,占76.9%;女性人员为11 529人,占29%。R&D人员按执行部门分,企业为18 948人,科研机构为7 485人,事业单位为3 675人。2016年,甘肃省科学研究与技术服务业事业单位机构从业人员共15 460人,科技活动人员为10 889人,其中大学本科及以上学历有8 021人、博士学位有1 357人,硕士学位有2 158人。2016年甘肃省有R&D活动机构695个,其中企业有482个、科研机构有93个、高等院校有54个和事业单位有66个。在甘肃

工作的两院院士只有19名,领军人才为1 008人,国家"千人计划"为15名。

总体来看,甘肃省科技人才呈现出总量少、高层次创新人才数量少、拔尖科技人才和创新团队比较少、科技人才中高水平的青年技术带头人短缺,电子信息、新能源、环保等战略性新兴产业领域和前沿学科的学术带头人匮乏的特点。企业是科技人才施展创新能力的主要平台和载体,根据对51家战略性新兴产业骨干企业的问卷调查,研发人员仅占企业员工总数的15.35%,大学专科以上学历人员占职工总数的45.76%,64%的企业认为技术创新面临的主要问题是缺乏科技人才。

2. 科技人才分布不均衡。甘肃省科技人才在地域、领域、所有制、产业分布上很不均衡。从地域上看,甘肃省61.36%的高等学校、62.79%的独立科研院所、19.78%的规模以上工业企业、59.60%的高新技术企业、36.31%的企业技术中心聚集在省会兰州。兰州、天水、定西、武威、金昌、酒泉和白银7市拥有的工程技术(研究)中心、企业技术中心占到了全省的80%以上,34.6%的有R&D活动的单位、53.8%的R&D人员集中在兰州。兰白地区承载着甘肃省90%的科研机构、42%的大中型工业企业、75%的高校以及77%的科技人才。目前,兰白实验区拥有两院院士15位,研发人员占全省的57.3%,高级职称人员占全省的79.2%,万人R&D人员为44人,明显高于全省16人的平均水平,规模以上工业企业R&D人员占全省41.5%。

从领域分布上看,甘肃省高级职称以上专业技术人员仅占专业技术人员的6.5%,且主要分布在教育、卫生领域,教育、卫生、党政机关所拥有的人才占甘肃总人口的60%以上,科学研究和工程专业技术人才较少。

3. 科技人才创新能力较低。甘肃省科技人才由于受经济发展水平、地域、发展条件等因素的限制,人才创新能力相对较低。2016年,甘肃省登记科技成果仅为1 276项,其中仅有7项重大科技成果获得国家奖励二等奖。2016年甘肃省专利申请受理数为20 276件,其中发明专利申请量受理数6 114件,而发明专利授权数仅为1 308件,万人平均授权发明专利1.93件,全国排名第25位。2015年甘肃省公开发表国际论文数6 938篇,居全国第20位,2016年甘肃省共成交技术合同5 252项,成交额为150.8亿元。

4. 科技人才流失较严重。甘肃省在1990~2013年,流出的科技人才多达50 000人,而同期调入的科技人才不足7 000人,在流出的科技人员中,约有1/2以上的人属于中高级技术人才。中科院兰州分院、兰州大学等重点科研单位、高等院校跨省调出的高层次人才近500人,而同期从外省调入人才不足调出的1/2,高层次科技人才的流失呈现范围广、批量大、关键技术岗位多、青年人才多的特点。甘肃省省属41家国有企业近两年流失人才3 765人,其中高级专技术人才占 28.6%；省内 11 所重点科研单位近五年调往省外的硕士、博士和覆盖以上职称的人才达到 398 人。

5. 科技人才施展能力的平台和载体不够。2016 年，甘肃省有 R&D 活动机构 695 个，其中企业有 482 个、科研机构 93 个、高等院校 54 个、事业单位 66 个，企业仍然是科技创新人才施展创新能力的重要平台。而目前全国科技型创新企业 42 000 家，其中广东省 1 万多家，安徽省 4 000 多家，而甘肃省仅有 320 家。科技企业支撑力度不够，科技成果在省内市场转化能力严重不足，人才创新驱动力和持续性较差，造成甘肃省 80% 以上科研成果外流，科技人才随项目外流现象严重。

6. 科技人才创新平台建设投入不足。2016 年，甘肃省 G&D 经费总支出 87.0 亿元（其中企业为 51.9 亿元，科研机构为 25.5 亿元，高等院校为 7.7 亿元，事业单位为 1.9 亿元），占 GDP 比重为 1.12%，距离全面小康 2.5% 以上的目标差距很大。甘肃省规模以上工业企业对科技投入只占主营业务收入的 0.54%，远未达到"十二五"提出的 1% 的目标任务。通过对 51 家战略性新兴产业骨干企业的问卷调查，企业研发投入占当年销售总额平均为 5.12%。目前甘肃省科技风险投资、天使基金等投资机构数量少、规模小。由于长期对科技创新研究企业重视程度不够，导致政府财政投入跟不上去，科技创新平台建设滞后。

科技人才存在的问题极大地约束了甘肃的创新驱动发展，使得创新发展动力严重不足。因此，必须通过实施更加积极开放、有效的科技人才开发策略来吸引、留住、用好人才，形成对甘肃创新发展强大的智力支撑；另外，区域创新能力的提升也会更好地吸引和成就科技人才。

三、创新驱动发展背景下甘肃省科技人才开发策略

1. 树立强烈的科技人才开发意识。有研究表明，发展中国家和发达国家人均 GDP 差距日渐缩小，主要归功于知识和技能的传播。甘肃省要缩小与发达地区的差距，实现经济社会的转型跨越发展，必须用战略眼光看待人才工作，树立人才优先发展理念，因地制宜、因时制宜，形成强烈的"人才意识"。具体来说应当树立以下的人才观：（1）人才是实现民族振兴、赢得国际竞争主动、地区经济社会发展的重要战略资源，"创新发展第一要务"靠"人才第一资源"来支撑引领。习近平总书记指出："尚贤者，政之本也。"只有从心底里尊重知识、尊重人才，真正从思想和行动上认识到人才对经济社会发展的重要作用，认识到科技人才是甘肃创新发展的"第一资源"，才能更好地为科技人才发挥聪明才智创造良好条件，营造宽松环境，提供广阔平台。（2）尊重劳动、尊重知识、尊重人

才、尊重创造。要通过大力而持续的宣贯活动，积极宣扬科技人才在各个科技创新领域的重要作用，让各级政府、各级领导、广大人民群众从思想上提高对于科技人才的认识，在全社会上形成"尊重劳动、尊重知识、尊重人才、尊重创造"的社会氛围，让科技人才真正能够被重视、被尊重、被重用。（3）创新驱动的实质是人才驱动。必须真正理解"创新驱动就是人才驱动"的内涵，优先进行科技人才布局，从科技人才培养、选拔、使用、激励、评价、公共服务等成长全链条进行优先谋划和布局，以科技人才优先发展之功收人才引领创新发展之效。（4）"人人皆可成才、人人尽展其才"。甘肃省经济发展相对落后，自然环境比较恶劣，因此对科技人才的吸引力较弱，甚至出现花重金吸引来的人才又纷纷跳槽到发达省份的现象。因此，甘肃省应当树立"人人皆可成才、人人尽展其才"的人才观，首先做好"内功"，率先创新改革科技人才体制机制，破除人才体制机制对现有人才的束缚，只要能够"为我所用""创造有益价值"，就给予所需所用人才相应的待遇，让每个人才的作用都能被充分地激发出来，让每个人才都能够被恰当地使用，这样不但节省引才成本，也能激活由于体制不顺造成的人才存量。（5）"人才优价"的人才观。甘肃省经济社会发展相对落后，省内高校和科研院所教学、科研和生活条件与发达省区相比存在着较大差距。在这种情况下，要留住科技人才，尤其是高层次科技人才，必须要优先保证人才的物质生活，让人才能够体面地生活，同时还要让真正做出成果的科技人才能够在成果中获益，体现人才的资本价值。

2. 积极营造创新的社会氛围。要营造浓厚的创新社会氛围，首先，要坚持科技人才引领创新发展的观念，将科技人才发展列为创新驱动发展的重要评价指标，围绕甘肃省重大科研项目和重点科技产业发展研究制定相应的科技人才支撑政策和措施，促进科技人才开发与甘肃科技创新发展的深度融合；其次，要在全社会大力倡导敢为人先、敢冒风险、宽容失败的创新风尚，使一切有利于社会进步的创新愿望得到鼓励、行动得到支持、成果得到尊重，形成创新光荣的鲜明导向，为科技人员营造一个良好的创新社会环境；再次，还要加强各类媒体对科技创新的新闻宣传和舆论引导，报道一批科技创新先进事迹，树立一批科技创新典型人物，让尊重创新人才在全社会蔚然成风；最后，要丰富科技创新活动，鼓励社会力量围绕科技创新组织开展各类科技公益活动，组织开展小学生、中学生、大学生创新大赛，各科研院所组织"开放日"活动，聘请科技专家深入大学、中小学进行科技创新讲座等，来提升全社会参与科技创新的积极性和热情，为培养潜在的科技创新人才打下广泛的社会基础。

3. 加强科技创新平台和载体的建设。科技创新平台和载体是吸引和集聚科技人才的重要基础，甘肃省要想吸引和集聚大量科技人才，必须大力发展各类高新技术开发区、创业园区、企业孵化器等技术研发和产业开发平台，尽力为人才施展才华提供土壤、创造机会。可以依托兰州新区、兰州高新技术产业开发区、兰州经济技术开发区和白银高新技术产业开发区，整合政策资源和创新要素，打造创新核心区域、现代产业创新集群、科技创新示范区，通过外部引进、联建共建、整合提升、自主建设等多种形式，合理布局、突出重点、多措并举，着力实施科技创新工程，打造一批科技创新的重点机构、重点企业、重点单位，形成区域性科技创新人才集群。企业特别是高新技术企业，是推动自主创新的主体，也是最具潜力的创新人才载体，因此必须充分发挥企业作为人才发展载体的重要作用，强化企业创新主体地位，深入实施企业技术创新培育工程，引导各类创新要素向企业集聚，加快建设以企业为主体、市场为导向、产学研相结合的技术创新体系，深入推进创新链、产业链、资金链、政策链、服务链融合发展。另外，还可以通过充分发挥甘肃省确定的重大科技、工程项目的带动作用，通过建立项目与人才引进一体化的"招商引资＋招才引智"模式，重点引进科技含量高、有高层人才支撑、在行业内处于领先水平的高端项目，发挥项目对高端人才的带动、吸附和培养作用，实现项目与人才有机对接。最后，通过构建支持创新的科技金融服务体系，重点推动科技创业投资体系建设，引导和鼓励商业银行资金、社保资金、证券公司资金及其他金融机构逐步进入甘肃创新创业投资领域，大力支持民间资本和个人投资创新创业企业。

4. 突出抓好重点领域区域高层次科技人才的开发。高层次科技人才已成为一个国家和区域核心竞争力的重要标志，对提高经济科技发展水平和提升国际竞争地位起着关键性的作用。甘肃省可以根据确定的重点发展领域来重点开发高层次科技人才，例如兰白地区主要开发石油化工、有色冶金、生态环境保护、装备制造、新材料、生物医药、生态环境保护、特色农畜产品加工等高层次科技人才；酒嘉地区主要开发风光新能源研发、装备研发和制造应用技术等高层次科技人才；金武张掖地区主要开发生态建设、环境保护、节水农业、生态农业、制种业、沙产业等方面的技术研发人才；平庆地区主要开发煤炭、电力、石油化工、资源勘查等方面的高层次科技人才；天水、陇南地区主要开发装备制造、电工电器、电子信息、特色农林等重点产业高层次研发人才；甘南、临夏、定西主要开发特色农产品、生态畜牧业、特色旅游、中（藏）医药产业、民族文化和特色民族用品开发加工等方面的人才。通过开发重点发展领域的高层次科技人才，让高层次科技人才带动重点领域重大科技项目的快速发展，同时也能引领整个科技人才队伍的发展与科研水平的提升。

5. 强化科技人才发展机制体制和政策创新，做好人才保障服务。人才体制机制和人才政策是影响科技人才作用发挥的重要制度因素，发挥科技人才在创新驱动发展中的作用，就必须着眼于用好用活科技人才，提高科技人才效能，改革完善培养发现、评价使用、流动配置、激励保障等一整套人才机制，强化科技人才使用与创新驱动的衔接，从而为创新发展提供坚强的人才保障。

人才体制机制的创新必须要抓住和突出重点，坚持问题导向，根据地域、产业以及科技人才发展的具体需求来进行创新。例如，在人才培养上，根据区域经济社会发展重点需求导向和国际、国内科技发展的趋势，优先建立与高校学科专业、类型、层次和区域创新布局、国际国内科技发展趋势相适应的动态调整机制，加强对区域科技人才需求预测和趋势判断，同时可以通过访问研修、项目攻关、学业深造、实践锻炼、继续教育、合作交流等方式优先培养需要的本土科技人才，通过实施专业技术人才知识更新工程，聚焦科技创新领域，集中开展高层次和紧缺急需专业技术人才专项培训，壮大科技人才的队伍，提升科技人才的素质和创新能力。在人才引进上，本着节约成本的原则，在用好现有科技人才的基础上实施精准科学引进科技人才，依托国家重大人才计划，围绕科技重大专项和战略性新兴产业发展需求，重点引进一批从事国际前沿科学技术研究、带动新兴学科发展、提升产业层次或填补产业空白的杰出科学家和研究团队，要立足于柔性引才（平台引才、合作对接引才、项目招标引才、岗位特需引才、海外筑巢引才、亲情乡情引才），以用为主（户口不迁、关系不转、合同约束、自由流动），让科技人才来去自由、出入自由。在人才评价上，应该破除对科技人才评价过死的"硬杠杠"，积极对科研单位下放科技人才评审权，对从事基础研究、应用研究、成果转化、科研辅助等不同活动的人才实行不同的评价方法，主要注重对人才实践能力、创新能力和成果转化能力的评价，科技成果转化人才突出转化效益效果评价，注重产值、利润等经济效益和吸纳就业、节约资源、保护环境等社会效益，同时在人才评价过程中可以考虑采用本土标准、本地标准和本单位标准。在人才流动上，打破户籍、地域、身份、学历、人事关系等制约，畅通党政机关、企事业单位、高校、科研单位、社会各方面科技人才流动渠道，为科技人才跨地区、跨行业、跨体制流动提供便利条件，允许科技人才离岗或在岗创新创业，允许高校、科研院所设立一定比例流动岗位，吸引有创新实践经验的企业家和企业科研人才兼职，同时注意对边远贫困地区实行科技人才倾斜政策，加大政策的扶持力度，促使科技人才向这些地区流动，加大脱贫攻坚的力度；在科技人才使用过程中，坚持有效使用、恰当使用、公开公平公正地使用，形成能够使科技人才脱颖而出的充满活力的用人机制，赋予科技人才更多的自主权，减少对科研创新和学术活动的直接干预，赋予领军人才更大的机构设置、人财物使用处置权和技术路线决策权，真正为科技人才松绑；在科技人才激励上，发挥收入分配政策的有效激励作用，使科技人才的收入与岗位职责、工作业绩、实际贡献、创新能力紧密联系，鼓励用人单位采取股权、期权、扩大技术入股比例等多种形式对人才进行奖励，加大对高水平创新成果和青年杰出科技人才的奖励力度，加大高校、科研院所科技成果转移转化奖励的力度，在扣除其处置过程中的直接费用后，其净收入的70%或以上可用于奖励个人和团队。通过加大物质激励，在满足让科技人才有尊严的生活的基础上，再采取多种激励方法（成就激励、平台激励、乡情激励、人际关系激励、情怀激励、倾斜政策激励、生活环境激励等）相结合的方式，让科技人才真正在"经济上有酬、政治上有位、社会上有名"。

同时，还要加大科技人才相关政策的创新、宣贯和落实力度，为科技人才营造一个良好而又宽松的制度体系和制度环境。

6. 营造科技人才创新创业的生态环境系统。创新是各创新主体、创新要素交互作用下的一种复杂涌现现象，其中涉及多个主体要素（如企业、大学、科研机构、中介机构和金融机构等）、多重资源要素（如知识、技术、人才、信息、资金和基础设施等）、环境要素（如市场环境、法规政策、教育基础、创新文化等）。

未来的人才竞争说到底就是人才环境的竞争，也可以称为人才创新创业生态环境竞争。一般来说，创新创业生态环境包括以下几个方面：宜居宜业的生活环境、集群发展的高科技先锋企业、开放的大学和科研院所、集聚的创业资本和风险投资家、专业服务的孵化器、多元融合的创新创业文化、大力营造鼓励创新宽容失败的文化氛围、大力弘扬创新创业文化、构筑开放型人才环境、建设市场化人才环境、打造人才公共服务环境等。

目前甘肃省的兰白科技创新改革试验区就为科技人才创造了一体化的创新创业生态环境：良好的区位优势、大型产业集群、创新的孵化环境、各类创新平台和产学研联盟、优惠政策优势、人才集聚和吸附优势、创新的体制机制、宜居宜业的居住和商务社区共同形成一个相互连接、共同作用、全方位、立体式、充满生机和活力的创新创业生态环境，也为科技人才的发展提供了一个良好的生态环境。

营造良好的创新创业生态系统需要政府、市场和社会力量的综合作用，甘肃省应该下大力气，通过营造良好的科技人才生态环境，形成完整的技术链、人才链、资金链、政策链、服务链，以促进人才创新成果顺利产业化，进一步促进创新驱动发展的顺利实施。

参考文献

[1] 中共甘肃省委、甘肃省人民政府关于加快推进人才工作创新发展的意见．

2014 – 12 – 15.

［2］中共甘肃省委、甘肃省人民政府贯彻落实《中共中央、国务院关于深化体制机制改革加快实施创新驱动发展战略若干意见》的实施意见. 2015 – 8 – 28.

［3］甘肃省人民政府办公厅关于印发甘肃省"十三五"科技创新规划的通知. 2016 – 9 – 30.

［4］兰白试验区人才发展规划. 2015 – 9 – 11.

［5］兰白科技创新改革试验区发展规划（2015—2020）. 2016 – 5 – 10.

［6］甘肃省"十三五"科技创新规划. 2016 – 10 – 25.

［7］中共甘肃省委关于深化人才发展体制机制改革的实施意见. 2016 – 12 – 4.

［8］2016 年全省科技创新调研报告汇编. 甘肃省科技厅. 2016 – 8.

［9］李文卿. 甘肃科技发展报告（2017）［M］. 兰州：甘肃科学技术出版社，2017.

［10］柳卸林，高太山. 中国区域创新能力报告 2014——创新驱动与产业转型升级［M］. 知识产权出版社，2015.

［11］中国科协调研宣传部，中国科协创新战略研究院. 中国科技人力资源发展研究报告 2014［M］. 北京：中国科学技术出版社，2016.

［12］蔡学军，孙一平. 人才工作支撑创新驱动发展——评价、激励、能力建设与国际化［M］. 北京：经济科学出版社，2016.

［13］中华人民共和国科技部. 中国科技人才发展报告（2016）［M］. 北京：科学技术文献出版社，2017.

［14］刘勇，杜英. 甘肃省创新驱动发展面临的问题、制约因素与重点路径分析［J］. 甘肃科技，2015（9）.

［15］孙锐. 西部地区如何推动创新创业［N］. 光明日报，2015 – 4 – 7.

［16］范义. 甘肃加快实施创新驱动的思考［N］. 甘肃日报，2015 – 4.

［17］杨雪，曾婷. 四川省实施创新驱动发展战略的人才队伍建设研究［J］. 创新型科技人才管理，2016（5）.

［18］孙德义，张向前. 我国"十三五"期间适应创新驱动的科技人才激励机制研究［J］. 科技管理研究，2015（11）.

［19］张豪，张向前. 我国"十三五"期间适应创新驱动的科技人才评价机制研究［J］. 科技与经济，2015（8）.

［20］杨璐瑶，张向前. 我国"十三五"期间适应创新驱动的科技人才发展机制的制度分析［J］. 科技管理研究，2016（7）.

[21] 李文梅,刘小婧.“十三五”期间福建省科技人才创新驱动发展策略研究[J].创新科技,2016(11).

[22] 桂昭明.创新驱动与人才发展的相关性[J].中国人才,2016(2).

[23] 陈治华.做好甘肃人才工作的几点思考[N].甘肃日报,2017-7-31.

[24] 陈治华.甘肃省创新型人才资源开发的战略思考[J].甘肃理论学刊,2011-9-20.

(作者单位：甘肃省委党校工商管理教研部)

"一带一路"背景下甘肃文化旅游产业创新发展研究

陈 源

国家主席习近平在2013年9月和10月出访中亚和东南亚国家期间，先后提出"丝绸之路经济带"和"21世纪海上丝绸之路"的构想，简称"一带一路"。在当今世界呈现出多极化、经济全球化、文化多样化特征的背景下，"一带一路"倡议成为在政治、经济、文化等多个层面上具有重大意义的国家战略，成为国际社会高度关注的热点。

"一带一路"以"互联互通"为核心，作为经济贸易与文化发展并存的双核战略，为我国文化产业的新一轮发展、国家文化软实力的稳步提升提供了契机。在跨界融合的背景下，文化旅游产业作为中国产业发展中的新型产业，强调旅游业和文化产业协同发展，寻找我国文化产业外溢式发展的新路径，以文化促进、拉动地方经济发展的同时具有低能耗、可持续的产业优势，因此成为各级政府大力推广的产业发展模式。

甘肃省地理位置独特，处在"丝绸之路经济带"的"黄金段"。因此"一带一路"的不断建设和发展，必将会给甘肃带来重大的发展机遇和挑战。结合"一带一路"倡议所提及的推动新兴产业合作，促进上下游产业链和关联产业协同发展的有关要求，针对甘肃文化旅游产业发展现状，研究甘肃文化旅游产业创新发展路径便显得十分必要。

一、"一带一路"背景下甘肃文化旅游产业发展的优势

（一）区位

甘肃地处欧亚大陆桥的核心通道，地形狭长，东连陕西、通中原腹地，西接天山南北、直达中亚西亚，南与青藏高原毗邻，北与蒙古高原接壤，是古丝绸之路的咽喉要道，是华夏文明与域外文明交流融合之地，也是中国与欧亚各国经贸

往来、文化交流、交通运输的必经之道，在促进中外交流与发展方面具有举足轻重的作用，战略地位和区位优势明显。从历史上看，甘肃处在古代丝绸之路上的关键地带，有著名的河西走廊连接中原和西域地区，是古代中原王朝向外传播文化与经贸往来最重要的通道。时至今日，甘肃及其河西走廊依然是交通要塞，经由中西亚通往荷兰鹿特丹的欧亚跨国大铁路就从这里经过，国家通往新疆的重要的陆路交通也必经过甘肃，这就赋予了甘肃非常重要同时也颇为独特的战略地位。

丝绸之路全长近 7 000 千米，中国境内总长 4 000 多千米。"丝绸之路"甘肃段因其东连中原地区、西接中亚、北通蒙古草原、南通青藏高原的特殊地理位置，在历史上是中国陆上丝绸之路的核心路段。在甘肃境内绵延 1 600 多千米，占陆上丝绸之路的 1/4，中国境内的 1/2。古老的丝绸之路横贯甘肃全境，留下了丰富的文化遗产和历史遗迹，承载并见证了丝路文明的光辉历史。

（二）交通

"一带一路"倡议是以运输通道为纽带，以互联互通为基础，以多元合作机制为特征，以打造命运共同体为目标的新型区域合作安排，其中道路联通是首要问题。甘肃充分发挥交通优势，从铁路、公路、民航全面打造丝绸之路运输体系。甘肃制定了《丝绸之路经济带甘肃段"6873"交通突破行动实施方案》；甘肃 14 个市州确定的交通突破行动公路、铁路、民航建设计划投资规模超过 1 万亿元；设立了武威保税物流中心和兰州新区综合保税区，兰州中川机场和敦煌机场航空口岸正式开放。目前在铁路方面，已经基本建成的高速铁路将贯穿"丝绸之路经济带"，正在形成以兰州为中心的铁路综合交通中心；公路方面，五个国家级公路运输枢纽建设正在紧张有序地进行，丝绸之路国际公路港逐步形成；民航方面，不断开辟各种国际航线，实现与沿线国家的联通，架起了"丝绸之路经济带"的"空中走廊"。

（三）发展政策

根据"一带一路"倡议，甘肃成为"丝绸之路经济带"重点发展的西北六省区（包括新疆、陕西、甘肃、宁夏、青海、内蒙古）之一，"一带一路"中提出的互联互通、区域合作、论坛展会、交流学习，为甘肃文化旅游产业的发展提供了一些思路。2015 年 4 月甘肃省依托"一带一路"建设，出台《甘肃丝绸之路经济带建设大景区总体规划纲要》，2016 年 4 月甘肃省交通运输厅编制了《甘肃省 4A 级及以上旅游景区连接道路建设实施方案》。[①]

（四）生态文明

丝绸之路要道在甘肃境内的相对固定与甘肃历史上特殊的生态环境息息相关，甘肃境内生态环境多样化，有敦煌的沙漠、酒泉的戈壁、张掖的湿地、甘南的草原、陇南的森林，沿线的河流、植被、山地等决定线路走向的诸多自然元素，也承载着促进生态文明发展的特殊价值。生态是经济、文化等发展的坚实基础，习近平总书记说过："既要金山银山，又要绿水青山。"因此，文化产业的发展需要以生态文明建设为依托，不断促进生态文明建设和文化旅游产业发展的完美融合与协调统一，使文化旅游产业"健康绿色"发展。

甘肃地处黄土高原、青藏高原、内蒙古高原三大高原的交汇处，是我国西北地区重要的生态安全屏障，是黄河、长江的重要水源涵养区。但自然条件严酷、生态环境脆弱。国务院 2010 年 12 月 24 日正式批复了《甘肃省循环经济总体规划》，提出把甘肃省建成国家循环经济示范区。2014 年 12 月 18 日，国务院常务会议通过《甘肃省加快转型发展建设国家生态安全屏障综合试验区总体方案》。甘肃省也将"以国家生态安全屏障综合实验区为平台，加大生态保护治理力度"写入政府工作报告，甘肃正式开始建设国家生态安全屏障综合试验区的伟大征程。

（五）文化

甘肃是华夏文明的重要发祥地，是古老丝绸之路的必要组成部分，也是连接新疆、青海、宁夏、内蒙古的纽带，有着独特的地理环境和文化遗产。古老的丝绸之路使多样的地域特色文化得以积聚，也使甘肃文化得以积累。甘肃文化文物资源总量在全国位居前列。甘肃的文化资源类型多样，数量众多，是闻名遐迩的文物大省。世界文化遗产共有 7 处，与北京并列为全国第二。沿线烽燧、城址、驿站、渡口、关隘、墓葬、寺塔、石窟等文化遗址遍布，汉晋简牍、敦煌文书、金石碑刻、壁画造像等出土文献和艺术品内涵极为丰富，大地湾一期文化是中国彩陶起源于甘肃的有力证明。马家窑文化开启了中国青铜时代的孕育期，齐家文化玉仪卫器和玉礼器的出现，标志着齐家文化已走进文明大门。[②] 甘肃是名副其实的中国彩陶艺术之乡，又是世界上独一无二的规模壮观的石窟走廊和艺术长廊。甘肃还是我国近代四大文献考古发现的两大奇观——敦煌遗书和汉代简牍的

[①] 徐娟秀，郑蓓媛."一带一路"战略背景下甘肃文化旅游业创新发展的几点意见 [J]. 赤峰学院学报（自然科学版），2017（1）：61 – 62.

[②] 刘光华. 甘肃通史·先秦卷 [M]. 兰州：甘肃人民出版社，2013.

出土地，是最能代表丝绸之路学术成就的举世瞩目的国际性显学——敦煌学、简牍学、西夏学的故里。甘肃境内历代长城的总长度近5 000千米，可以说甘肃是"长城之省"。甘肃是丝路沿线人类口头与非物质文化遗存十分丰富且颇具特色的地区。《四库全书》完整传世的只有三部，其中的文溯阁本就保存在兰州黄河之滨的九州台上。① 有关数据显示，甘肃共有远古时代以来的遗址遗迹17 000余处，其中，世界文化遗产7处（敦煌莫高窟、嘉峪关万里长城、玉门关、悬泉置遗址、锁阳城、炳灵寺和麦积山），国家重点文物保护单位72处、省级重点文物保护单位625处；非物质文化遗产27 000余种，其中，世界级有2项（甘南藏戏、洮岷花儿）、国家级有61项、省级有270项。因此，甘肃是一个独具特色文化底蕴的地域。②

1. 敦煌文化。敦煌文化丰富多样，包含宗教、文学、绘画、考古、服饰、舞蹈等，是集宗教精髓、悠久的历史文化于一体的世界文化遗产，具有较高的民族灵魂和历史价值，被称为"古代学术的海洋"。敦煌文化闻名于全国，而最著名的莫过于莫高窟的敦煌壁画，其形式多样、内容多彩、规模庞大，如家喻户晓的千手观音、敦煌飞天、大梦敦煌、反弹琵琶等。著名国学大师季羡林曾经说过："世界上历史悠久、地域广阔、自成体系、影响深远的文化体系只有四个：中国、印度、希腊和伊斯兰。而这四个文化体系交汇的地方只有一个，这就是中国敦煌和新疆地区。"敦煌文化之灿烂，是中华文化之璀璨。敦煌的保护、研究和开发成为传统文化保护和传承的典范。敦煌国际文化旅游名城是华夏文明传承创新区建设的首位工程。"一城一会"在敦煌的保护、研究和开发历史上是一个新起点，它标志着敦煌的保护、研究和开发在新的历史条件下，迈向了国际化、高科技化、学术化、高端化、品牌化的新阶段。

2. 石窟文化。石窟文化伴随佛教文化而流传到甘肃河西，并逐渐发展壮大，因此，甘肃享有"石窟长廊"之称。甘肃著名的石窟有敦煌莫高窟、张掖马蹄寺石窟、武威天梯山石窟、天水麦积山石窟等。其中，敦煌莫高窟享有"东方艺术明珠"的称号，主要由呈现不同民族文化的壁画、洞窟和彩塑组成，是我国现存规模最大的石窟。而天水麦积山石窟，被称为"东方雕塑陈列馆"，是我国泥塑艺术发展和演变的象征。麦积山石窟以夸张、抽象的方式来体现人们现实生活的面貌，具有浓浓的生活气息。随着历史的演变和文化的积淀，石窟文化源远流长，包含了宗教、文学和艺术，是丝绸之路的巨大财富。

3. 中华伏羲文化。甘肃是"人文始祖"伏羲、女娲和轩辕黄帝的诞生地，是中华民族和华夏文明重要的发祥地之一。天水中华伏羲文化作为中华文化之

---

① 刘基，刘再聪. 华夏文明在甘肃·历史文化卷［M］. 北京：人民出版社，2013.
② 马冰玉，冯娅楠. "一带一路"背景下甘肃文化产业发展新考究［J］. 丝绸之路，2017（18）.

源、民族之魂源远流长。"三皇五帝"为中华民族的人文始祖,太昊伏羲氏位居"三皇之首""百王之先"。伏羲和伏羲文化凝聚着中华民族最深沉的民族精神、文化理念和价值追求。加大对伏羲、女娲、轩辕为代表的始祖文化的传承、保护、开发和利用,打造全球华人向往的寻根祭祖圣地,对于进一步加强海内外华人感情交流、增强民族凝聚力和文化认同感,对于扩大开放推动甘肃经济社会的转型跨越发展,都将产生巨大的推动作用。①

4. 民族宗教文化。甘肃是多民族聚居区,包括回族、藏族、东乡族等16个少数民族。在历史发展过程中,不同民族文化相互融合、相互借鉴,随着历史的演进,逐渐形成了独特的民族宗教文化,同时这也是民族的精神与灵魂。由于民族聚居的性质,甘肃形成了五大宗教,即伊斯兰教、佛教、天主教、基督教和道教。其中,信仰伊斯兰教和佛教的人数居多,信仰伊斯兰教的主要有回族、东乡族等;信仰佛教的有蒙古族、土族等。而对于其余三大民族宗教来说,则信仰的人数较少。因此,五大民族宗教的存在,使得甘肃民族宗教文化独具特色、历史久远。

5. 河西走廊文化的代表——汉晋简牍。在古代,竹木简牍是通信的重要手段,而汉晋简牍则见证了中原王朝对甘肃河西以及西域的开拓。在甘肃,河西走廊享有"汉简之都"之称。至今,甘肃已出土几万枚历代简牍,部分收藏于甘肃省博物馆。甘肃汉简涵盖武威汉简、敦煌汉简、甘谷汉简和永昌水泉子汉简等六类。据研究,出土的简牍多属于秦汉时期,是当时政治、文化、军事、民族、宗教、社会等方面的具体体现,为秦汉时期历史的解读奠定了坚实的基础。政治方面,如古代官制、法律等;经济方面,如农垦屯田、区域经济等;军事方面,如边塞兵器、边防设施等;文化方面,如文书档案、历法等;社会方面,如两汉时期尊礼高年、民族关系、宗教传播等。

(六) 发展平台

"一带一路"甘肃黄金段集聚了华夏文明传承创新区、丝绸之路(敦煌)国际文化博览会和敦煌国际历史文化旅游名城三大文化战略平台,其中华夏文明传承创新区是国务院迄今为止批复的唯一一个文化建设战略平台。另外,甘肃着力打造经济、文化和经贸合作三大战略平台,在《"丝绸之路经济带"甘肃段建设总体方案》中提出,要构建兰州新区、敦煌国际文化旅游名城和"中国丝绸之路博览会"三大战略平台。

---

① 宋春光,赵梓鑫,马玲. "一带一路"视角下传承中华伏羲文化的思考[J]. 发展,2016 (10):61-63.

二、"一带一路"背景下甘肃文化旅游产业发展的限制因素①

(一) 文化旅游产业发展基础薄弱

"一带一路"沿线连接着甘肃的很多地区,各个地区都有独特的民族、地区特色和风土人情,且沿线地区的经济水平、文化基础、地区管理都不同。因此,文化旅游产业的发展难免会存在地区发展不平衡现象,造成这种现象的原因很多,例如地区的交通便利性、民族宗教信仰、地区文化产业、地区网络技术水平等。另外,景区配套设施欠缺,智慧旅游服务设施建设相对落后。我国很多景区现在建立起了智慧旅游服务设施体系,包括:景区语音导播系统、自助售票系统、自助停车以及网络咨询中心等。甘肃省景区相关的旅游服务设施建设相对落后,缺少必要的旅游服务配套设施。其次,甘肃省内交通条件相对落后,与周围省市的交通条件也不是很好,市场推广力度、安全环境等因素也在制约着甘肃省旅游业的发展。

在文化旅游产业建设的同时,也应考虑当地的经济、社会等方面的因素,因地制宜,逐渐提高地区文化旅游产业建设的发展水准,尤其对相对薄弱的环节,更要视为关键,使得区域文化旅游产业均衡发展。另外,要加强区域的基础设施建设,为当地文化旅游产业的发展提供源源不断的动力,使文化旅游产业不断繁荣。

(二) 沿线地区文化输出缺乏健全的发展与管理机制

甘肃文化产业资源丰富,但由于甘肃经济发展水平相对于其他省市较为落后,省内文化产业市场的发展潜力相对狭小,因此,"一带一路"沿线地区文化输出的发展能力还很欠缺,也缺少适宜的制度管理与指导。在这几年的发展过程中,甘肃的文化输出能力在逐渐得到提升,逐步建立起文化产业园,其资源丰富、内容形式多样、主题样式斑斓,包括舞蹈、艺术、文学、音乐等。文化产业的发展虽然多样,但是,也呈现出缺乏规范的规章制度的管理和约束的问题,使得文化产业缺乏完善的体系和较高知名度的品牌。"一带一路"倡议的提出,虽对文化产业的发展起了非常重要的引领作用,但是针对地区文化特色与需求,以"一带一路"为基础制定的相应的区域文化输出策略还不够完善。因此,沿线地区文化产业的输出发展还存在一定因素的影响,而这也是"一带一路"倡议亟待

---

① 马冰玉,冯娅楠."一带一路"背景下甘肃文化产业发展新考究 [J].丝绸之路,2017 (18).

解决的问题。

（三）旅游体制管理尚不健全

甘肃省旅游景区资源多头管理，造成景区建设滞后、成本增加、部门冗乱现象丛生。不仅如此，很多景区管理力度不够，景区商业化现象严重。例如，天水麦积山景区内，商业化现象比较严重，违章乱建普遍存在，许多农家乐建筑、商业建筑、管理建筑、宗教建筑等都带有很大的随意性，这对游客来说，其旅游满意度很低。旅游业属于服务行业，游客的体验度、满意度是景区发展的重要指标，而甘肃省旅游行业内普遍旅游服务理念较差、旅游安全存在隐患和旅游市场秩序不规范，在旅游投诉方面不能很好地落实，这些问题也在制约着甘肃旅游的良性发展。随着旅游的进一步发展，旅游消费者对产品质量的要求提高，权益保护意识增强，加强对旅游市场的规范、监督、检查，优化旅游环境、提高旅游及旅游服务质量、保护旅游者的合法权益，就成为目前旅游行业管理的主要任务及其要实现的主要目标。

（四）旅游产品资源分布不均

全省旅游资源丰富，但分布较为分散、不均匀，城市旅游发展不平衡。甘肃拥有丰富的人文旅游资源，可是文化旅游产品种类多样，主要以敦煌石窟文化旅游产品、嘉峪关长城文化旅游产品、天水伏羲文化旅游产品、甘南藏族民俗风情旅游产品、夏河拉卜楞佛教文化旅游产品、庆阳红色文化旅游产品为主。3A级以上较为知名的景区主要分布在天水、平凉、敦煌、嘉峪关等地，主要以人文景观为主。全省境内景区分散，旅游资源整合力度低，不利于甘肃省旅游产业集群化发展。据调查显示，2016年"五一"假日期间，全省共接待游客828.8万人次，实现旅游综合收入48.2亿元，同比分别增长22.2%和24.7%。全省四家5A级旅游景区接待游客分别为天水麦积山20.3万人次、平凉崆峒山10.35万人次、敦煌鸣沙山月牙泉1.98万人次、嘉峪关关城1.1万人次。省内其他重点景区接待游客情况为：永靖黄河三峡28万人次、临潭冶力关4.2万人次、张掖丹霞地质公园3.87万人次、景泰黄河石林3.63万人次、敦煌莫高窟1.07万人次，陇南、平凉、武威等地拥有丰富的文化旅游资源，却因交通或时间原因，旅游收入排名靠后。

（五）省内沿线地区缺少加强交流的共同文化

"一带一路"的建设与发展要将沿线地区紧密联系，因此要建立沿线地区相互联系和交流的共同文化。"一带一路"经过甘肃的很多市区，而每个市区虽属一个省，但其文化特色却迥然不同，都独自拥有地方民族特色、宗教文化、管理制度等，因此，每个地方的文化产业存在一定的区别。然而，各具地方特色的文化产业的多样化发展，促进了"一带一路"的不断繁荣，而这也需要沿线地区文化产业的紧密联系，形成沿线地区共同的文化特色，以实现"一带一路"的进一步繁荣。但由于甘肃是一个多民族聚居区，其地域、思维、语言、文化、历史渊源、信仰、宗教、社会环境等大不相同，因此，地区之间文化冲突难以避免，这使得建立共同文化的基础薄弱。而要加强沿线地区的文化沟通，建立沿线共同文化是根基，这无疑是"一带一路"实施过程中的一个重要影响因素。

（六）省际缺乏联动发展

甘肃省并没有充分利用其丝路文化积淀的优势与政策支持的优势同周边省市进行联动发展，其发展模式相对落后，使得甘肃省的旅游业还是处于相对落后的阶段。甘肃省应该与周围省市携手，共同创建在国内外都有知名度的丝路旅游品牌，推进丝路旅游市场一体化发展，从而带动丝路经济的再一次繁荣发展。

三、"一带一路"背景下甘肃文化旅游产业创新发展对策分析①

随着"一带一路"倡议的提出与推行，甘肃省的旅游业发展也迎来了新的契机。甘肃省应该充分发挥省内文化旅游资源众多的优势，挖掘文化内涵，对文化旅游产品、产品结构、旅游项目以及旅游线路进行整合、升级换代。加强旅游综合服务配套设施建设，提高服务意识、服务水平，从而促进甘肃旅游产业的健康有序发展。

（一）完善管理体制，建立行政协同合作机制，加大力度整治"权乱"问题

对于甘肃省来说，旅游主管部门应该以游客服务为己任，以提升旅游服务质量和旅游市场秩序为目标。加强各部门联动执法、共同监督。甘肃地区景区涉及很多宗教景观，因此在进行旅游宣传、针对游客投诉、加强景区管理等问题上实现旅游、宗教、建设、文物等多部门共同协作，相互监督、联合执法。同时甘肃省要处理好与周边省市利益分配关系，调动各方面积极因素，实现公共交通规划跨区域路线、景区门票联票制度以及人员调配机制，在旅游规划和接驳上实现互联互通。加强区域行政合作，打破地方保护主义和行政壁垒。

---

① "一带一路"背景下甘肃省旅游产业发展研究.

(二) 加强基础设施建设

大力改善交通条件,特别是高速公路和高铁的建设,促进东部发达地区到西部旅游,提高旅游的便利性和舒适性。2014年7月,新开行了兰州至敦煌的旅游专列,成为敦煌旅游首选的高品质列车。同年12月,兰新高铁全线通车,丝绸之路旅游正式进入高铁时代。2017年宝兰高铁、兰渝铁路相继建成通车,打通了西部至东部、南部地区旅游快速通道。2016年4月甘肃省交通运输厅编制了《甘肃省4A级及以上旅游景区连接道路建设实施方案》,提出甘肃省将于2016年底建设景区连接道路1 136千米,建设资金约306亿元,年底5A级景区全部实现高速公路连通。

(三) 加强省际文化交流合作,推动切实可行的文化旅游发展新模式

扩大文化旅游产业规模,深挖文化资源,拓宽其中文化旅游开发范围,从规模层面提高文化旅游产业的综合效率。例如,设立丝路旅游专项资金,省际间通过改善区域交通条件,从而促进区域内旅游业联合发展,共同进步。实施丝路交通畅通工程,建设跨区域航空、铁路、公路协调运行的立体化交通网络。以丝路城市为中点,游客集散地为结点,通过陆路与航空有机联接形成交通网,打造自驾游与团队出行兼顾的统一网状结构。整合各景区资源优势,以联合建设大景区为重点,加强旅游景区硬件服务设施建设,打造品牌文化旅游产品。引进了一批大项目、好项目投资,各条旅游线路深度整合包装,打造丝绸之路黄金段景区建设工程。实现资源共享、项目共建、产品互联、市场互动,从而共同将丝路旅游打造成国际旅游品牌。甘肃具有丝绸之路黄金段特殊的区位和独特的文化旅游资源优势。为了抓住"一带一路"建设的机遇,大力发展旅游业,助推向西开放,甘肃省旅游局正在研究制订有关方案,以全面提升旅游产业发展的规模和层次,打造丝绸之路国际旅游品牌,建设"丝绸之路经济带"甘肃旅游黄金段。2015年4月,甘肃省依托"一带一路"建设,出台《甘肃丝绸之路经济带建设大景区总体规划纲要》,计划到2020年建成20个年接待游客300万人次以上的大景区,形成精品丝路线、黄河风情线、华夏寻根线、民族风情线、中医药养生线、红色旅游线6条主题品牌线路。

(四) 促进国内各省市区域旅游合作,加强跨境旅游合作

甘肃作为"丝绸之路经济带"核心黄金地段,要抓住这一历史机遇,发挥"丝绸之路经济带"核心地段的带动作用,加强跨省区、跨国合作,积极打造

"丝绸之路经济带"文化旅游圈。首先,与国内"丝绸之路经济带"沿线城市和国内"21世纪海上丝绸之路"沿线城市进行旅游合作,推动国内丝绸之路文化旅游业发展。其次,加强"丝绸之路经济带"沿线国家和地区的城市合作旅游,以点到面,从线到片,从而构建"丝绸之路经济带"文化旅游圈。实现合作区域内文物共同保护、丝路文化发展与传承以及区域内经济共同发展。对区域内丝路旅游相关资源进行有机结合,整合线路与产品,打造跨省市的旅游线区和旅游线路,打造丝路旅游黄金品牌。2015年6月15日,甘肃省举办了第五届敦煌行·丝绸之路国际旅游节,甘肃省旅游局为配合节会举办推出了"丝绸之路自驾游护照""外国留学生甘肃旅游景区优惠卡"的优惠政策来吸引游客,联合西安、西宁、银川、乌鲁木齐成立"丝绸之路经济带"文化旅游城市联盟,搭建工作平台,推动"丝绸之路"文化旅游业的交流与合作。

(五) 实施针对性的市场营销

制作出版有关"丝绸之路经济带"文化旅游圈推介的图书、音像制品,运用互联网、手机等新媒体,通过网站、微博、微信、博客等传播平台,大力宣传"丝绸之路经济带"文化旅游圈建设,吸引国内外游客关注和参与"丝绸之路经济带"文化旅游圈旅游。特别是要通过针对旅游中间商的销售推广,邀请旅游中间商代表及旅游者代表参加精品旅游线路的体验和推广,提出宝贵意见,帮助宣传产品特色,发挥口碑效应,树立甘肃旅游目的地形象,提升丝绸之路文化旅游品质,挖掘丝路文化旅游精华。

(六) 优化文化产业的分布结构

甘肃虽然拥有丰富的文化资源,但各地区的文化产业发展极不平衡,省会兰州发展较快,而周边城市却处于薄弱环节,无法对兰州形成有力的支撑。"一带一路"倡议的实施,将有助于甘肃构建合理的文化产业分布体系。根据《甘肃省"十三五"文化产业发展规划》,甘肃省将布局三大文化产业区:陇东南文化历史产业区、兰州都市文化产业区和河西走廊文化生态产业,从而优化文化产业的分布结构。

(七) 开辟有影响力的文化旅游项目,提升文化产业品牌竞争力

甘肃省汇集了十分丰富的文化旅游资源,涵盖了知名历史文化遗存、文化内涵、历史文化名城等文化遗产,以及大漠戈壁、雪山草原、山川河流等自然景观,还有民俗风情等具有观光、休闲、科考、娱乐、康体等功能的旅游产品。但现有文化旅游产品却大多是资源依托型的旅游项目,急需可以吸引当下

境内外年轻旅游群体的大型文化旅游项目来引发、带动整个旅游产业链的发展。随着"一带一路"倡议的实施，将有利于文化产业品牌竞争力和创新力的提升。甘肃依靠"丝绸之路经济带""黄金段"的优势，敦煌文化、敦煌舞蹈、丝绸之路文化、民族民间文化蓬勃发展，努力打造出一批具有本土文化特色的品牌。

（八）推动地区城镇化，营造与文化旅游产业需求相契合、可持续发展的产业外部环境

通过基础设施建设以及住宿、交通业等相关行业发展来反哺文化旅游产业，设立跨省区、跨区域的文化旅游经济带，例如西北的陕西、甘肃、青海、宁夏、新疆等省区，可以共同挖掘世界文化遗产"丝绸之路"路网沿线的文化旅游资源，构建丝绸之路文化旅游圈，通过采取文化旅游资源集中的措施提高区域文化旅游产业的聚集程度，从而促进"一带一路"省区文化旅游资源的有效利用。①

（九）建立人才培养、人才合作交流机制

不管是前期旅游产品的研发、旅游线路的规划、旅游景区的建设，还是后期旅游服务等都是由工作人员来完成，因此培养各方面人才是促进甘肃省旅游业发展的重要手段。甘肃省应在教育培养人才方面加大力度，以培养综合性人才为目标，为当地旅游业发展提供人才储备。与此同时，还要建立本省与周围省市人才交流机制，交流先进经验、先进管理模式，加强合作，共同发展。最重要的是用战略的眼光、超前的意识把人才开发纳入经济社会发展整体规划，建立多层次、多渠道、全方位的旅游人才合作交流机制。

四、结论

发展旅游业是促进文化交流的重要方式，有很多文化产品的消费实际上是以旅游为载体来带动的。"文化旅游产业"概念提出已久，"以文化为内容""以旅游为依托"的文化旅游产业，② 因其综合性、开放性以及产业链长的特点，需要产业链各个环节的提升和质量保障。"一带一路"倡议在平台上为文化产业的发

---

① 李忠斌等. "一带一路"省区文化旅游产业效率研究——基于 PCA – DEA 组合模型 [J]. 广西师范学院学报（哲学社会科学版），2016（2）：42 – 47, 87.
② 邵金萍. 再论文化旅游产业的特征、作用及发展对策 [J]. 福建论坛（人文社会科学版），2011（8）.

展提供了软硬件支撑，其所倡导的以对外开放、"互联互通"为核心的理念对文化旅游产业具有极大的促进作用。甘肃省应当把握住大好时机，深挖文化内涵、拓展开放空间、加快开放步伐，加快文化与旅游产业深度融合，正确选择文化旅游的开发方式并突出特色，融入沿线文化旅游业大合作、大发展的进程，大力推动文化旅游走出国门、走向世界，借助"丝绸之路经济带"战略，使文化旅游产业发展迈向更新的领域。

（作者单位：甘肃省委党校经济社会发展研究所）

关于"一带一路"建设中
金融风险来源的综述

杜 乐

"一带一路"建设不光意味着利润,也蕴藏着各种各样巨大的风险:有中国的风险,也有沿线其他国家地区的风险;有政治、经济和法律的风险,也有民族风俗和意识形态的风险;有参与其中的各行各业的风险,也有精心打造的一个一个项目所具有的风险;等等。在这众多形式的风险中,各方最关注的还是风险损失的补偿问题,因为这直接关系到各方的切身利益。基于此,我们可以根据补偿风险损失的主体不同,将各种风险划分为三种形式:第一种形式是国家主权风险,即合作双方或多方的合作项目一旦发生风险损失,主要由双方或多方所在国政府来负责补偿,这是一种非市场化行为,在"一带一路"建设中不应过多提倡,虽然它也可以存在;第二种形式是一旦项目发生风险损失,即由参与项目的各方主体按一定比例负责补偿,这是一种完全市场化的行为,也是在"一带一路"建设中应该更多提倡的最主要的风险补偿形式;第三种形式是,当风险损失一旦发生,就由各方参与其中的主体,包括国有的主体,比如其中的国有企业、国有银行等共同进行补偿,因为其中有了国有主体承担损失,所以这种形式的风险既具有市场化,又具有非市场化的特征,这虽然也不是"一带一路"建设中应该提倡的,但它却也是一种现实的存在,而且中国在这方面表现得尤为突出,当然,中国也有一定的民营企业和民营银行已经或将要参与其中,但它们现在的实力都远比前者弱,因此,我们在这里提到的风险,姑且专指不考虑"国家所有"因素的中国企业、银行在"一带一路"建设中所具有的风险,也就是姑且把第三种风险形式都当作第二种风险形式来看待;正因为这样,本文所要综述的"金融风险"也就不再考虑金融机构的"国家所有"因素,而完全把中国国有的金融机构等同于民营金融机构,将前者和后者所具有的金融风险在这里都等量齐观。

本文是对国内一些学者关于"一带一路"建设中金融风险来源论述的一个综述。作者根据自己的意愿将金融风险来源按其产生的原因分为三种形式:第一种形式是由金融系统内部因素在金融运行中发生变化从而产生的金融风险；第二种形式是由于金融系统内部某些方面的缺失而导致的金融风险；第三种形式是由金融系统外部一些因素的变化而通过各种特定渠道影响到了金融系统而产生的金融风险。由于本文是一篇专门的金融学论文，所以只是比较集中详细地论述了第一种和第二种金融风险来源，而对第三种金融风险来源只是点到为止，因为后者需要多学科的理论和实践才能阐述清楚。以下本文将按照上面三种金融风险来源形式划分为三部分逐次加以论述。

一、由金融系统内部因素在金融运行中发生变化从而产生的金融风险

本部分从金融系统内部八个内在因素来具体论述"一带一路"建设中金融风险的来源，这些内在因素是汇率、信用、金融衍生品交易、外汇储备投资、金融机构赢利、金融市场、金融监管、金融纠纷及金融制度法律的适应性。现分别介绍如下：

1. 汇率风险。"一带一路"沿线国家众多，币种多样，而各种货币不都是完全可兑换货币，且各币种间汇率变动幅度又较大，所以，一方面，当我国企业在"一带一路"沿线多个国家都有投资项目时，就将会形成多重汇率变动风险；另一方面，这些国家金融市场大多也不完善，其中金融工具严重不足，且投融资合作机制很不健全，我国企业一旦遇到汇率波动，就找不到合适的金融工具来规避风险，从而加剧了汇率风险所造成的损失。另外，有研究表明，从1971年到目前，美元汇率大约呈现出每15～17年为一个周期的特点，具体讲，1979年是一个低点，1996年是第二个低点，2013～2014年是第三个低点，换句话说，从周期看，当前的美元可能已经进入一个新的上升阶段，预计这个上升至少要持续五六年，触顶后将再回落。如果这个假设成立，那么人民币汇率在未来可能不会有很快的发展，如果人民币发生明显贬值，人民币国际化放缓甚至倒退都有可能，在这种情况下，人民币汇率风险在近几年内会更加上升。

2. 信用风险。"一带一路"沿线国家和地区大都是新兴市场国家和地区，其经济基础不仅较为薄弱，而且又对外部资金具有很强的依赖性，于是其抵御资金外流的能力也较弱，这就意味着这些国家和地区具有较高的发生债务风险的可能性。如果中国的银行在这些国家地区投资过多，就因此很有可能收不回信贷。这是中国在"一带一路"建设中可能面临的外部信用风险。与此同时，中国在"一带一路"建设中也面临着巨大的内部信用风险。据耶鲁大学陈志武教授分析，中国国内三十几个省区市各级政府报上去的"一带一路"项目加在一起大概需要

104万亿元人民币的投资，如果哪怕只批了 1/3，也要在 30 万亿元，为这 30 万亿元的项目，这些省区市政府还要在当地建设很多配套基础设施和进行项目投资，这就又要让银行及其他金融机构投放更多信贷，那么这些信贷量将会是中国 GDP 的 3 倍多甚至 4 倍的水平。如此之高的中国内部信用风险和外部信用风险，如果掌握不力，就会相互发生作用，从而酿成严重的债务危机。

3. 金融衍生品交易风险。当前，"一带一路"沿线国家共有 71 家证券、期货交易所，其中期货交易所 22 家、证券交易所 41 家、期货及证券综合性交易所 8 家，但部分沿线国家依然存在没有交易所的现象。这就充分表明，这些国家地区的期货市场存在着很大的差异性，尽管其衍生品市场未来的交易量潜力巨大，但难以满足境外企业的风险管理需求。

4. 外汇储备投资的风险。有学者提出，向西、向南建设"丝绸之路经济带"经济效益的论证有待深入，并且沿途的国家大多为发展中国家，因此不同程度面临着市场经济体制机制不成熟、行政效率比较低等问题，因此，外汇储备用于投资的安全性与收益很难保障。

5. 金融机构赢利的风险。"一带一路"沿线大多都是发展中国家和地区，经济合作主要集中在资源、能源、交通、运输等基础设施建设和以开发为主的投融资项目上，因此，不可避免地会出现投融资周期过长、收益低且具有不确定性，从而导致一方面，中国投资项目很难仅凭项目自身来偿付债务和赢利；另一方面，基础设施项目对中国可能只有间接收益；另外，中国投资过去了，但对方不进行改革，就可能收不回利润；还有，这些国家地区一般经济波动比较剧烈，政策对接风险高企，资产安全风险凸出，赢利回收仍有较大风险。

6. 金融市场的风险。一方面，"一带一路"需要中国金融服务业"走出去"，但如果国际金融市场化程度比较高，就会给国内金融市场带来比较大的风险，于是中国"一带一路"建设的金融风险就加大了；另一方面，在国际金融市场化程度不高的情况下，中国金融服务业"走出去"，中国金融市场化程度又不高，那么，不仅中国的金融风险加大了，而且相关国家的金融风险也加大了。因此，中国金融市场的市场化程度在"一带一路"建设中要足够高，这样，不仅自己的金融风险会减少，而且相关国家的金融风险也会减少，国内外金融市场的总风险相应也就减少了。

7. 金融监管的风险。资金融通是"一带一路"倡导的一项重要内容，这意味着未来中国与沿线国家地区之间的资本流动会逐渐增多。面对这样的新形势，必须加强与沿线国家地区的监管合作，包括对投机性资本流动的监管和反洗钱的合作等。

8. 金融纠纷及金融制度法律的适应性风险。"一带一路"建设中，一方面，其他国家地区与中国之间难免会在金融领域发生纠纷，这就可能会加大中国的金融风险；另一方面，各国家地区相互之间由于金融制度法律的不同，比如较为明显的伊斯兰金融和非伊斯兰金融之间的分歧，并且其短期内难以改变，金融制度和法律在这些方面就会发生相互不适应性，于是也就加大了这些国家地区的金融风险。

二、金融系统内部某些方面的缺失导致的金融风险

本部分仍然着眼于金融系统内部的某些方面，这些方面与现实联系得非常紧密，但由于金融系统内人为的、偶然的原因，没有对这些方面予以高度重视，因此这些方面的建设存在比较严重的缺失，无形中实际上也加大了金融系统的金融风险。本文列举出六个方面，它们分别是：金融智库建设的缺失、信保体系全覆盖的缺失、PPP金融配合的缺失、金融机构专业风险管理的缺失、引导性项目的缺失以及金融多元化支撑的缺失。

1. 金融智库建设的缺失。凡是要参与"一带一路"的各行各业，都应该有自己的具有前瞻性眼光的智库，由此既能做准、做好自己的相关项目，又能最大限度地避免相关风险。金融行业也不例外，更何况金融业细密得几乎能渗透到各行各业的血脉中。金融智库的作用是十分巨大的，比如一个项目该不该融资，以什么方式融资，可计算的风险有多大，不同的国家应该具有怎样不同的金融应对，国有几大银行在某个国家应该设多少个网点才合算……金融智库还可以为国内企业提供在各国发展前景的评估报告等。中国"一带一路"的金融智库应当可以很好地建立起来，因为中国国内几大商业银行在外国都有长期经营的经验、广泛的分支机构及高层次人才队伍，所以，中国金融业在进军"一带一路"时，要尽早地建立起自己的金融智库，这不仅可以使金融业赢利性更强，而且可以提前化解大量的、不能预期的金融风险。

2. 信保体系全覆盖的缺失。"一带一路"沿线国家地区众多，所涉及的项目更是五花八门，因此，其中蕴藏的风险极大，这就要求信保力量的介入。中国出口信用保险公司2013年以来积极服务国家"一带一路"倡议，对沿线64国的累计承保金额达到4 185亿美元，承保覆盖矿业、农业、制造业、信息通信、基础设施建设等领域，从全流程风险管控、大额资金融通等方面织密风险防范安全网。尽管中国信保在"一带一路"建设中取得了重大成就，但随着沿线建设不断地拓宽、拓广，项目本身不断的复杂化，就需要中国有更多的信保力量介入其中，既应有国有的，也应有民间的，只有这样，中国"一带一路"建设中的金融风险才能应保尽保，金融风险损失才能应控尽控。

3. PPP 金融配合的缺失。在"一带一路"建设中，金融业应当是资金融通的主要承担者，但面对不断庞大的业务，金融业的资金量也相对有限，因此有必要发展 PPP。目前，"一带一路"国家基础设施建设涉及的资金配套，包括亚投行、金砖银行、丝路基金、中国的主权财富基金等，除此之外，多元、多渠道需要合作的资金力量，还包括政府和世界金融体系之外中国本土已经雄厚起来的民间资本、社会资金，以及其他相关经济体类似的资金力量，还有和"一带一路"项目在地缘上并没有对接，但有意来参加投融资的各种资金力量，他们都可能会在一起讨论如何合作。在这里，PPP 具备天时、地利、人和的条件。特别是，决策层和管理部门大力推出 PPP 机制创新，结合"一带一路"倡议将充分发挥它的用武之地。这个机制对于缓解政府方面的资金压力、使人民得实惠、给一大批企业提供生存发展空间、培育混合所有制市场主体、对冲经济下行压力，以及催化法治化制度建设、培育契约精神、提升专业素质，都具有显而易见的重大意义。当然，金融业要在 PPP 中扮演主要角色，发挥自己对 PPP 应有的配合作用，这同时也会大大地降低"一带一路"建设中的金融风险。

4. 金融机构专业风险管理的缺失。上面提到过金融机构避险的问题，但那只是零星提及，现在要特别提到金融机构专业风险管理问题，在这里是作为一个整体、特别需要专门强调、要特别重视的方面。在"一带一路"建设中，尤其是在"海上丝绸之路"方面，要高度关注和国际贸易相关的风险管理问题，包括大量的汇率风险、大宗商品风险、利率风险等，由于外向型企业、跨国公司等对这些风险非常敏感，金融机构不仅要提供贸易融资服务，还要向客户提供风险管理服务。金融系统本身就是一个风险聚集地，而"一带一路"尤其是"海上丝绸之路"使中国金融系统的金融风险加大了，所以就极有必要在金融系统内部设立一种专门的金融风险管理部门，这种部门既可以在每家金融机构内部设立，也可以多家金融机构共同设立，用以专门协调和消除各种金融风险，这样，中国"一带一路"的金融风险就会大大减少。

5. 引导性项目的缺失。这里所谓的"引导性项目"，指的是中国金融机构可以在"一带一路"沿线国家地区先投资做成几个高质量示范性、标杆性项目，可以为以后类似的其他金融机构投资性项目做成一个标准，这样也就可以为今后中国金融机构的各种融资项目大大预先减少可能发生的金融风险。

6. 金融多元化支撑的缺失。随着中国与"一带一路"沿线国家地区合作的不断推进，融资需求肯定越来越大，单靠一种类型的金融体系、金融机制是没有办法满足的，所以包括开发性的、政府性的、商业性的金融多元化支撑是极为必要的，它也必能大大减少单一金融体系、金融机制所带来的金融风险。

三、由金融系统外部一些因素变化而通过各种特定渠道影响到了金融系统而产生的金融风险

本部分仅对金融系统之外的因素导致的金融风险点到为止，这些因素包括：地缘政治（一旦资金贷出，项目建成或正在建设中，接受贷款的国家或地区却突然发生了政变或出现其他不可预测的社会动荡，很可能导致中国投资者的资本无法回收收益，甚至成本无法收回）；投资环境（不同国家和地区的经济发展水平不同，因此我国投资的风险会因投资的区域不同而有所不同）；国际结构（"一带一路"建设是一项系统工程，涉及不同发展水平和不同经济结构的众多国家和地区，虽然丝路沿线国家在基础设施建设、资源及能源等开发上存在巨大的资金缺口，为中国金融走出国门提供了商机，但在实际建设过程中可能出现不可避免的投融资风险）；企业（丝路沿线国家地区可能发生因对中国企业在当地经营项目理解不到位或因双方意见分歧、误解带来不应有的阻力而造成的风险或损失）、伊斯兰传统与现代商业银行的差异（在这里还要专门的提出这个问题，因为"一带一路"沿线，如南亚、中亚、中东、北非，有大量信仰伊斯兰教的人口。可以说，"一带一路"沿线事实上就是伊斯兰与其近邻接触、摩擦和交流融合的地带。伊斯兰金融和非伊斯兰金融有很大的差异，比如，同在东南亚，马来西亚、印度尼西亚与泰国、缅甸居民的金融观念就不同；在巴基斯坦、沙特阿拉伯、利比亚、伊朗这些以伊斯兰金融为主的国家，存贷款都不能收取利息，也无法发行传统意义上的债券，中国金融机构到这些国家开展业务，就不能沿用传统的商业银行模式。伊斯兰宗教和文化是"一带一路"沿线的一大特色，必须高度重视）；等等。

参考文献

[1] 王凡一."一带一路"战略下我国对外投资的前景与风险防范 [J]. 经济纵横，2016（7）：33 – 36.

[2] 聂娜. 中国参与共建"一带一路"的对外投资风险来源及防范机制 [J]. 当代经济管理，2016（9）：84 – 90.

[3] 雷霞."一带一路"战略下 PPP 模式的法律风险及风险防范 [J]. 法制与社会，2017（2）：97 – 98.

[4] 毛勇兵."一带一路"战略中的政治风险及其防范 [J]. 克拉玛依学刊，2017（1）：33 – 39.

[5] 马博雅. "一带一路"建设中金融风险防范 [J]. 党政干部学刊, 2016 (6): 50-53.

[6] 肖新梅. "一带一路"建设的风险与防范 [J]. 山西财经大学学报, 2015 (11): 7-8.

[7] 唐彦林, 贡杨, 韩佶. 实施"一带一路"倡议面临的风险挑战及其治理研究综述 [J]. 当代世界与社会主义, 2015 (6): 139-145.

[8] 贺力平, 黄志凌, 贾康, 吴晓求, 张礼卿, 周月秋. "一带一路"战略下的金融合作与风险防范研讨会综述 [J]. 金融论坛, 2015 (11): 73-80.

(作者单位: 甘肃省委党校经济社会发展研究所)

"一带一路"视野下甘肃民族
传统文化的传承与发展

周静茹

"一带一路"相关研究中,文化的承载作用日益受到关注。甘肃自古就是多民族、多宗教的文化走廊,甘肃民族文化的天然优势,是与丝路沿线国家及地区共享许多共同的历史记忆和文化符号。对甘肃民族文化的研究,可以为透视和深入研究丝绸之路沿线国家文化价值理念基础与文化变迁脉络打开一扇窗口。而主动融入"一带一路"倡议,也为民族传统文化的传承和发展带来契机。

一、"一带一路"的人文视野

在世界文明史上,一条横跨亚、欧、非三洲大陆桥的丝绸之路,联结了中国、印度、希腊、埃及、巴比伦等世界上最古老的文明古国,成为文明传递的输送带。在丝路要冲上,诞生了至今仍影响着亿万人思想的佛教、基督教和伊斯兰教。古代世界具有划时代意义的伟大创造发明和思想流派,也是通过丝绸之路,源源不断地流传到世界各地。丝绸之路,自古就是一条推动人类向文明进化之路,而今天,它又承担起新的历史使命。

(一) 丝绸之路的文化内涵

历史上有不少于 40 个古代民族进出河西走廊,有的还在此建立起了地方政权,如匈奴、吐蕃、回鹘、党项、蒙古等民族,但更多的只是这条走廊的匆匆过客,最后都融入了其他民族的"大洪流"中。丝绸之路从"民族走廊",到"贸易通道",再到开始具有"战略要道"的政治含义,是基于历史上中国中央王朝开始经略北方、西北及西域。

朝贡贸易就是属国对中央王权的认可,其核心是文化的感召力。主张以"仁"为本,"以礼服人",体现了天下归仁、四夷来朝、息兵怀远的思想,这是以农耕为主的自然经济状态下的社会理想。中华文明之所以成为世界上唯一没有断层的古老文明，就在于不同时代的大一统国家以朝贡为主的"结伴制度"和天下归仁的儒家思想"和平效应"，两者结合形成了朝贡贸易，对中国和丝路沿线国家产生了深远影响。而以"仁"为本的区域合作理论，是古代丝绸之路的文化内涵，也是现代丝绸之路精神值得吸收的文化遗产。

今天，非西方的产出已经超过西方，但非西方国家的国际话语权与政治权力还在相当程度上从属于西方。"一带一路"与其说是地理或经济意义上的"路"，不如说是中国哲学范畴所说的"道"，是全球治理的"中医学"或者"中国方案"。"一带一路"倡议的提出，表明中国已经走出近代、告别西方，不再在追赶西方中迷失自己。文化是"一带一路"建设的"先行者"和"敲门砖"，而"一带一路"建设的最终目标是命运、文化和价值共同体，这说明，文化自始至终是"一带一路"建设暗含的主线。"人文丝路"要提升中国人文外交的战略地位和使命，旨在进一步发展丝路合作框架下的中外"伙伴关系"，而非"结盟关系"。但就目前而言，我国还存在着国家战略意图尚不明晰、国家形象受损、提供公共产品能力有限等棘手难题，故在如何优化"丝路"软环境方面任重而道远。

（二）民族传统文化是甘肃"黄金段"之黄金所在

甘肃是一个总体上能源缺乏、经济欠发达、自然生态艰苦的地方。缺能源，工业就上不去；自然条件艰苦，农业底子就薄，这是现实问题。改革开放以来，陕西、宁夏和新疆 GDP 占全国的比重呈上升趋势，甘肃和青海呈下降趋势，甘肃尤甚。原因是与东部的陕西、北部的宁夏以及西部的新疆相比，甘肃的资源占有、贸易方向及开放程度等因素共同决定了甘肃的经济发展在总量和结构上都难以依托"丝绸之路经济带"发展的优势。2016 年，"在全国经济整体向好的大趋势下，甘肃经济形势掉头向下"这一分析，让我们清醒地认识到了甘肃在"丝绸之路经济带"战略中面临黄金段与塌陷区的现实困境。传统经济发展要素的缺乏，决定了甘肃在既有的发展模式下，是难以突破发展瓶颈的。所以我们不得不开始反思，以传统能源要素消耗为主的经济发展战略并不适合甘肃，文化才是甘肃"黄金段"之黄金所在。甘肃的经济发展优势，是走人文丝路的发展道路，以"丝绸之路经济带"建设为契机，依托甘肃厚重的传统文化底蕴，通过提升文化软实力和竞争力，来加强甘肃的综合实力，实现经济社会转型发展。

二、"一带一路"是甘肃民族文化传承和发展的重要契机

（一）文化的传播和交流是文化成长的必然选择

人类社会群体之间交往的三种最重要的表现方式，为相互间的军事征服（极端）、贸易（相互需要）和文化传播（深度、高级）三种形式，文化传播是高级文明的形式，而且影响也持久得多。就文化的传播而言，异质文化的存在是传播的前提条件。通过传播过程中的碰撞、冲突，逐渐融合产生新的文化因子。但是，文化差异仍旧存在，是产生下一次文化冲突的根基。通过这样一个周而复始的循环往复不断上升的过程，文化完成与外部世界的能量交换，获得新的生命力。

（二）现代化是民族文化传承和发展的必然趋势

现代化的过程中，民族文化如何传承和发展，则是民族学研究的重要议题。一般来讲，社会的发展和转型、外来文化的渗透和侵蚀以及城镇化发展，都会对民族传统文化的传承和发展带来影响。尤其是现代化浪潮的席卷下，很难再找到一个民族文化生存的世外桃源，民族传统文化面临前所未有的挑战和冲击。对于如何看待现代化对民族传统文化的冲击，民族学者越来越理性：一方面，"文化传统"不应当成为接受展览的"活化石"而被放入"博物馆"；另一方面，民族文化是一个民族在一定历史时期内积累的社会生活经验、社会意识和价值认知的总和，它是一个不断积累、不断扬弃的过程，民族文化现代化，是现代民族发展的必然趋势。中华文明作为世界四大文明中唯一一个没有断根、仍然有旺盛生命力的文化，就在于中华文明不断地兼容并蓄、海纳百川，不断扬弃和创新，这是历史的必然。正确认识文化的动态传承过程，才能在充分享受现代文明成果的好处的同时，让民族文化得到科学的、创造性的弘扬、传承和保护。

三、民族文化参与"一带一路"倡议的基础和优势

（一）深厚的文化底蕴

甘肃悠久的历史、丰厚的人文土壤、独特的自然地貌与气候条件，孕育出迥然有别的文化类型，每一种都是个性鲜明、独领风骚，体现着生长于斯的人们对现实世界内化于心的认知和态度，以及外化于行的文化行为倾向和文化传统。这些文化传统的交流、互融与整合依然在甘肃的不同地域、不同层次上持续发生，

形成了你中有我、我中有你，带有明显多元、互融痕迹的陇原原生态文化。所谓"特色"，是指其具有其他文化单元不具备的独特性，这些特点共同勾勒出甘肃特色文化的历史渊源与现代格局，成为不同质的文化发生代际演替的典型地区。

（二）开放型、外向型的文化性格

甘肃自古所处的外向型、流动性文化走廊特点，是区别于其他省份和地区的重要标识。甘肃文化是漫长的丝绸之路历史序列中最为完整、遗存非常丰富的路段，也是中国华夏文明、游牧文化和外来文化交流融合特征最为明显、风格最为独特的区段。地处中国西部偏远地带的甘肃，因祁连屏障与河西走廊的独特自然地貌，使甘肃一边紧密东连古老华夏文明的中心，一边努力探向西方欧亚腹地，成为中华文化西传与扩散、域外文化输入与吸纳的重要通道。汉代以降，中国经略西域的雄心通过这条走廊得以充分表达，其影响力波及中亚、西亚、南亚、地中海和遥远的欧洲，而灿烂的域外文明同样借这条通道传回古老的中国，在这条文明的传输带上，甘肃无疑成为多元文化交融的聚合区和生长带，东西文明传输的预热区和化合带，以及为中华文化重要的营养池与基因库。[①]

（三）纷繁纠葛的亲缘性记忆

也正是由于甘肃文化的外向型特点，其同时又具有在这条线路上的文化亲缘性特点。甘肃文化的天然优势，是与丝路沿线国家与地区共享许多共同的历史传承与记忆、文化符号与价值理念等。目前在"一带一路"倡议的落地过程中，尤其是在一些合作项目实施过程中，常会发生一些误解和矛盾，究其原因，主要是我们对丝路沿线国家和地区当前的社会文化发展趋势缺乏判断，对异域文化发展状况缺乏了解，对异域各主要民族的文化特质、文化价值认知及民族心理尚无可参考、有深度的分析与研究，从而对所实施的项目与当地社会、人文状况的契合度方面缺乏必要的研究。因而，对甘肃特色文化与丝路沿线国家和地区文化之间的亲缘性进行分析，通过组织与相关国家和地区的人员进行科研互访、族源探寻、观光旅游、兴业创业等，为透视和深入研究丝绸之路沿线国家和地区文化的内涵结构、变迁脉络与价值重塑、社会转型以及民族宗教格局衍变打开一扇窗口，以共享的历史记忆和文化符号搭建民心相通的文化桥梁。

---

① 雍际春．甘肃历史文化特点及其资源优势 [N]．甘肃日报，2012－04－11，http：//wenku．baidu．com/view/da7778c74028915f804dc256．html．

四、民族文化对"一带一路"的有限性支撑

(一) 古强今弱的支撑瓶颈

甘肃的民族文化资源富集,是民族文化的资源大省,但不是文化强省。从甘肃文化资源的总体构成上看,存在着古强今弱、现代感不足的突出问题。诚然,甘肃有很多国内外知名的传统文化内容,但必须承认的是,能够与丝路沿线国家交流的,还都是传统文化内容和形式,不足以体现出甘肃现代人文精神,甘肃现代民族文化从内容到形式、从质量到数量、从文化影响力到文化整合力都较为单薄。

(二) 多而不精的发展短板

甘肃民族民俗文化资源中,有数量缺质量、有"高原"缺"高峰"的现象普遍存在,绝大部分甘肃仅有的文化符号、历史传说与故事、剧目、传统技艺,其影响力还都局限在本地区之内。如麦积陶艺、保安腰刀、临夏砖雕、庆阳香包、微雕葫芦等,这些既能够展现民族民俗文化,又能够带来经济效益的文化产品,由于缺乏文化创意,缺乏充分的挖掘整理,缺乏品牌化、产业化手段,很大一部分都还"养在深闺人未识",没有旺盛的生命力。文化资源虽然是取之不尽、用之不竭的,但难以将其与现代产业深度融合、创新发展。

(三) 整而不合的模式困境

甘肃民族文化资源的总体保护水平不高,在甘肃经济社会发展中效用不彰、难挑大梁,主要是由于对文化资源的整合不够,缺乏统一规划。开发即意味着破坏,许多文化遗产、遗物、遗迹的保护与开发标准,以及开发利用的负面清单之间,尚未形成良性协调,无法可依。

五、激发民族文化的现代活力,主动融入"一带一路"倡议

要克服民族文化的有限性支撑困境,必须激发民族文化的现代活力,主动融入"一带一路"倡议。

(一) 民族文化传承发展的国际模式

1. 让民族文化"走出去"。积极参与政府组织的多种形式的文化交流与合作,如与丝路沿线国家间互办的文化年、艺术节、电影节、电视周和图书展等活

动,合作开发民族文化内容的广播影视剧精品创作及翻译,比如东乡族叙事长歌"米拉尕黑",2008年就被列入第二批国家级非物质文化遗产名录。其叙事结构完整、曲折,是东乡族迁徙和族体形成过程的明证,也是与丝路沿线各国文化和情感交流的重要内容。如以撒拉族的"白骆驼传奇"为范本的少数民族历史类剧目的开发,就是增进中外民族情感交流的民心相通工程。如果将其精心打造,推出省外、国门,将对一批即将消失的特殊文化形态的传承发展带来积极的示范效应。还有许多民族体育赛事,将会吸引中亚同源民族的参与,在提升甘肃影响力的同时,也促进了民族体育的健康发展。

2. 把世界文化"请进来"。甘肃与中西亚国家穆斯林人口在血缘、宗教信仰、行为规范和生活习惯等诸多方面的联系,一是可以尝试组织与中、西亚有族源关系的民族,例如,吉尔吉斯斯坦的李陵后人、陇西李氏为天下李氏旅游观光寻根祭祖圣地和世界李氏文化中心,回族与主要生活在吉尔吉斯斯坦、哈萨克斯坦的东干族,以及撒拉族、东乡族、保安族、哈萨克族等代表和民族研究工作者,到国外相应地区进行经济、文化、宗教等领域的访问交流,并畅通中亚和俄罗斯的民族后裔到甘肃寻根认亲的渠道,邀请相关人员到访甘肃观光旅游、兴业创业,感受中华文化巨大的包容性和优秀的传统文明,促进友好睦邻关系的形成。交流民俗文化、宗教文化、民族文化交融产生的历史遗迹、遗存和博物馆以及独特的生活方式体验。

(二) 民族文化传承和发展的精品模式

1. 民族文化遗产的抢救。利用现代科技手段和技术,对濒临失传的文物、文化典籍、民间技艺、口述史等进行挖掘、抢救和整理。对有些无法直接进入或者不宜进入经济领域的名字特殊文化形态,则需要政府层面介入,通过政策和政府投入使其发展得到保障。关注民族文化的传承与保护,是为了在利益优先的市场化过程中,给民族文化创造一个健康的、宽容的成长空间,允许文化的自身调适和自我创新,从而让一些比较脆弱的文化内容、比较严肃和"曲高和寡"的民族文化现象,以及一些文化遗存、遗迹,避免在文化产业化过程中,被揠苗助长或者改头换面,最终不伦不类,难以为继。

2. 民族文化产业化发展。民族文化的产业化,必须坚持市场思维与文化价值体系相统一的原则,以文化性与实用性相结合的标准,挖掘甘肃独特的民族文化资源,在政策、资金、技术、人员多方面鼓励和扶持文化产业,切实将文化优势转变为经济优势,使文化产业尽快成为民族地区的支柱产业。

甘肃民族地区大多是贫困地区,但不乏风景优美、文化特色鲜明、非常适合旅游业发展的地方。发展文化旅游业,如建设民族文化主题公园、丝绸之路民族村、丝绸之路民族博物馆等大型文化旅游产品项目等,可以带动民族地区旅游文化产品与服务产业链整体发展,以民族风情旅游为依托,加快甘肃民族地区脱贫步伐。民族地区的文化旅游需要在线路与合作模式、协调机制上下功夫,需要增强跨省、跨国的全域旅游合作。

民族风情旅游资源的勘查和开发,其出发点应当是一项惠民工程。需要注意:一是尊重民族文化,这种特色要从当地民族文化中充分解读和挖掘,而不是从投资回报率的角度肆意杜撰;二是应当充分发挥当地民族的主体性,在勘查、设计和开发的过程中要充分考虑收益回报当地民众的可能途径;三是应当注意保护和充分利用当地生态资源,这一点还需要从政府政策的层面进行约束。

参考文献

[1] 费正清. 朝贡贸易与中西关系 [J]. 远东季刊, 1942 (2).

[2] 黄枝连. 天朝礼治体系研究·中卷·东亚的礼仪世界 [M]. 北京:中国人民大学出版社, 1992.

[3] 雍际春. 甘肃历史文化特点及其资源优势 [N]. 甘肃日报, 2012 - 04 - 11, http://wenku.baidu.com/view/da7778c74028915f804dc256.html.

(作者单位:甘肃省行政学院决策咨询部)

基于"一带一路"倡议框架：
甘肃环境设计建设研究

——以嘉峪关为例

路 遥 王旭敏

"一带一路"倡议发展目标的构建是推动我国社会经济以及环境建设创新发展的必经之路。嘉峪关由于其位置的特殊性，在经济发展的环境下，优良的环境对其经济发展有着十分重要的作用。"一带一路"的重点是推动经济发展，因此以此为背景应该加强当地的环境建设，推动国际合作环境下的战略性发展目标，保证"一带一路"理念下国家对地区环境建设的重视程度，为当地的经济运行及创新提供有效依据。因此，在现阶段国家提出了"一带一路"的大前提下，嘉峪关地区应当依靠政府有利的政策认真地改变当地环境，从而为嘉峪关的环境建设研究提供稳定依据，全面促进嘉峪关经济建设及区域环境的稳定发展。

一、"一带一路"概述分析

"一带一路"倡议的构建是由习近平主席提出的，推动并促进海上丝绸之路沿线国家的经济化共同发展项目内容，该策略是为了满足社会经济文化的共同发展。在进行"一带一路"项目建设的过程中，应该实现民心之间的相互沟通，通过不同民族之间的稳定交流，为社会经济的提升提供有效依据。在"一带一路"构建的环境下，其范围涉及亚欧非大陆，因此可以发现，在丝绸之路经济发展的环境下，其经济形式贯穿于北、中、南三条线路，在这种战略性发展目标营造的环境下，为全球经济的创新营造了良好的发展空间。在"一带一路"运行理念下，其基本的产业结构成为区域结构转型的基本需求，在这种战略背景下，通过加强嘉峪关环境的建设，可以为甘肃省以及地区之间的项目投资提供稳定性的支持，同时也可以促进我国区域经济及区域文化的创新发展。

二、嘉峪关环境设计研究

（一）嘉峪关城市环境建设

城市环境设计新理论为实践奠定了扎实基础，但具体实践中还存在诸多不足之处。如今的城市环境设计无法将自然景观融入其中，人造景观与自然景观格格不入，人们无法感受到自然环境所能带来的美好意境。对于当前的城市环境设计来说，这是需要首要关注的问题。例如，极其典型的世界遗迹——幻想空中都市马丘比丘。不管是其城市构成还是后天开发，马丘比丘都遵从回归自然的主要原则。从嘉峪关城市环境设计当中我们也可以明确看出这点。嘉峪关自古以来就是兵家必争之地，唐代岑参的名句"玉门关城迥且孤，黄沙万里百草枯"便是对嘉峪关市开发建设初期的真实写照。嘉峪关位居西部偏远地区，属温带大陆性荒漠气候，有90%以上的面积都是荒漠、戈壁，要构建城市有极大的难度。城市因酒泉钢铁公司而设，而传统钢铁行业就是高污染的代表。部分地区过度的毁林开荒、放牧，导致土地滥用、水土流失、沙漠化等自然灾害日益严重。改革开放40年以来，嘉峪关在几代人的不懈努力下，已经发生了翻天覆地的改变。城市绿化覆盖率已经达到35.12%，覆盖面积超过1 500公顷，道路绿化率达到100%，社区绿化率达到30%。总公共绿地达322公顷，人均公共绿地达18.94平方米。嘉峪关一直以来都以为居民创造良好生活环境为主要目的，于2002年提出的溪水绕城、湖映蓝天的东湖生态旅游景区建设，正是改善人民生活条件的一大有效举措。基于以人为本的理念，嘉峪关政府委托西安建筑大学按照功能配套、设施完善、方便群众的理念来构建山水、绿地环绕的生态环境，将人与自然相结合，改善城市环境质量，充分展现绿色城市的面貌。当前东湖生态旅游景区总计165万平方米，当中有3万平方米的中心广场，640米的飘带河，56万平方米的人工湖，还设有诸多的灯饰、瀑布长廊、景观凉亭等人工设施。优美别致的环境，吸引了诸多体育赛事，连续4年成功举办的国际铁人三项积分赛与亚洲铁人三项锦标赛等活动，在很大程度上促进了当地体育产业的发展。2008年，博鳌国际旅游论坛授予嘉峪关"国际旅游名城"称号，这也成为甘肃省第一个获得此殊荣的城市。在此期间，嘉峪关还被评为"中国十佳休息旅游生态城市"。这些殊荣都无疑体现了外界对嘉峪关环境建设的赞许和肯定。在改善整体生态环境和城市环境设计的基础上，嘉峪关还极其重视公共环境中的公共设施建设，重点强调人与自然和谐发展，所以在城市建设过程中将以人为本落实到每一个步骤中。所设立的道路、广场、绿化带、喷泉、雕塑等都无不体现以人为本的特征，优化人们的生活环境，提升城市的整体品位与格调。

（二）回归历史

古往今来，上千年的文化历史沉淀造就了我们伟大的民族。借鉴民族历史遗留下的精华进行新城市环境设计，将悠久的文化与人文历史融入城市环境设计的建设中已成为重要发展趋势。

嘉峪关将构建特色文化城市作为城市环境建设重点，不断挖掘深厚的历史文化。以历史文化作为城市设计的主要参照物，将古朴风貌最大限度地保留在城市建设中。在城市建设的街道、庭院、绿化带等公共景观中，充分展示出当地的文化底蕴，与当地的历史、民俗文化相互交融，共同发展，成为城市环境建设中极其关键的一部分。与此同时，构建具有文化内涵的广场、公园等。2011 年，在省委、省政府推进文化大省建设的背景下，嘉峪关斥资 20.3 亿元建立包括文物保护、基础设施建设、园林景观、接待服务建设、环境整治等内容的嘉峪关文物保护工程，把嘉峪关关城景区建成国家级的世界文化遗产公园，使之成为甘肃省乃至全国的世界遗产保护示范工程，将文化遗产保护与城市建设相结合，在弘扬嘉峪关古长城文化的同时，满足人民群众的精神文化需求，促进当地旅游业的发展。

三、"一带一路"倡议框架下嘉峪关地区环境设计的发展

（一）生态环境建设方面

嘉峪关作为一个典型的工业城市，生态建设固然重要，但环境污染的治理也摆在了极其重要的位置上。在"一带一路"的共建背景下，各国要共同应对生态环境方面的挑战。通过以城市交流和资源共享的方式，扩大技术的传播范围，共同优化技术方式，促进技术快速发展，从根源上解决污染问题，将新技术融入环境治理与生态保护当中，共同推动"一带一路"沿线城市的发展。同时，"一带一路"生态环保大数据服务平台网站的正式启动，将成为"一带一路"沿线国家信息共享的重要窗口。在借助互联网、卫星遥感、大数据等信息技术的基础上，收集整理沿线国家生态环境与资源、生物多样性、生态系统服务等相关信息，编制重点国家环境报告，全面掌握和评估沿线环境状况和各项要求，以重要区域合作机制和重要经济走廊为依托建立分平台，为各国提供信息共享服务，实现环境信息的互联、互通、互用、互补，形成环境信息、知识、经验和技术的共享和应用。

（二）城市环境建设方面

现代化科学技术的使用日益广泛，人与自然之间的矛盾日益突出，想要看到原本的自然面貌难度极大。现代化技术的快速发展，虽然给人带来诸多方便，但新的技术手段与新的生活方式自然会导致多种新的社会问题出现。例如各种空调病、职业病的日益增多，不管是心理还是生理方面都给人造成巨大影响。此时的人们，更希望能够在现代化的城市中寻找悠然自得的感觉，享受与大自然和谐共处的日子。城市环境设计回归自然已成为现代城市环境建设的主要形态。通过在生态环境建设的基础上建立城市环境，从微观角度去看待城市环境设计成为今后城市环境发展的必然趋势。

1. 城市美观度与标志性的展现。潜在价值是当前城市环境发展极其注重的内容。例如，城市标志以及雕塑基本上都集中设计在城市中心位置，不仅可以起到聚焦的效果，还可以较好地展现城市的文化底蕴。将醒目的色彩与丰富多彩的造型融合在一起来展现城市特色。不仅大型雕塑与建筑物可起到美化城市的作用，小型标志也可以起到点缀的效果。远近距离的装饰物相结合，可以展现装饰的亲和力，展现城市环境的别具一格。

2. 功能复合化的表现。目前城市环境设计更加重视环境元素开发，将装饰物的实用性最大化展现出来。当前的城市环境设计中，功能复合化方法是必然之路，在有限的时间与空间中实现人与自然和谐发展。功能复合型应当在设计过程中将多种功能进行有机整合，保证装饰物能够具备多种功能，以此来实现城市环境设计的目的。

3. 融合安全性与舒适性。这是城市环境设计未来发展的必然趋势。舒适性与安全性是城市环境设计中的基础条件，是促进城市发展的关键原因，因此，城市环境设计必须以此为前提。

4. 动静结合。水在城市环境设计中极其关键，是不可或缺的装饰元素，水具有可静可动的特征。城市湖泊就属于静态的，喷泉就属于动态的，主要元素都是水。尽管水在城市环境设计当中已经得到了一定程度的发展，但其内涵依然具有极大的提高空间。

（三）多元化、多层次的发展

城市环境设计已经逐渐走向多层次、多元化的发展方向。社会经济快速发展，城市人口数量不断增加，人与人之间相处矛盾日益突出，两者发展形成巨大反差。适当的娱乐活动可以缓解人们精神空虚，调节人们自身矛盾。所以，城市环境设计中应当加入多元化的内容，对于缓解城市人们的压力、营造舒适的生活环境有极大作用。例如，上海就是极其典型的案例城市，作为国际化的大都市，在上海能够享受经济快速发展所带来的各种好处，还可以体会当地浓厚的历史文化。嘉峪关可以借鉴其他城市的经验和理念，结合自身的特点与优势，发展独具嘉峪关特色的城市环境建设。

四、总结

城市环境建设关系人民福祉，东方优秀传统文化和谐平衡的思想充分体现出尊重自然、顺应自然和敬畏自然、保护自然的生态思想，对甘肃省建设生态文明、实现中华民族永续发展具有重要的理论价值和现实意义。沿途无论城市大小，都应该设计出自己的特有风格，包括地理环境、地理植被、特殊地理人文，以及历史遗留古迹、文物。基于"一带一路"发展的基础，我们可以看出，甘肃的发展通过悠久的文化历史作为核心力量是具有可行性的。嘉峪关的环境设计建设虽然有了一定的发展和成绩，但依旧处于初始阶段。在"一带一路"建设框架的支持下，嘉峪关的环境建设应当抓住机遇，通过多种途径实现跨越式发展，推动"丝绸之路经济带"建设，最终形成全方位开放的新格局。

参考文献

［1］卢艳丽，王昱．"一带一路"背景下吉林省边境旅游发展研究［J］．吉林工商学院学报，2016（2）：14－16，39．

［2］裴鸿娟．我国边境旅游管理研究现状及拓展思路［J］．旅游纵览（下半月），2016（6）：19．

［3］徐宁，图登克珠．"一带一路"背景下西藏边境旅游发展的战略选择［J］．西藏大学学报（社会科学版），2016（2）：147－152．

［4］李燕，李继云．"一带一路"战略构想下云南省和越南之间的旅游合作［J］．经济师，2016（7）：126－128，131．

［5］张响．"一带一路"新战略下我国国际旅游服务贸易的机遇与发展策略分析［J］．中国市场，2015（47）：178－180．

（作者单位：甘肃政法学院）

"一带一路"建设下河西走廊特色产业发展的思考

秦秀芳

习近平总书记在中共十九大报告中指出:"中国坚持对外开放的基本国策,坚持打开国门搞建设,积极促进'一带一路'国际合作,努力实现政策沟通、设施联通、贸易畅通、资金融通、民心相通,打造国际合作新平台,增添共同发展新动力。"这一重要的宣示,指明了当前和今后一个时期我国对外开放的基本方向和主要抓手。河西走廊是国家交通网与经济发展中的大动脉,是不可替代的重要通道。历史上,河西走廊因发源于祁连山的石羊河、黑河、疏勒河三大内陆河而繁衍生息,如今也因上游来水的减少、人口的增加等因素,使得经济发展受自然环境的约束也更加严峻。为此,如何在这样的现实中实现经济的科学、快速、可持续发展,寻找到一条切实可行的路径尤为重要。

一、河西走廊区域发展的困境与优势

在"丝绸之路经济带"甘肃黄金段建设中,河西地区将迎来更多的新的发展机遇,同时也面临如何增强自我发展能力、培育优势特色产业、促进节能降耗减排、加快转变粗放的经济发展方式等新的挑战。

(一)河西地区区域发展的困境

1. 经济发展与生态保护的双重压力。当前,河西地区要承接优化开发区的一些产业转移,提升经济竞争力,同时还要承接一部分由优化开发区和限制开发区转移的人口。这些地区的建设面临着加快发展和生态保护的双重压力,如何在发展中不破坏生态是一个长久而艰巨的任务。同时,限制开发区本身就不适合进行大规模的开发,但从实际情况来看,很多限制开发区本身的发展就很落后,同样面临发展的问题,所以也存在着发展与生态保护的矛盾。

2. 缺少合理的政策体制支撑。区域发展是动态变化的，有些目前承载能力大的区域在一定时期后可能面临承载力下降的问题，而目前承载力小的区域在国家扶持下有可能提升承载能力。因此，必须对其发展做出定期的调整，如果不定期调整，会引发区域利益矛盾与冲突，不利于区域管理，在进行区间协调与管理时，将面临政策体制缺失。

3. 发展模式的困境。不管是功能区还是行政区，都是在市场经济条件下运行。如何处理好政府、市场与主体功能区的关系，维护统一市场与要素合理流动显得非常重要。在同一行政区内，因为自然资源的约束不同，自然会形成不同的发展格局和面貌。大多数限制开发区原本就发展比较落后，它们为了整体规划的发展，放弃了一些眼前看得见的利益，如果公共服务达不到均衡，区域的可持续发展将很难推行下去。因此，必须保障各个地区的基本利益和公共服务，也只有这样，才能缓解地区之间的利益之争，但是国家的财政补偿远远不能满足贫困地区的发展，而依据西部地区目前的发展现状，地方政府也很难给这些地区以有效的补偿和帮助。政府既要充分发挥市场配置资源的基础性作用，引导市场主体的行为符合主体功能区的定位，还要利用政府完善法律法规和区域政策等。但是，形成这样的发展模式是很困难的。对于河西地区这样的西部地区，自身财力有限，在科技及政策体制上也没有很大的优势，因此，突破生态环境保护与经济发展困境是长期而艰巨的任务。

（二）河西地区区域发展的优势

1. 在新的政策平台下，通过对主体功能区的建设，逐步实现基本公共服务均等化，这对以农业农村为主的河西地区来说，是个前所未有的机会。广大地区特别是农村享受到基本公共服务，势必会给河西地区公共服务和基础建设带来很大提高。这必然会提高当地的人民生活水平，并拉动相关经济产业的发展。

2. 独特的资源优势。河西地区不仅有着丰富的矿产资源，同时，天然的风力资源、地热、光热资源，都为河西地区在新时期发展新型清洁能源打下了良好的基础。随着国家对主体功能区建设的推进，世界能源危机的凸显，科技水平的提升，河西走廊地区这些看似劣势的资源必然会引起国家和东部一些地区的重视，转化为新的产业优势，河西地区的自然资源蕴含着巨大的潜力。

3. 新的形势下，随着产业结构的转型和升级推进，东部地区会加快相关产业转移，产业转移可以使西部地区获得新的机遇。在不破坏资源环境的条件下，有条件地承接东部地区高新科技的产业转移，在一定程度上可以弥补河西地区产业科技相对落后的现状，并有利于推进河西地区的产业升级。承接产业的同时，还可以促进劳动力就业，提高河西地区人口素质，进而加快河西地区的城市化进程。

4. 在新的政策条件推动下，为河西走廊实现跨越式发展提供了契机，河西走廊有可能走出一条不同于东部地区的发展道路。在主体功能区的视角下，河西大部分地区都为粮食主产区和生态功能区，这就要求当地政府在进行产业选择及建设时必须走新型工业化道路，不能再走高污染、高耗能的老路了，在工业化初期就按照新型工业化的要求来进行，这是一条崭新的发展道路。

二、新视角下河西地区区域发展的整体思路

（一）全面推行生态文明建设

河西地区应遵循可持续发展原则，加强生态建设与生态经济的发展。河西应建立生态保护协调机制，在生态保护与涵养工作方面做到统一性，同时还应根据不同区域荒漠化的特点与生态退化问题，采取分类指导的荒漠化治理措施。从河西目前发展现状来看，生态环境是河西地区发展最首要的制约因素，没有了良好的生态环境做保障，一切的发展都是空谈。区域经济发展并不是孤立的，而是涉及经济、社会、自然生态环境等多方面的系统工程。更值得注意的是，河西地区的生态环境还直接影响到甘肃本省乃至全国的生态保障线的建设。因此，河西走廊的发展必须以生态建设为基础，以生态涵养为保障。

（二）构建生态型产业体系

河西地区应对区域进行整体规划，逐步实现区域内产业合理布局与优化。河西地区自古以来在经济、社会方面就有着密切的联系，在区域发展一体化的大环境下，河西地区应加强区域内部资源整合，进而带动河西整体的区域经济协调发展。在明确河西地区各区域的优势和发展潜力的基础上，在经济发展规划中就区域经济一体化及区域间的重大能源、交通、通信、金融、供水、信息服务等发展提出建设方案和措施，从而达到协调基础设施建设和产业空间布局的作用，避免重复建设和产业重构。加快对工业结构升级及农业产业优化布局，创建区域品牌，创新核心价值，提升河西地区整体产业发展的竞争力，以生态建设为前提，逐步构建生态型产业体系。

三、主体功能区框架下河西地区区域发展的路径探析

河西走廊在生态、经济和交通等方面具有重要战略意义，而生态文明的建设是未来发展不可动摇的基础。河西地区的人均地区生产总值、人均可支配财力等

均处于周边地区的前列。但近半个世纪以来，随着经济发展、人口增长等因素带来的掠夺式开发，产生了一系列严重危机：水资源日益减少、水体盐化和污染趋势加剧、森林面积减少、草场退化、荒漠化和盐渍化严重、沙尘暴频发、部分城市大气污染严重等。由此可见，生态环境脆弱已经成为制约河西地区发展的瓶颈，没有了基本的生态环境的保障，任何发展都无从谈起。因此，河西地区区域发展路径必须以生态涵养和生态经济的发展为突破口，通过构建生态型生产体系来实现。

（一）推进生态农业产业化发展

河西走廊是国家重要的商品粮基地，农业在河西地区的发展中有着举足轻重的作用，巩固完善农业优势产业是河西地区经济提升的基础。河西地区地处半干旱半荒漠、生态环境比较脆弱的内陆地区，发展生态农业、促进生态农业产业化是农业可持续发展的必由之路。通过生态农业建设打基础，产业化链条来延伸，市场化经营来牵动，实现农业生产的高产、高效、优质和可持续发展。河西地区面临严峻的生态问题，依靠科技，发展生态农业可以调和农业的经济效益与生态效益的矛盾，为河西地区的农业发展提出了适宜的发展之路，主体功能区的提出也为河西地区生态农业的发展带来了新的机遇，提供了有利条件。根据河西地表结构与地域分异的特点和因地制宜的要求，河西地区可选择不同的生态农业发展模式。

1. 应大力发展特色农业。具体来说，应定位在发展具有各地特色的林果业；大田反季节蔬菜种植及其加工销售业；酿酒葡萄栽培及葡萄酒酿造业；草畜业及畜产品加工业，形成种植、饲料、养殖、加工相结合的农产业体系。

在此基础上，依据各地的产业特点与优势，建设生态农业产业园区，形成较完善的农牧业的产业加工链条，逐步形成农业产业集群，发展集约经济，创建区域品牌，提高品牌效益，提升农产品竞争力。努力开发高产、优质、高效农业，大力发展可持续农业。

2. 发展畜草产业，逐步形成草业基地和草食畜牧业基地，并形成草畜产品深加工体系，将区域的资源优势和区域的比较优势转化为经济优势，确立河西地区在全国草畜产业中的地位，并以此带动河西地区区域发展和生态恢复。整个河西地区要相互协调，优势互补，整合资源，减少区域内的相互竞争，提升整个区域与外界的竞争力。

3. 利用资源优势发展生态产业。河西地区荒漠和沙漠面积广大，发展沙产业可将环境保护、沙漠治理和区域发展结合起来。河西要立足当地的水土光热资源，充分应用科技手段，开展植树造林，建设绿色屏障，发展温室大棚农业，利用沙区阳光充足的条件，采用先进的灌溉技术和栽培工艺，种植粮棉和瓜果蔬菜。还应积极依托荒漠旅游资源，有选择地发展旅游观光农业和生态休闲农业，提高当地农民收入，带动广大河西地区基础设施的完善。

（二）构建生态工业园区

河西地区的嘉峪关、玉门及金昌等地，都是工业基础较好的地区，这些地区的可持续发展对河西整个地区都有着重要的积极作用。但是嘉峪关、金昌这些正处在资源"鼎盛期"的矿业资源城市也面临资源匮乏之忧。这将意味着凭借矿产资源优势的河西地区面临着经济持续发展何去何从的困惑，而发展循环经济是协调经济发展与资源矛盾的最佳途径。在新的发展视角下，这些地区势必要调整产业结构，发展循环经济，走新型工业化发展的道路。积极构建生态工业园区的形成，以生态工业园区为试点，逐步推进循环经济的发展。

1. 应优化产业布局。河西地区存在众多中小型企业，这些企业生产经营规模小，专业化程度低，劳动生产率低，市场竞争力差；行业之间相互封闭，缺乏合作，重复引进，盲目发展，使资源不能合理流动，技术不能共享，造成地区产业结构趋同化，地区经济的互补性差。这种经济模式不仅降低了河西地区产业结构的不合理，也造成了西部日益严重的环境污染问题。所以，为提高这些地区的资源利用率，合理保护土地及水资源，应优化产业布局，立足本地资源和特色，避免城市间产业过度重复投资。建议建立河西地区统筹协调部门，搞好地区之间的横向经济联合和协作，加强河西地区区域内经济技术合作，促进河西地区经济合理布局和健康发展。

2. 应积极转变发展观念，调整生产工艺。依据减量化原则，从生产的源头减少生产和消费流转的物质量。依靠科技创新，努力提高资源利用效率及高资源废弃物的回收率。通过调整优化产业结构，转变以大量消耗资源能源为特征的传统发展模式，以技术升级和技术创新提高企业经济效益、环境效益和社会效益，优先发展资源节约型、质量效益型、科技先导型产业，优化资源配置，发展规模经济、循环经济，推广清洁生产工艺，集中处理生态工业园区内的生产、生活垃圾，降低处理成本，提高回收利用率。

3. 积极培育区域自主创新能力。通过建设创新环境、植入创新资源、拉动产学研结合、构筑产业升级的平台来加速产业升级换代。通过原始创新来掌握关键技术，占据产业链的关键环节；通过引进、消化吸收和再创来提高产业发展基点；通过集成创新来形成产业核心竞争力。积极培育和扶持环境保护产业发展，集中科研力量，攻克重点污染治理技术、生态恢复技术和综合利用技术，发展性能先进、高效经济的污染治理设备、资源综合利用设备、节能和节水设备，形成环境保护支柱产业。同时，建立与资源、环境容量相适应的产业布局。

4. 实施试点工程，发展循环经济。以园区内大型企业为核心，建设循环型生态产业链，逐步形成较完整的产业链，逐步形成产业聚集，优化资源型产业发展，推进生态型产业体系的构建。与此同时，应依据以生态建设为前提，严格限制能耗高、资源消耗大、污染重的企业发展；在排除高污染、高耗能产业的基础上，积极承接东部产业转移，延伸产业链条，提高产业技术含量。大力发展循环经济，在企业推行清洁生产，从生产源头和全过程充分利用资源，特别是在工业集中地区、经济开发区积极发展生态工业，实施生态工业园区试点逐步推行的策略，实现区域资源的最有效利用。

（三）发展可再生能源产业

河西地区很多地区生态环境相对脆弱，但却具有一定资源特色，因此，促进河西地区加快转变经济增长方式的步伐，特别是促进一些可再生能源的利用和开发，走出一条与东部地区不同的工业化道路。

河西走廊风能资源非常丰富，特别是酒泉市的瓜州县、玉门市荒漠地区及肃北马鬃山地区素有"世界风库"之称。整个河西走廊的风能资源储量也是非常丰富的，发展风电产业具有得天独厚的综合优势。

同时，河西地区蕴含丰富的太阳能，这些地区日照时间长、大气透明度高、地势平坦、太阳能资源丰富。尤其是河西荒漠地区太阳能资源储量大，开发潜力高。

河西地区原本看似恶劣的自然条件，在新时期却成为河西地区新的发展契机。丰富的自然资源为河西地区提供了新的发展思路和前景，也为河西地区在新时期发展可再生能源打造了良好的基础。河西地区应积极筹划，统筹全局，积极寻求财政和技术支持，努力将新型可再生能源的开发利用变成河西地区在资源环境保护与经济发展的困境中重要的突破口。

（四）大力发展旅游产业，推进现代服务业的发展

推进现代服务业的发展，不仅可以促进生态保护，还可以吸收大量的剩余劳动力，促进区域经济效益的提升。

旅游业是区域国民经济和社会发展不可缺少的产业部。河西走廊地域辽阔，历史悠久，闻名中外的古"丝绸之路"贯穿全境，留下了丰富的旅游资源，具有资源富集、分布相对集中、特色突出、种类丰富、知名度高、开发利用价值大等特点。所以，河西地区可发展多层次、多样化的旅游项目和旅游活动。这不仅可以以此建设生态保护的基础设施，更可以提高当地居民的收入水

平,提高生活质量。

在主体功能区的框架下,河西走廊地区的发展面临前所未有的困境,同时,在困境的背后也暗藏着巨大的发展潜力,因此,应该审时度势,统领全局,既要看到发展的不利因素,也要看到发展的机遇,要善于转变不利因素为有利因素,应解放思想,冲破原有的思维模式,认识到区域发展的长远性,整合河西地区区域资源,全面推进生态文明建设,积极构建生态产业体系,加强生态保护与产业发展的整体规划与发展政策的制定,实现河西地区整体区域发展提升。

参考文献

[1] 杨珊,赵丽红. "一带一路"下陕西县域农业特色产业发展的优势分析——以陕西省宝鸡市眉县为例 [J]. 知识经济,2016 (22):16-17.

[2] 纳慧. 特色产业、文化与旅游的耦合——以西部地区葡萄酒产业为例 [J]. 商业经济研究,2016 (19):203-205.

[3] 宋洪远. 中国西部特色农业与"一带一路"国家农业产业合作 [J]. 农村工作通讯,2016 (12):20-24.

[4] 宋洪远. 中国西部特色农业与"一带一路"国家农业产业合作 [J]. 农村工作通讯,2016 (12):20-24.

[5] 龚英,陈振江,何春江. 基于低碳视野的西部地区"一带一路"走出去特色产业研究 [J]. 重庆与世界(学术版),2015,32 (6):29-33+46.

[6] 杨延冰. "一带一路"背景下西部欠发达地区产业结构调整的思考 [J]. 经济研究导刊,2017 (31):66-69.

(作者单位:中共武威市委党校)

甘肃实施"一带一路"倡议的策略选择

张 洋

中共十九大报告指出:"中国坚持对外开放的基本国策,坚持打开国门搞建设,积极促进'一带一路'国际合作,努力实现政策沟通、设施联通、贸易畅通、资金融通、民心相通,打造国际合作新平台,增添共同发展新动力。"甘肃省第十三次党代会也指出:"要深度融入'一带一路'建设,打造丝绸之路经济带黄金段。"甘肃纵深1 600千米,是"丝绸之路经济带"的黄金段大通道,具有承东启西、南拓北展的区位优势,与中西亚地区有源远流长的传统联系,具有高度的经济互补性和深化合作的广阔空间。全面实施"一带一路"倡议不仅是新时代甘肃扩大开放的现实需要,也是着力推动甘肃经济转型发展的必然选择。

一、在政策沟通上,主动对接、灵活应对

加强政策沟通是"一带一路"建设的重要保障。一是落实愿景行动,明确目标定位。认真贯彻落实党中央、国务院"一带一路"倡议规划,按照国家发展改革委、外交部、商务部发布的《推动共建丝绸之路经济带和21世纪海上丝绸之路的愿景与行动》,制定并落实《甘肃省参与丝绸之路经济带和21世纪海上丝绸之路的实施方案》,细化全省"丝绸之路经济带"建设的发展目标、战略布局、重点任务和项目清单,明确在"一带一路"建设中打造"丝绸之路经济带"甘肃黄金段。二是以友好城市为媒,建立政府交流机制。目前,甘肃省已与五大洲的35个国家建立了50对国际友好城市,其中与"一带一路"国家建立了17对国际友好省州和友好城市。分别有美国、墨西哥、日本、韩国、菲律宾、澳大利亚、新西兰、英国、法国、瑞士、爱尔兰、西班牙、匈牙利、罗马尼亚、塞尔维亚、白俄罗斯、俄罗斯、哈萨克斯坦、土库曼斯坦、伊朗、智利、巴西、乌拉圭、古巴、埃及、津巴布韦、马达加斯加、毛里塔尼亚、纳米比亚29个国家,涉及各国23个省(州)和20多个城市,遍及亚洲、欧洲、北美洲、大洋洲、南美洲和非洲,大多都在"一带一路"上。要因势利导,以城市为媒,主动建立甘

肃省与各国地方政府间对话和宏观政策沟通，因地制宜地灵活制定加强省域合作的政策和措施，为甘肃省开展"一带一路"国际合作提供政策支持。三是要加强智库建设，提高政策谋划能力。要建立甘肃"一带一路"建设研究中心和能力建设中心，与国家"一带一路"国际合作高峰论坛、"一带一路"财经发展研究中心、"一带一路"建设促进中心开展合作，加强信息沟通。加强与国家多边开发融资合作中心、国际货币基金组织合作建立能力建设中心，加强合作，加强交流，共商共建，提高甘肃参与"一带一路"建设的能力。发挥智库作用，及时研究适合甘肃内陆欠发达省份、与五大洲"一带一路"沿线各国合作的可行性研究，特别是向中亚、西亚、欧洲陆上各国合作的可行性研究，在吃透现行国际规则的情况下，充分利用现有规则，扩大对外开放合作进程，促进政策、规则、标准"三位一体"的联通，为互联互通提供机制保障。

二、在设施联通上，建强通道、连接四方

设施联通是合作发展的基础。"一带一路"倡议在某种程度上既是一个国际区域发展战略，也是促进甘肃发展的重大战略，可以把甘肃放在国际区域发展构架中推进，在由我国东部发展势能沿丝绸之路向西扩散的过程中，让发展的绿水漫过甘肃这块"欠发达"的土地，从而达到均衡发展。一是抓好联通规划。要抓好甘肃设施联通总体规划，要与中蒙俄、新亚欧大陆桥、中国—中亚—西亚、中国—中南半岛、中巴、孟中印缅六大经济走廊建设对接，着力推动甘肃陆上、海上、天上、网上"四位一体"的联通，重点抓好新亚欧大陆桥经济走廊、中蒙俄经济走廊、中国—中亚—西亚经济走廊的对接，积极开辟国际航线，坚持开行中欧货运班列，发挥甘肃经济走廊通道的关键作用。二是完善自身联通。以服务"一带一路"倡议实施为重点，继续实施《丝绸之路经济带甘肃段"6873"交通突破行动实施方案》，加快建设兰州铁路口岸、兰州新区中川北站、兰州东川铁路物流中心，构筑功能完备的现代化基础设施网络，实现民航服务和铁路干线覆盖市州、高速公路连通县区、快递网点遍布乡镇、沥青（水泥）路通达建制村。加快兰州、武威、天水三大国际陆港和兰州、敦煌、嘉峪关三大国际空港建设，在开通国际货运班列的同时，打通空中通道，全力打造集铁铁、公铁、铁海、国际联运等多式联运平台，打造"丝绸之路经济带"交通、能源、军事、生态、安全大通道，以甘肃自身畅通提升丝绸之路战略通道的畅通。三是建设数字甘肃。实现互联网全覆盖，提高城乡宽带网络普及水平和接入能力，推进跨区域物流网、跨境光缆等通信干线网络、跨境电力与输电通道、能源基础设施建设，提高国际互联互通水平，确保丝绸之路安全快捷，畅达世界。

三、在贸易畅通上，搭乘"快车"、加快流通

贸易是经济增长的重要引擎。全球 100 多个国家和国际组织积极支持和参与"一带一路"建设，联合国大会、联合国安理会等重要决议也纳入"一带一路"建设内容。"一带一路"涉及约 65 个国家（含中国），总人口约 44 亿人，经济总量约 21 万亿美元，分别占全球的 62.5% 和 28.6%。2014~2016 年，中国同"一带一路"沿线国家贸易总额超过 3 万亿美元。"一带一路"沿线国家互补性强，有的资金过剩，有的资源过剩，有的劳动力资源充足，有的市场潜力大，与这些国家开展经贸合作将带来多赢结果。要发挥甘肃联通内外的优势，让"一带一路"沿线国家搭乘中国发展的"快车"，同步提升甘肃发展水平。一是要加快兰州新区建设，发挥对外贸易龙头作用。兰州新区作为"丝绸之路经济带"第一个国家级新区，被定位为国家向西开放的战略平台、国家重要的产业基地、西部重要的增长极和承接产业转移的示范区。目前，已引进 39 家全球及中国民营 500 强企业，龙头产业项目达 200 多个，以园区建设带动"一带一路"建设。二是要加速贸易流通，发挥好货运班列"快车"作用。继续发挥好"兰州号"南亚公铁联运货运班列、"天马号"中欧班列、"兰州号"中亚国际货运班列、嘉峪关号酒钢钢材中亚国际货运班列的重要贸易联运的作用，加快货物贸易流通，发挥班列带动甘肃贸易的独特作用。三是要加快重大项目建设，发挥好贸易带动作用。把投资和贸易有机结合起来，以投资带动贸易发展，继续扩大甘肃省与中西亚贸易合作范围，加快金川公司、白银公司、酒钢集团等大型国有企业和民营企业"走出去"步伐，在装备制造、交通、特色农业、中医药、石油钻采设备、特色农产品、民族用品、电子产品等领域开展合作，推动新兴产业合作，促进沿线国家在新一代信息技术、生物、新能源、新材料等新兴产业领域的深入合作，推动建立创业投资合作机制。积极参加沿线国家 100 个"幸福家园"、100 个"爱心助困"、100 个"康复助医"项目建设，加强友好合作，提升贸易水平。四是要加快投资便利化进程，消除贸易投资壁垒。加强双边投资保护协定，避免双重征税协定磋商，保护投资者的合法权益。建设中国（兰州）自由贸易园区，推进国际贸易"单一窗口"建设，营造法治化、国际化、便利化的营商环境。推进国际空港和国际陆港建设，大力发展综合保税区、保税物流中心等海关特殊监管区域，强化航空、铁路等各类开放口岸建设，着力打造面向六大国际经济走廊经贸产业合作基地和人文交流窗口。五是打造贸易交流平台，发挥好贸易节会作用。充分发挥中国国际进口博览会、敦煌国际文博会、兰洽会、国际旅游节等重点节会作用，积极"引进来"和"走出去"，加大招商引资力度，加快开放型经济发

展,不断提升贸易层次和国际化水平,使其成为甘肃省对外开放和合作交流的重要平台。

四、在资金融通上,力足中游、借"力"发"力"

资金融通是"一带一路"建设的重要支撑,也是甘肃借力发展的重要契机。甘肃作为国家安全战略的重要屏障,作为向西开放的前沿,作为"一带一路"的重要组成部分,属于"一带一路"的中游地带,要发挥资金融通的重要作用。一是加强与亚洲基础设施投资银行、丝路基金的合作。国家向丝路基金新增资金1 000 亿元人民币,鼓励金融机构开展人民币海外基金业务,规模预计约3 000亿元人民币。中国国家开发银行、进出口银行将分别提供2 500 亿元和1 300亿元等值人民币专项贷款,我们可以同丝路基金、中国国家开发银行、进出口银行、金砖国家新开发银行、上合组织开发银行、世界银行及其他多边开发机构合作,为甘肃"一带一路"基础设施建设、产能、金融合作项目提供资金支持。二是深化金融合作,推进银行业务创新。充分发挥市场引领作用,引导商业性股权投资基金和社会资金共同参与"一带一路"重点专案建设。积极推进甘肃银行、兰州银行等甘肃地方银行和股权基金"走出去"步伐,参与丝路基金运营,加强与亚洲基础设施投资银行、金砖国家开发银行务实合作,以银团贷款、银行授信等方式开展多边金融合作。支持合作业务国家政府和信用等级较高的企业以及金融机构在中国境内发行人民币债券业务。支持甘肃银行、兰州银行和符合条件的甘肃企业在境外发行人民币债券和外币债券,支持甘肃在交通、能源、电信、农业和城市发展、资源开发、产业合作、金融合作等领域,实现可持续发展。三是加强金融监管合作,建立高效监管协调机制。完善风险应对和危机处置制度安排,构建区域性金融风险预警系统,形成应对跨境风险和危机处置的交流合作机制。加强征信管理部门、征信机构和评级机构之间的跨境交流与合作。充分发挥丝路基金以及各国主权基金作用,引导商业性股权投资基金和社会资金共同参与"一带一路"甘肃重点项目建设,为甘肃的发展助力加油。

五、在民心相通上,以文会友,"软"化万邦

民心相通是"一带一路"建设的社会根基,文化交流是民心沟通的桥梁纽带。要发挥文化的"软实力"作用,倡导以和平合作、开放包容、互学互鉴、互利共赢为核心的丝路精神,为深化双多边合作奠定坚实的民意基础。一是要加强人才交流。广泛开展文化交流、学术往来、人才交流合作、媒体合作、青年和妇

女交往、志愿者服务等，深化沿线国家间人才交流合作。发挥高校职校人才培养阵地优势，在高校设立"丝路学院"，积极培养适合"一带一路"建设的各类人才，在丝绸之路沿线民间组织合作网络、新闻合作联盟、音乐教育联盟以及其他人文合作平台中占有一席之地。吸引"一带一路"沿线国家留学生到甘肃高校留学深造，扩大"一带一路"来甘肃留学生规模，鼓励他们在古丝绸之路寻根，不断加深民族交流，巩固"一带一路"建设的良好民众基础。二是要加强技术交流。充分发挥甘肃在风能、太阳能、旱作农业、雨水积蓄利用等方面的技术优势，加强援外项目培训。积极实施甘肃省国际交流员研习班项目，强化丝绸之路沿线国家人员的学习培训。强化与周边国家在传染病疫情信息沟通、防治技术交流、专业人才培养等方面的合作，提高合作处理突发公共卫生事件的能力。加强沿线国家民间组织的交流合作，重点面向基层民众，广泛开展教育医疗、减贫开发、生物多样性和生态环保等各类公益慈善活动，促进沿线贫困地区生产生活条件改善。三是要加强文化交流。要用好敦煌文化遗产，联合打造具有丝绸之路特色的旅游产品和遗产保护，加强旅游合作，扩大旅游规模，互办旅游推广周、宣传月等活动，提高沿线各国游客签证便利化水平。办好丝绸之路（敦煌）国际文化博览会，发挥《读者》出版传媒等文化企业优势，加强文化传媒的国际交流合作，积极参加沿线国家互办的文化年、艺术节、电影节、电视周和图书展等活动。加快甘肃优秀舞剧《丝路花雨》《大梦敦煌》等"走出去"加强艺术交流。积极利用网络平台，运用新媒体工具，宣传"丝路精神"，讲好中国故事、甘肃故事，弘扬中华文化、中华文明，以文化软实力，促进人文相通，凝聚发展共识，共同把"一带一路"建设成为和平、繁荣、开放、创新、文明之路，造福世界各国人民。

参考文献

［1］习近平．携手推进"一带一路"建设［N］．人民日报，2017－05－15.

［2］推动共建丝绸之路经济带和21世纪海上丝绸之路的愿景与行动［N］．人民日报，2015－03－29.

［3］张建君．深化"一带一路"的战略认识［N］．甘肃日报，2015－04－17.

［4］陈发明，李琛奇．与"一带一路"沿线国家贸易额突破百亿元——甘肃：打造向西开放新高地［N］．经济日报，2017－03－23.

（作者单位：中共酒泉市委党校）

基于丝绸之路黄金段的甘肃生态建设路径探析

赵关维

从习近平总书记 2013 年提出"一带一路"倡议构想至今,连接中国与南亚、中亚和西亚的交通运输与经济发展网络,以沿线国家、省际、地区间全方位多层次的经贸合作与文化交流而不断落地生根。这对于加快我国向西开放的步伐,为我国西部省区经济社会发展、生态环境的改善带来了难得的历史机遇。古丝绸之路贯穿我国西部,西部省区在以现代欧亚大陆桥为基础的"丝绸之路经济带"中扮演着重要角色。

甘肃在"一带一路"建设中的战略定位为建设丝绸之路甘肃黄金段。作为丝绸之路黄金段的甘肃,如何以高度的政治站位,立足甘肃,放眼西部,面向全国,坚持节约资源和保护环境的基本国策,形成绿色发展方式和生活方式;坚持人与自然和谐共生,践行"绿水青山就是金山银山"的理念,以实现中共十九大提出的在 21 世纪中叶建成富强、民主、文明、和谐、美丽的社会主义现代化强国的目标为动力,以解决省十三次党代会指出的"生态建设和环境保护亟待加强"的突出问题。探讨这个问题,对于甘肃走向生产发展、生活富裕、生态良好的文明发展道路,进而推动建设幸福美好新甘肃具有重大而深远的意义。

一、生态文明是丝绸之路黄金段建设的有效支撑

1. 生态文明建设是西部省区在"丝绸之路经济带"建设中扮演重要角色的应有内涵。生态文明是人类对工业文明发展引起不良后果的深刻反思。"生态文明以人类发展为中心转向以生态为中心,以协调人、自然、社会三者间的关系为前提,跨越自然地理区域、社会文化模式,保证人类的世代延续和自然—社会—经济复合系统的可持续发展。"工业文明的发展,导致有限的不可再生资源几近

枯竭、环境污染、水土流失、生态脆弱，人类为此付出了沉重的治理代价，以此反思为契机，形成了可持续发展的人类共识，推动了生态文明建设的长足发展。

2. 生态文明建设是丝绸之路黄金段建设的重要抓手。历代中央领导集体高度重视生态文明建设与经济社会发展的关系：以毛泽东为主要代表的第一代中央领导集体，提出控制人口、植树造林绿化祖国以及协调人与自然关系等一系列生态文明建设思想，成为当代中国生态文明建设的探索者；以邓小平为主要代表的第二代中央领导集体明确提出要合理开发和利用资源等一系列生态文明建设的思想与措施，成为生态文明建设的倡导者；以江泽民为主要代表的第三代中央领导集体，提出要把生态环境保护与社会发展放在同样重要的地位，走适合我国国情的资源节约型可持续发展道路，成为生态文明建设的推动者；以胡锦涛为主要代表的第四代中央领导集体提出坚持统筹城乡发展、区域发展、社会发展、国内发展和对外开放，实现人与自然和谐发展；提高人文素质，促进科学发展；成为生态文明建设的布局者。

3. 生态文明建设是丝绸之路黄金段建设助推中国梦实现的外在动力。2013年5月24日，习近平总书记在中共中央政治局就大力推进生态文明建设进行的第六次集体学习时强调：生态环境保护是功在当代、利在千秋的事业。要以对人民群众、对子孙后代高度负责的态度和责任，真正下决心把环境污染治理好、把生态环境建设好，努力走向社会主义生态文明新时代，为人民创造良好生产生活环境。同年，习近平总书记在视察甘肃时要求：甘肃是我国西北地区重要的生态屏障，在保障国家生态安全中具有重要的地位和作用，一定要努力提高生态文明建设水平。

由此可见，从中国梦的提出到"一带一路"倡议构想布局的形成，新一代中央领导集体成为生态文明建设的强力推动者和践行者。

二、甘肃生态文明的薄弱性是丝绸之路黄金段建设的重要制约因素

"丝绸之路经济带"横贯我国西部省区，由于自然地理条件复杂，该区域生态文明建设的薄弱性十分明显。从甘肃来看，主要表现在以下诸方面：

（一）生态环境的脆弱性明显

1. 土地荒漠化面积较大。西出兰州，除了武威、张掖等可灌区外，大部分为风蚀、水蚀及荒漠化地表，尤以张掖为代表的丹霞地貌、以酒泉为代表的雅丹地貌特征明显。全省荒漠化土地总面积约28.3万平方千米，占全省总面积的62.3%。

2. 部分地区植被退化严重。如甘肃祁连山麓阴坡本来籍冰雪融水植被较好，但是封山禁牧措施不力，仍有放牧现象，导致部分地区植被不断退化、砂岩裸露。

3. 年度自然灾害频繁损失严重。2013年全省农作物受灾面积达1 282.9千公顷，居西北五省之首，占全国的4.1%；其中：旱灾694.9千公顷，洪涝、山体滑坡、泥石流和台风278.6千公顷，风雹灾害200.9千公顷，低温冷冻和雪灾102.9千公顷，人口受灾1 540.2万人，直接经济损失542.7亿元，为西北五省之首，占全国的9.35%。

（二）资源环境的瓶颈约束明显

1. 土地资源丰富，但可耕地占比偏低。全省土地总面积45.44万平方千米，居全国第七位，人均占有土地量居全国第五位，但难以直接利用的裸岩等土地几近40%，土地承载力远远低于全国平均水平，可用于生产建设的土地仅占土地总面积的60.11%。

2. 森林资源少，覆盖率低。全省森林面积为507.45万公顷，森林覆盖率仅为11.28%，比全国水平低10.35个百分点。

3. 水资源短缺对经济社会发展的瓶颈约束明显。陇中、河西等许多地方"苦甲天下"，主要是水资源的瓶颈约束所致。

4. 主要能源、黑色金属矿产储量相对偏低。据统计，2013年甘肃石油基础储量仅占全国的6.28%，比西北经济强省陕西低3.74个百分点；天然气基础储量仅占全国的0.52%，比陕西低12.9个百分点；铁矿石基础储量仅占全国的1.87%，比陕西低0.14个百分点。

（三）环境污染较为严重

1. 废气中有害气体的排放严重。2013年全省GDP总量为6 268.1亿元，仅占全国GDP总量的1.11%，但同期废气中二氧化硫排放量为56.2万吨，占全国的2.75%；氮氧化物排放量44.29万吨，占全国的1.99%；烟尘排放量为22.66万吨，占全国的1.78%；废气中二氧化硫排放量占比、氮氧化物排放量占比、烟尘排放量分别比GDP占比高出1.6个、0.8个、0.67个百分点。

2. 废水中工业有害物质的排放不容忽视。2013年，甘肃废水排放量64 969万吨，占全国的0.94%，废水中化学需氧量排放37.91万吨，占全国的1.62%；铅排放8 068.4千克，占全国的10.6%；镉排放1 289.5千克，占全国的7%；六价铬排放415.1千克，占全国的0.72%。废水中化学需氧量排放占比、铅排放占比、镉排放占比分别比GDP占比高出0.51个、9.49个、5.89个百分点。

（四）保护环境节约资源的生态文明理念尚未真正深入人心

1. 官员政绩考核的偏好与生态环境保护的纠结尚未从根本上消除。一些地方明显存在着重开发、轻保护的积弊，如2017年甘肃全省因祁连山国家生态环境保护区保护不力，有3位省部级领导干部，19位地、县、乡级领导干部被问责。

2. 公民建设资源节约型、环境友好型社会的理念尚未真正付诸行动。垃圾"堆在一起是废物，分类存放是资源"的理念没有真正贯穿于日常生活之中，部分地方不同程度地存在着乱扔垃圾的现象。

三、建设丝绸之路黄金段甘肃生态安全屏障的路径探讨

中共十九大报告更加突出"五位一体"的总体布局，更加高度重视生态文明建设。甘肃省第十三次党代会提出了加强生态系统修复和保护、加大环境风险和污染防治力度、推动绿色循环低碳发展、建立健全生态文明制度的总要求。在"丝绸之路经济带"西部生态安全屏障的建设过程中，甘肃应坚持共商、共建、共赢的原则，加强与沿线毗邻省区的沟通协调，使生态安全屏障建设与丝绸之路黄金段建设相辅相成，相互促进，使"五位一体"的总体布局真正落到实处，应以开放的视野、绿色的要求从以下几方面着手：

（一）以落实新发展理念为契机，建立省区生态环境决策联动机制，促进资源环境与经济的协调发展

主动与西部毗邻省区政府在制定经济和社会发展规划时，应通过省（区）际政府协调机制，自觉将环境保护纳入经济社会发展规划中来，统筹兼顾，通盘安排，绝不将环境的外部负效应输出到毗邻省区；应通过公众参与为核心内容的社会机制，建立健全环境保护公民参与的程序，落实项目决策的环境保护问责机制，充分发挥人民群众和非政府组织的环保监督作用。通过生态环境保护的体制创新与机制创新，使经济效益、生态效益与社会效益实现有机统一。

（二）以综合防治环境风险为焦点，加强与西部省区绿色屏障建设的合作

2013年12月，国务院通过的《甘肃省加快转型发展建设国家生态安全屏障综合试验区总体方案》指出："甘肃是西北乃至全国的重要生态安全屏障。"以

河西走廊地区为代表的生态安全屏障是"丝绸之路经济带"甘肃黄金段建设的关键。面对其水资源短缺、荒漠化严重的生态环境问题，应做好如下工作：

1. 养护好祁连山生态水源。源于祁连山与绿洲的固守而使河西走廊免遭周边沙漠的"吞噬"，丝绸之路的"绿色屏障"才得以幸存。因此，祁连山麓应以保护现有植被为重点，坚持封山禁牧，涵养水源；有条件的地方应坚持人工种植耐寒耐旱固沙植物，扩大水源涵养区域；坚决禁止在祁连山麓盲目开挖砂石和布设污染严重的企业，以防止祁连山内陆河水源污染。

2. 防治好河西走廊边缘的沙化问题。河西走廊诸绿洲城市应因地制宜，绿色发展，多发展涵养水源、防风固沙的绿色生态示范项目，以此为依托，串联起各绿洲城市，使河西走廊真正成为绿色生态安全屏障。因此，河西走廊沿线城市工农业生产应以大力发展绿色生态循环经济为重，以缓解生产发展与环境保护的矛盾。如张掖市于20世纪90年代初，开始着手黑河湿地的保护工作，坚持绿色发展，终于使黑河湿地于2011年4月起成为国家级自然保护区。

（三）以植被保护为着力点，扎实推进与西部省区"三北"防护林协作建设

1. 加强国家"三北"防护林、长江、黄河上中游甘肃段防护林保护。长江上游、黄河上中游、风沙区、草原区四个区域，应严格贯彻落实《全国生态环境建设规划》，坚持封山禁牧，做好植被保护。

2. 坚持人工造林与退耕还林并举，落实《全国生态环境建设规划》目标。按照规划的要求，甘肃提出要划定生态红线、实施国土生态安全空间体系等五大战略任务，全方位、多层次推进生态文明建设。并提出力争2020年，甘肃省森林覆盖率超过12.58%，森林蓄积量达到2.62亿立方米等奋斗目标。以甘肃为代表，西部省区应在宜林地区大力推进人工植树造林工作，继续实施退耕还林工作，以实现防风固沙、防治水土流失的目标。

（四）以加快转变经济发展方式为主线，推动西部省区大力发展循环经济、推广低碳技术、塑造绿色产业

1. 以国家级循环经济示范区建设为重点，大力发展绿色循环经济。从甘肃看，国务院确立的国家级循环经济示范区效应正在显现。应加快推进兰（州）白（银）石化、有色金属、平（凉）庆（阳）煤电、石化等七大循环经济基地建设，形成企业间的物质能量循环利用。

2. 以开发并推广低碳技术为着力点，重塑绿色节能型产业。西部省区应通

过科研院所与龙头企业的深度融合，开发并推广低碳适用技术，推进企业产业再造，形成企业内部的物质能量循环利用。

3. 以清洁生产龙头企业为标杆，通过其示范带动，在西部省区形成节能环保型社会。从甘肃看，已培育出金川公司、白银公司等百户清洁生产示范企业，应通过抓点扩面，加大节能减排力度，使循环型社会的发展理念深入人心。

（五）以生态文明理念的宣传教育为推手，在西部省区形成良好的绿色生产生活方式

1. 以舆论为导向，形成良好的绿色低碳循环经济社会氛围。与西部省区政府共商共建共赢，媒体部门、培训机构应大力宣传绿色、节能、环保理念，要在全社会大力培育、提高公民的生态道德素质，重塑企业的社会责任意识，切实提高公民、企业的节约资源、保护环境意识，使关爱自然、敬畏自然、感恩自然、保护自然成为公民、企业的自觉行动。

2. 抓好环境污染治理，落实好企业的社会责任。以河长制责任落实为契机，以省内长江流域、黄河流域为重点，以沿线企业的污染防治为重心，督促企业依法依规做好"三废"的达标治理，使企业环境保护的社会责任落到实处。

3. 以负面清单和主体功能区划分为突破口，塑造美丽西部、美丽甘肃。一是与西部省区政府发改部门定期协作，开出负面清单，使企业发展、项目上马等思路更清晰，发展更环保；二是西部省区政府环保部门要认真执行有关环保法规，对违法违规的企业、个人绝不姑息，该关停的关停、该处罚的处罚，使企业敬畏自然保护生态；三是西部省区政府财税部门要通力合作，对绿色生产企业给予适当的税费减免，以鼓励其不断研发新技术、采用新工艺，使绿色生产方式成为企业的自觉行动；四是要教育公民个人形成良好的生活习惯，从我做起，爱护环境。从而建设美丽西部、美丽甘肃，使"丝绸之路"甘肃黄金段成为西部生态安全屏障的有力支撑。

参考文献

［1］谭英俊. 中国发展道路与发展方式转变——论可持续发展视域下的生态文明道德观［M］. 成都：西南交通大学出版社，2011.

［2］沈濛. 四代中央领导集体生态文明建设思想问题研究［D］. 辽宁工业大学硕士学位论文，2014.

［3］习近平总书记阐释"中国梦". 新华网（EB）. 2013 – 05 – 08.

［4］杨卫军. 从可持续发展到建设美丽中国：党的生态文明建设思想的演进

与实现路径 [J]. 探索, 2013 (4).

[5] 王涛. 甘肃: 生态文明建设迎来重要发展机遇期 [EB]. 中国林业新闻网, 2014-08-01.

(作者单位: 中共庆阳市委党校)

"一带一路"视角下天水市高铁沿线文化旅游的SWOT分析

刘 岩

一、"一带一路"的提出及其对天水市文化旅游发展的意义

(一)"一带一路"的提出及意义

2013年9月7日上午,中国国家主席习近平在哈萨克斯坦扎尔巴耶夫大学演讲中提出共同建设"丝绸之路经济带"。同年10月,习近平在印度尼西亚国会发表演讲时提出,中国愿同东盟国家发展好海洋合作伙伴关系,共同建设"21世纪海上丝绸之路"。可以说"丝绸之路经济带"和"21世纪海上丝绸之路"(即"一带一路")这一倡议顺应了时代要求和各国加快发展的愿望,提供了一个包容性巨大的发展平台,能够把快速发展的中国经济同沿线国家的利益结合起来。

中共十九大报告进一步明确提出,"中国坚持对外开放的基本国策,坚持打开国门搞建设,积极促进'一带一路'国际合作,努力实现政策沟通、设施联通、贸易畅通、资金融通、民心相通,打造国际合作新平台,增添共同发展新动力。"可以说,中共十九大报告再次重申"一带一路",将"倡议"升级为"国际合作",表明了中国政府持续推进"一带一路"的决心与耐心。在2017年10月24日通过的中国共产党章程将"一带一路"首次写入党章:"遵循共商共建共享原则,推进'一带一路'建设。"将国家意志再次拓展至党的意志,更表明了"一带一路"的执行度与战略性。

(二)"一带一路"对天水市高铁沿线文化旅游的意义

2014年5月23日,甘肃省委、省政府正式印发了《"丝绸之路经济带"甘肃段建设总体方案》。天水作为节点城市,按照省委、省政府打造"丝绸之路经济带"黄金段的目标定位,天水市委、市政府提出了建设"丝路明珠·三宜名

城"的总体思路,着力打造"三地两城一枢纽"(全球华人寻根祭祖圣地、中国先进装备制造业基地、中国西部优质特色农产品生产加工基地、中国最佳历史文化旅游城市、中国西部宜居城市和区域信息交通物流枢纽),努力把天水建设成为"丝绸之路经济带"宜居、宜业、宜游历史文化名城。

2017年7月1日,随着宝兰高铁的全线开通,天水市文化旅游也将搭乘高铁快车,宝兰高铁响应国家提出的"一带一路"倡议,为天水的经济社会发展带来前所未有的机遇。

二、天水市高铁沿线文化旅游资源分析

(一) 天水市文脉分析

天水市位于甘肃省东南部,东接关中,南控巴蜀,西倚甘南,北扼陇西,是陇东南政治、经济、文化中心。境内发掘的大地湾遗址证明,早在7800年以前,我们的祖先就在这里繁衍、生息。天水地处黄河与长江流域的分界线上,新欧亚大陆桥横贯全境。平均海拔1100米,年均温为11℃,冬无严寒,夏无酷暑,四季分明,景色秀丽,被誉为"陇上小江南",是丝绸之路上的一颗明珠。

(二) 天水旅游资源景观组成与特征

天水旅游资源类型丰富多样,涵盖了自然景观和人文景观两大类型。以天水市区为中心,呈放射状分布于所辖的县区旅游资源(如表1所示)。

表1　　　　　　　　　天水市人文景观组成及特征

资源类型	典型景观点	分布区	年代	景点特征
古遗址	大地湾遗址	秦安县	新石器时代	总面积1300多平方米,现发掘房址238座,出土文物8000余件,距今已有7800年
石窟	麦积山石窟	麦积区	十六国	现存洞窟194座,保存有4~19世纪泥塑7200余尊,有"东方雕塑陈列馆"之称
	水帘洞	武山县	北魏	保存北魏、隋、唐佛教壁画
	拉稍寺石窟	武山县	北魏~元朝	保存北魏题记和北周摩崖石刻、释迦佛像40平方米

续表

资源类型	典型景观点	分布区	年代	景点特征
石窟	大象山石窟	甘谷县	唐、宋	因山崖塑高 27.3 米，左右罗列 22 窟龛
	木梯寺石窟	武山县	北魏	现存窟龛 14 个，殿宇 4 座，保存塑像 78 尊
	神殿寺石窟	武山县	明、清	共保存塑像 62 尊
	华盖寺石窟	甘谷县		现存石窟 25 个，塑像 30 尊
古建筑	伏羲庙	秦州区	明	庙内有塑像、壁画等，院中有古柏 35 株
	仙人崖	麦积区	南北朝	道佛合一圣地，现存塑像 197 尊，壁画 87 平方米，明清建筑殿宇 27 座
	石门山	麦积区	明清	现存明清塑像 20 尊，古建筑 27 座
	南郭寺	秦州区		历史悠久，古树参天
	玉泉观	秦州区	元	道教宫殿建筑群
	泰山庙	秦安县	明	泰山庙建筑群
	官寺	武山县	元、明	元、明时期建筑
	蔡家寺	甘谷县	元	寺内有龛、塑像
	南宅子	秦州区	明	明代庭院建筑
	北宅子	秦州区	明	庭院建筑群
	卦台山	麦积区	明	64 卦 28 宿全木质雕刻
古墓	李广墓	秦州区		现存祭庭、墓碑墓冢
	赵充国墓	清水县		封土冢、两座清代墓碑
	放马滩秦墓	麦积区		秦汉古墓群
古战场	街亭	秦安县	三国	汉代建筑一座，明清城 2 座，10 座烽燧台
	木门道	秦州区	三国	三国遗址
民族风情类				传统文化艺术

(三) 天水五大特色文化及其旅游资源

1. 伏羲文化。天水是伏羲文化的诞生地和发祥地,天水市西关现有一座始建于元代、明代重修的全国规模最大、保存最完整的祭祀伏羲的场所——伏羲庙,是伏羲文化的标志性建筑,为全国重点文物保护单位,全国三大祭祖基地之一。天水伏羲文化旅游节,现已被文化和旅游部列入国家级旅游节庆活动,并每年举行官方主持的伏羲公祭大典。从 2005 年开始,每年祭典由甘肃省政府主办。伏羲祭典对于增强中华民族的凝聚力、构建和谐社会,起到了积极的促进作用,其影响力逐年呈扩大趋势。

2. 大地湾文化遗址。被学术界评定为我国 20 世纪百项考古大发现之一的大地湾遗址,总分布范围为 110 万平方米,位于天水市秦安县东北五营张邵店村,距天水市 102 千米。大地湾遗址是一处规模较大的新石器时代遗址,出土房址 238 座,属仰韶文化遗址。大地湾六项考古之最包括农业、制陶、文字、建筑、绘画等关系华夏文明进程的诸多方面,其规模之大,内涵之丰富,在我国考古史上亦属罕见。

3. 秦早期文化。天水是秦国的发祥地,在中国古代史上,第一个建立了统一的中央集权封建制的秦朝,其先祖就是在天水发展起来的。20 世纪 80 年代以来,这里出土了大量的秦简和七块中国现存最早的地图、中国最早的纸张。这些为研究我国秦早期文化提供了实物及文字记载证据,战国秦简是研究当时政治、经济、生活与文字的重要文献。

4. 石窟文化。天水堪称丝绸之路东段的"石窟走廊",全市境内有大小石窟 6 处。驰名中外的麦积山石窟是我国四大石窟之一,为国家重点文物保护单位。它始凿于南北朝时期的后秦(公元 384~417 年),距今已有 1 600 多年历史,保存有 194 个洞窟,7 800 多尊造像,壁画千余幅,1 300 多平方米,是罕见的艺术珍品,有"东方雕塑陈列馆"之称。此外,还有与麦积山石窟连成一线的甘谷大像山、华盖寺、武山水帘洞、木梯寺、禅殿寺等石窟。

5. 三国文化。天水在历史上是陇右第一重镇,历来为兵家必争之地。三国时期,天水处于蜀魏交锋的前沿,世人耳熟能详的诸葛亮六出祁山、痛失街亭、智收姜维等重大战事都发生在天水。这里至今还有"乱骨堆""大营""常营""万人坟"等战争遗存,并有弩机、马刺等遗物出土。祁山堡、街亭、诸葛军垒、木门道、姜维墓等遗存烁然具在,昭示文明。三国文化是天水历史厚重的一页,也是天水历史极负盛名之所在。

三、天水市高铁沿线文化旅游"SWOT"分析

"SWOT"分析是一种态势分析,是将与研究对象密切相关的许多种主要的内外部优势(strength)、劣势(weakness)、机会(opportunity)和威胁(threats)等因素综合起来,加以分析。下面就应用"SWOT"分析模型来对天水市文化旅游进行分析。

(一)S——优势分析

1. 文化旅游资源得天独厚。天水作为中国优秀旅游城市,旅游资源十分丰富。现有旅游景区(点)228处,其中,国家5A级旅游景区1处、4A级3处、3A级3处。有星级宾馆33家,旅行社25家,星级农家乐38家,国家级工农业旅游示范点2个。以伏羲文化、大地湾文化、麦积山石窟艺术文化、秦早期文化、三国古战场为代表的五大文化构成了天水独特、丰富的历史文化资源体系。天水的山、水、林、泉等独特的自然资源与城、寺、观、阁等丰富的人文资源,以及丰富的民间民俗文化资源,构成了天水独具特色、丰富多彩的文化旅游资源。

2. 相关政策支持力度较大,客源市场较甘肃其他地区优势明显。随着国家"一带一路"倡议实施以及《关中—天水经济区发展规划》的实施,天水作为经济区的次核心城市,充分利用与关中城市历史同脉、文化同源、山水相连、人文相近的优势,对加快融入大关中旅游区发展有很好的条件。据统计,2016年,天水市累计接待游客2 778.88万人次,实现综合收入158.77亿元,同比分别增长33.96%和32.63%。自宝兰高铁开通以来,2017年国庆节与中秋节双节期间游客数量与往年相比有大幅增加,据统计,2017年10月1日接待游客51万人次,旅游综合收入2.91亿元,同比增长28%和27.4%。

(二)W——劣势分析

1. 地理位置制约发展。虽然天水自古就是丝绸之路上的重镇,但是其深处欧亚大陆腹地,这样的区域位置加上西部地区经济依旧不发达,都在很大程度上制约了天水发展,也影响到其知名度的提高。

2. 基础设施建设滞后,经济支撑力弱。首先是交通基础设施建设不足,天水市共有三个高铁站,宝兰高铁开通后,从西安东来的高铁在东岔站并不靠停,在天水南站有34趟列车靠停,在秦安站共停靠12趟列车,从兰州经天水的高铁在秦安站停靠的14趟列车,在天水南站停靠的有41趟列车,在东岔站没有停

靠。其中，有 10 余趟列车是 20 点之后到天水南站，而天水南站所经公交车 19 点 30 分之后全部停运，只有出租车运行，在一定程度上造成了交通不便。此外，所经天水南站公交车数量远不够乘车人的需求，且只有一趟开往麦积山温泉的公交专线，此专线公交周一到周五从天水南站至麦积山温泉有两趟班车发出，麦积山温泉至天水南站仅有一趟返程班车，周六到周日天水南站至麦积山温泉有四趟班车，麦积山温泉至天水南站有三趟班车，虽然为来天水去温泉的游客提供了方便，但是对于去其他景点的游客来说，问题并没有得到解决，比如对去麦积山石窟的游客来说，如果乘坐其他公交车，就得在麦积区进行转车，如果乘坐专线公交，在半路还得转车，带来了很大的不便。所以，天水地区地域广阔，景点相对比较分散，交通基础设施这一目前制约天水发展旅游经济的一大"瓶颈"必须加以突破。其次是旅游服务业发展缓慢。第一是旅行社对天水本地游重视不够。目前在天水南站没有任何旅行社参与接待游客。很多游客只能自行前往目的地游览，而天水本地旅行社更加注重对外地旅游的推广。很少有旅行社进行"天水本地游"这种旅行项目，导致很多游客来了以后打听天水本地人才知道怎么游览，或者上网搜索旅行攻略。这成为制约天水文化旅游发展的一大瓶颈。第二是住宿业发展缓慢。作为一个旅游城市，住宿是人们关注的一大焦点且直接影响到游客数量和回头游客，目前，天水市仅有天水宾馆及兰州饭店天水和谐园 2 家五星级宾馆，四星级宾馆有 6 家，三星级宾馆 11 家，且这些三星级以上宾馆都在两区，其余各县都只有经济型宾馆，这对于现代追求高端生活品质的旅行者来说，影响了旅行质量，因为现在人的经济条件越来越好，很多人对于住宿是否卫生、安全以及住宿条件等都要求越来越高。但是就目前天水市的住宿业来说，其发展远远没有赶上游客的需求，这在一定程度上成为天水旅游业发展的桎梏。

3. 历史文化开发少，旅游资源开发程度低，发展观念落后。目前对于"五大历史文化"的挖掘和保护、整理尚处于初级阶段，没有充分体现出历史文化的底蕴内涵和珍贵的文化艺术价值。虽然天水市旅游商品有几十种，但表现文化特质的精品不多，部分旅游景区景点旅游产品本身的文化内涵不够，品位不高。由于特质文化挖掘不深，旅游精品打造不够，致使游人回头客少，逗留时间短，消费水平低。天水各景区目前主要表现为典型的"门票经济"。

4. 缺乏整体规划。受体制等影响，多数地方旅游文化资源由多个部分和地域分头拥有，条块分割、管理分散、各自为政、市场化程度低的局面依然存在。在已开放的旅游景（区）点中，有属于文化、建设、林业部门管理的，还有属于宗教、农业、卫生等部门管理的。多头管理，一方面，造成景区各自为政、步调不一、管理难到位、协调难见效，导致旅游服务不到位，出现问题相互推诿扯皮，影响了景区的统一开发利用和发展。另一方面，管理体制混乱导致旅游产业经营机制不活,形不成合力,不利于景区的统一规划开发、宣传、管理和旅游基础设施的配套完善,直接影响天水文化旅游资源的融合与发展。

5. 旅游"六要素"发展不平衡,对经济社会发展的贡献度不高。旅游"六要素"涉及方方面面,目前食、住、行、游方面发展较快,娱、购方面发展滞后,特别是缺乏具有天水本土特色的文化旅游商品和服务,游客集散中心建设滞后,没有大型旅游商品集市和供游客参与互动体验的娱乐性项目,旅游项目内容单调,游客滞留时间短、消费少,产生不了大的购买力。

6. 专业技术人才匮乏。文化旅游的高级管理、规划、策划方面的人才紧缺;导游数量虽多,但金牌导游少;文化旅游从业人员基础知识缺乏,特别是对文学、史学、地理知识缺乏,常出现一些常识错误,理论脱离实际,综合素质有待提高。

(三) O——机会分析

1. 政策环境方面的机遇。一是国家"一带一路"倡议实施以来,甘肃省委、省政府适时提出"丝绸之路经济带"甘肃段建设,对天水市文化旅游发展带来契机。二是国家继续深入实施西部大开发战略,进一步加大对西部地区的支持和投入力度,这为改善基础条件、壮大特色文化旅游产业提供了良好的政策环境。三是《关中—天水经济区发展规划》提出,要把经济区打造成为彰显华夏文明历史文化基地,省政府出台的《关于贯彻落实〈关中—天水经济区发展规划〉的意见》明确提出,要把天水建成西部重要经济强市和文化旅游大市。随着建设的深入推进,必将促进天水文化旅游发展。四是甘肃省第十二次党代会报告指出,要推进文化与旅游深度融合,全力打造"全国华夏文明保护传承和创新发展示范区·陇东南文化历史基地";甘肃省第十三次党代会进一步指出,要打好文化资源富集牌,推进文化与旅游深度融合,这为天水文化发展、打造文化旅游高地提供了难得的机遇。五是 2013 年国家旅游局批复甘肃省陇东南地区(包括庆阳、平凉、天水、定西、陇南五市)为国家中医药养生保健旅游创新区;2014 年,甘肃省编制《丝绸之路经济带建设大景区总体规划纲要》。从西咸新区的建设、关中—天水经济区的打造等一系列发展动向来看,西安的发展路径和目标是打造中国西部的经济、文化中心。其发展视野由原先的单向东看转变为东西兼顾。

2. 世界各国及中国的经济结构与产业结构调整带来的机遇。传统产业地位在世界经济结构调整中下降较明显,某些重点产业增长也很缓慢,但是像信息技术、咨询类,旅游产业和房地产等以综合服务为主的第三产业增长却明显较快,地位得到显著的提高。"一带一路"倡议实施以来,中国已连续三年举办"丝绸之路旅游年",建立丝绸之路(中国)旅游市场推广联盟、海上丝绸之路旅游推广联盟、中俄蒙"茶叶之路"旅游联盟,促进旅游品牌提升。文化旅游或已成为个人家庭消费的一个重点热点。

(四) T——危机分析

1. 天水的旅游经济在区域比较当中差距较大。甘肃省直到 2000 年以后才把旅游产业的发展提到一定的高度,政府才加以重视(把旅游业作为主导产业来加以发展),但是由于甘肃省和天水的经济水平不高,旅游业的投入严重不足,导致了发展滞后,关天经济区确立以后,周边地区尤其是关中地区在以往的基础上进行的新一轮旅游产业发展热潮肯定会给天水的旅游经济带来新一轮的挑战。

2. 天水旅游优势凸显不够。天水的历史文化旅游资源主要是以石窟壁画、古人类遗址、古城遗址等为主,而石窟艺术遗址等旅游资源是天水的旅游王牌产品,但是关中地区和古都西安有众多优良的历史文化旅游遗产,与天水的旅游资源有一定的相似性,且中国四大石窟有两大石窟在甘肃,其中敦煌石窟尤为有名,很多慕名而来的游客在游完西安之后就直接去敦煌,因此,对天水文化旅游形成了一种制约。

总结以上"SWOT"分析,对其内部和外部进行分析,得出结论,如表 2 所示。

表 2　　　　天水文化旅游"SWOT"分析模型示意图

自身因素分析	S 优势分析 1. 文化旅游资源得天独厚; 2. 相关政策支持力度较大,客源市场较甘肃其他地区优势明显	W 弱势分析 1. 地理位置受限,制约发展; 2. 基础设施建设滞后,经济支撑力弱; 3. 文化旅游资源开发程度低,发展观念落后; 4. 体制不顺,机制不活,缺乏整体规划; 5. 缺乏特色商品,宣传促销滞后; 6. 旅游"六要素"发展不平衡,对经济社会发展的贡献度不高; 7. 专业技术人才匮乏
外部因素分析	O 机会分析 1. 政策环境方面的机遇; 2. 世界各国及中国的经济结构与产业结构调整带来的机遇	T 威胁分析 1. 天水的旅游经济在区域比较当中差距较大; 2. 天水旅游优势凸显不够

根据天水文化旅游"SWOT"分析模型示意图显示，天水市文化旅游发展中，自身因素表现很强，既具有很强的优势，也有明显的弱势。有些弱势可以通过政府干预或相关从业人员改变，比如基础设施建设滞后、文化旅游资源开发程度低等，在以后的发展中可以逐渐改变。而外部因素表现也很明显。比如在发展中会有越来越多的机会，但关键还在于天水市能否主动把握住机会，从而加快发展速度。

四、"一带一路"视角下天水市高铁沿线文化旅游发展路径

"一带一路"倡议实施四年来，其进展实实在在折射了中国崛起的全球大国地位、国际号召力、话语软实力。因此，在此背景下，为推动天水市高铁沿线文化旅游更好发展，笔者试图对天水市高铁沿线文化旅游经济发展提出相关建议。

（一）树立崭新的文化旅游发展观念

1. 树立新的区位观。紧紧抓住宝兰客运专线的机遇，开通"中国四大石窟高铁之旅"，使麦积山石窟与山西大同云冈石窟、河南洛阳龙门石窟以及甘肃敦煌石窟连成一线，打造成国际、国内知名品牌。开发沿线三国遗址、古战场、古文化，打造国内第一条"三国历史文化精品线"，按照全省"西敦煌、东天水"为重点的旅游规划，积极主动发挥甘肃东部旅游龙头的作用，设计旅游线路覆盖全省，成为全省旅游网络的框架。

2. 树立新的旅游产品观。以旅游中心城市为主导开发旅游资源，不能停留在满足旅游者的普通旅游需求，仅对周边旅游资源进行简单粗糙的加工，而要深入挖掘资源特色，开发迎合旅游者个性需求的特色精品。例如秦安所在的天水北部旅游区历史悠久，旅游资源丰富，素有"羲里娲乡"之称，同时这里有堪称"黄土高原上的文化奇迹"的大地湾遗址，因此天水在引导该区域旅游产品开发时，应将遗址文化类旅游产品和考古教育类旅游产品作为发展重点。

3. 树立新的目标市场观。据统计，2017年上半年，天水市接待游客1 932.4万人次，实现综合收入110.4亿元，同比分别增长34.9%和35%。由于天水城市长期以来将目标市场定位在省内旅游者和从敦煌分流的省外和国际游客，在未来的旅游发展中，像天水这样的旅游城市要将目标市场范围扩大为国内和国际市场，争取成为来甘肃旅游者的首选旅游目的地，同时要努力改变旅游收入结构，让旅游收入成为城市旅游收入的主要组成部分。

（二）完善旅游促销和旅游商品的设计

1. 明确旅游促销的重点。根据天水的旅游形象主题，天水旅游促销的重点

应进行适当调整，由天水只能开展夏季避暑的误区转向四季可游的胜地，由突出麦积山石窟转向麦积山石窟、伏羲庙、大地湾遗址、民俗文化和生态旅游互补，进行形象宣传，丰富天水旅游整体形象。

在客源市场开发上，应乘"一带一路"及高铁开通之势，巩固和扩大东南亚以及中国香港、澳门特区和台湾地区客源市场的同时，促销重点应逐步转向日、韩、俄国际市场的开拓和陕川宁及周边辐射地区的国内市场的拓展，形成全国的客源共享，优势互补。

2. 调整旅游促销的方式。新时代旅游促销方式需要不断充实、创新，在这里可归结为五大特色"走出去、请进来、网络化、节庆化、商业化"，即：（1）与境内外旅游部门合作，开展"大篷车"促销活动，是最直观的传统促销手段，其流动性让世界更了解天水；（2）有重点地邀请国内著名媒体、国内电子商务网站、自由撰稿人、旅行商来考察交流，选取目的地市场；（3）加快旅游网络信息化建设，将旅游产品登录国际知名的旅游电子商务网络，实现网络宣传、网络销售，构筑国际信息平台；（4）积极开展业内促销，把伏羲文化节庆活动办成像大连国际服装节、广西民歌节、上海世博会等在国际有影响的节庆活动，打造城市名片；（5）组织旅游企业参加国内外举办的各类旅游交易会，主动邀请世界旅游组织来天水观光考察，开展以文物、宗教等专题展览为载体的国际交流，主动拓展国际市场，进一步扩大和提高天水的对外影响和知名度。

3. 开发特色旅游商品。从天水的实际调查情况看，大部分游客在天水没有购买旅游商品，调查显示，旅游购物在部分旅游者花费中的比例很小，只有10%左右，而相当多的游客没有旅游商品支出。这也充分说明在旅游商品开发方面大有文章可做。同时在商品的特色、花样上需要下大功夫，不能模仿外地的旅游商品，而应立足本地，开发反映天水地域文化、风俗民情、自然风光，特别是古秦州特色的旅游商品。如可从麦积山系列、三国系列、伏羲系列、大地湾系列、古秦人系列等方面的主题展开产品的研制与开发。

（三）营造良好的城市旅游环境

1. 塑造城市旅游形象。城市旅游形象代表了人们对一个城市的整体印象，是旅游者在城市的一种体验，体现的是对历史的尊重和人文的关怀。天水因同敦煌背景环境比较相似，而且在旅游开发中也没有着重塑造城市形象，旅游者很少能从旅游形象上来区分。因为背景的相似性，但旅游品牌不及敦煌有影响力，就会丧失很大部分客源。事实上，这两个城市虽然自然环境相似，但是文化内涵却各有千秋。敦煌以丝路文化为特色，天水有五大文化交融的特色，还有"陇上江南"之美称，这些都是城市旅游形象中的特有元素，但这两个城市没能突出各自的与众不同之处。

2. 美化城市自然环境。城市的自然和人文环境是城市旅游环境中的重要部分。优美的自然环境能给旅游者带来良好旅游体验。位于陇中黄土高原和秦岭山地交接处的城市，因为地理位置和气候的原因，自然环境相对一般。作为吸引旅游者的主要旅游目的地，天水城市有必要为旅游者营造优美的自然环境，提升整体生态环境质量。

3. 增强城市好客性。城市的好客性强，会有亲和力，能给旅游者留下良好印象，有可能吸引旅游者再次来访。但在甘肃省旅游中心城市体系中多数城市好客性一般。例如天水作为甘肃省的东大门入口，是全省的陇东南政治、经济、文化中心，但在平时汽车站和火车站很少有对来访的旅游者表示欢迎的宣传语。为了增强城市吸引力，可以加强城市好客性建设，一方面进行硬环境建设，例如，在高铁站等城市的主要出入口书写欢迎语，甚至可应用多种国际语言；另一方面进行软环境建设。城市可进行长期、广泛的宣传教育，使好客意识深入人心，成为城市居民的自觉行为，使城市居民养成文明礼貌的好习惯，当遇到旅游者的求助时可以提供热情、细致、积极的帮助。

（四）重视旅游专业人才培训

1. 增加旅游培训机构。需要在旅游资源丰富的地方旅游中心城市设立旅游培训点，满足旅游培训需要。

2. 文化旅游资源开发人才的培养。对文化旅游产品的开发需要多方面的专业人才，既包括研究人员，又包括管理人员，天水的大中专院校应加强地区文化、文化旅游资源的教学内容，提高队伍素质。另外加强旅游人才培训的经常化，使员工能不断提高自身素质。

（五）优化交通

1. 优化高铁服务，充分发挥高铁交通优势。根据国家公布的《中长期铁路网规划（年调整）》，面对高速铁路交通规划的超前性特征，应针对既定线路从运行角度优化高铁服务。首先，应确保服务操作标准化、合格化，认真对待旅游者反馈，提升旅游者对高铁服务的满意度。其次，应在节假日或周末适当加开高铁班次、旅游专线，适当分散节假日道路交通压力，并应增加热门旅游地高铁站停靠班次。最后，尽管高铁票价在西部地区比东部地区优惠，有折扣，但是对于西北贫困地区来说，有的人仍然无法接受。高铁票价过高在一定程度上限制了部分居民搭乘高铁出游，因此在高铁铁路通达性不断提升的同时，票价的适当调整将扩大居民高铁出游范围。

2. 完善公共交通网络，便于居民前往高铁站点。目前，天水市拥有三个高铁站。其中天水南站位于麦积区与秦州区之间，多条公交线与其连接，公共交通相对便捷；东岔站位于麦积区，处于主城区之外，目前没有列车停靠，将来如果有列车停靠，因其地理位置较偏，可能会给出行带来很大不便。同时，天水市景点相对分散，因而便利的市内交通网络建设是促进天水市高铁文化旅游市场发展的基础。一方面，政府应加大对市内公共交通网络建设的关注度，重视市内交通与高铁站点的对接，即能够实现市内公交、出租车、高铁等不同客运方式的交通换乘地点能够整合在一个交通枢纽中，节省居民换乘时间。另一方面，由天水南站换乘现状来看，尽管已基本实现各交通的无缝对接，但由于其启用时间较短，公交线路班次较少，造成客流拥堵等情况，因此在实现站点零换乘的基础上务必加快市内公共交通系统的优化，加快调整与增加地铁与公交的线路与车次，增加发车频率，及时分散客流，避免拥堵。市内交通便捷，节省了旅游者的出游时间，同时舒适的交通环境也能为旅游者带来愉悦的心情。

参考文献

［1］习近平. 决胜全面建成小康社会 夺取新时代中国特色社会主义伟大胜利. 中国共产党第十九次全国代表大会报告, 2017-10-18.

［2］张国洪. 中国文化旅游——理论战略实践［M］. 天津：南开大学出版社, 2001.

［3］满晓宇. 高铁对旅游者出游决策影响的实证研究［D］. 武汉：湖北大学, 2014.

［4］天水市国民经济与社会发展第十三个五年规划. 天水市第六届人民代表大会第五次会议审议批准.

（作者单位：中共天水市委党校《天水行政学院学报》编辑室）

"一带一路"与定西文化旅游业的融合发展

高春明

一、文化旅游发展的趋势

在"一带一路"的宏大视野下,旅游已经成为推进"一带一路"高质量发展的重要举措,成为推进人民相亲相爱的重要渠道。人们对旅游的需求已经发展到以追求文化享受为主的高层次阶段,文化与旅游开始呈现出深度融合、共生共进的发展趋势。文化和旅游的关系变得十分密切,文化是旅游的"魂",旅游是文化的"体",文化的内涵决定着旅游的品位,没有旅游的文化就没有活力,没有文化的旅游就没有魅力和生命力,只有两者有机结合起来,才能彰显景区特色,突出地域优势。旅游与文化的融合正在催生出巨大的经济效益和社会效益,给人民群众带来了看得见、摸得着的实惠。各地都开始纷纷扶持文化旅游产业,决定把文化旅游产业培育成国民经济和社会发展的支柱产业。

旅游品牌与文化品牌有机融合,成为吸引游客的动力;旅游消费与文化消费有机融合,成为拓宽旅游市场的重要引擎;旅游创新与文化创新有机融合,越来越成为推动产业升级、提升竞争力的战略支点。例如,乔家大院就是由一部电视剧引爆的,就是和文化结合的结果,不但乔家大院火了,临近的王家大院也火了,同时还带动了平遥古城的旅游。青海推出了青海湖环湖自行车赛,迅速提升了青海湖的旅游品位,人们蜂拥而至,游客爆满。内蒙古搞了一个英雄会,越野车爱好者每年都要到腾格里的大漠之中进行一次旅程和狂欢。2016年阿拉善英雄会累计入园车辆30.8万台次,人数达93.36万人次,收入占到内蒙古"十一"黄金周的一半。青海环湖自行车赛和阿拉善英雄会都是旅游与体育文化结合的成功案例。我们来到北京,走进北京胡同,就像钻进一个时代文化的仓库,既能看到北京的过去,又能看到现代文明对北京的渗透。外国人到北京就想看看北京人是如何生活的,胡同就拉近了外国游客与北京市民的距离,这就是北京胡同的文化旅游。还有西安的闫家村,就是利用了饮食文化带动了旅游的发展。文化与旅游一旦紧密结合，旅游地就会爆发出巨大的生机和活力。因此，给定西旅游插上文化的翅膀，就是笔者对定西文化与旅游融合发展的思考。

二、定西有丰富的文化资源

定西、河西和宁夏的西海固被称为"三西"地区，素以干旱、缺水、贫穷、落后"苦甲天下"著称，经过40年的反贫困斗争，引进（洮河）脱贫水、建设脱贫路、发展脱贫产业，老百姓的生活发生了翻天覆地的变化，但与陇东、河西、天水有些地方相比，经济发展仍然有些滞后，但这并不意味着定西文化的落后和贫困。定西历史悠久、文化灿烂，是一个有故事可讲的地方，是一个有文化长度和历史厚度的地方，是中华民族黄河文明的重要发祥地，有着深厚的文化底蕴和丰富的文化资源，有马家窑文化、辛店文化、寺洼文化、齐家文化、貂蝉故里、董卓老家、汪氏元墓群，战国秦长城西起临洮，绵延到安定区300余千米。古丝绸之路和唐蕃古道从定西穿过，新莽权衡在定西出土，定西是天下李氏的源头，陇西县有海内外李氏同胞寻根祭祖的"李家龙宫""陇西堂"。红军长征红一、二、四方面军和红25军都从定西经过，著名的榜罗会议、岷州会议、盐井会议在定西召开。毛主席的著名诗词《七律·长征》在定西的黄土地上形成并首次朗诵。当年红军突破天险腊子口，翻过岷县的铁尺梁，到了岷县的漩涡村，毛主席在这个村子待了一个月，写出了"红军不怕远征难，万水千山只等闲。五岭逶迤腾细浪，乌蒙磅礴走泥丸。金沙水拍云崖暖，大渡桥横铁索寒。更喜岷山千里雪，三军过后尽开颜"的优美诗篇。这首诗是红一方面军在通渭文庙街小学大操场上举行的文艺晚会上首先朗读出来的。"更喜岷山千里雪"，为定西开展冬春冰雪旅游、建一个滑雪场指出个好地点。兰渝铁路开通了，岷县是南方人冬天乘高铁赏雪、观雪、滑雪的好地方。

定西的民俗文化种类也很多，有"书画之乡""花儿之乡""千年药乡"，洮岷花儿、陇中小曲、洮砚制作、巴当舞、彩陶制品、民间剪纸，腊猪肉、腊羊肉、岷县点心、苦荞茶、烤洋芋、烧洋芋、扁豆子面等让人难以忘怀。当然最难以忘怀的是定西的三大宝"洋芋、土豆、山药蛋"。可以说，丰富的民俗文化为定西开展民俗风情游创造了条件。

三、定西有独特的旅游资源

定西岷县、漳县、渭源有雄伟秀丽的自然景观，有鬼斧神工的地形地貌，有错落有致的高山峡谷（贵清山、遮阳山、首阳山、太白山、雷公峡、天井峡），有纵横交错的江河水系（渭河、洮河、漳河、牛谷河、祖厉河），有世代相传的千年药乡，有现代人喜欢的休闲养生温泉，有涵养生态的森林湿地，有牦牛成群的狼渡湿地草原（以前是广东军区的军马场），有研究价值很高的马家窑遗址，有色彩缤纷的民族风情建筑，有光辉灿烂的红色传承遗址（榜罗会议、岷州会议遗址），丰富的自然景观和人文景观为摄影采风游、飞行器摄影游、低空飞行游、户外健身游、养生保健游、清凉世界游、攀援探险游、峡谷漂流游、森林氧吧游、乡村田园游、休闲度假游、开车自驾游、医药研修游、红色励志游等旅游创造了条件。在定西这片黄土地上，纵横密布的江河水系中，渭河是黄河的最大支流，流经定西、天水、宝鸡、咸阳、西安、渭南，到渭南市潼关县汇入黄河。渭河不仅哺育了沿岸儿女，而且创造了黄河上游的古代文明和现代文明，渭河源头也是喝渭河水的人想要去的地方。

定西在兰州1小时经济圈内，是"一带一路"对接南向通道的节点，交通区位优势明显，旅游资源类型多样，是休闲度假、消夏避暑、养生治病、探水寻源、寻根问祖、饮水思源的地方，是兰州市民出城入园、感受田园风光、休闲纳凉的好地方，有很大的开发潜力和很高的旅游开发价值。

四、对定西文化旅游资源开发条件的评价

定西的文化旅游资源从存量上看相当可观，从质量上看都略显逊色，从旅游资源开发的角度分析，可以概括为"四多四少"。

（一）文化旅游资源多，单体成规模的少

一个文化旅游资源要具备旅游开发价值首先必须具有较大单体规模和相对广阔的周边环境，定西有2200多年的历史，文化遗存较多，但是单体规模小。马家窑文化、辛店文化、寺洼文化、齐家文化的发现地都比较小，而且大部分都在地下，历史文化景观再现难度很大，挖掘出来的故事少，有些遗址甚至都没有故事可讲。自然景观单体规模也比较小。

（二）历史遗存研究价值大的多，观赏价值大的少

定西历史遗存文物具有很高的历史研究价值，而旅游观赏的体验价值低，比如马家窑文化、辛店文化、寺洼文化、齐家文化只是增加了定西文化的厚重感，"有研究头、没看头、也没说头"。这些文化的遗址大部分都不在风景区，也还没有给定西旅游景区的发展起到锦上添花的作用。

（三）隐性文化数量多，显性文化展示少

《三国演义》中发生在定西的故事、貂蝉的传说、伯夷叔齐的故事，都记载在史书上，但在定西却难觅踪影，还没有找到故事发生的真实地点。因此，摆在我们面前的任务是如何以一种大智慧将定西文化中具有现代价值和卖点的文化因素挑出来，以开拓性的思维将其符号化，使其成为定西的符号，再将这些符号有形化、现实化，变成显性化的、符号化的可观、可触、可感和可闻的物态旅游产品。

（四）观光的旅游项目多，体验型的旅游项目少

当人均 GDP 超过 1 000 美元以后，会掀起一个全民观光旅游的浪潮；当人均 GDP 突破了 3 000 美元时，大众观光旅游开始向休闲、体验旅游转型；而人均 GDP 超过 5 000 美元，则标志着社会进入休闲旅游全面爆发、体验旅游蓬勃发展的新时代。2008 年我国人均 GDP 就突破了 3 000 美元，旅游消费结构已经由旅游观光为主向观光、休闲、度假旅游并重转型。目前定西的贵清山、遮阳山以观赏为主要特色，住宿休闲的基础条件差，满足不了旅游消费者的度假休闲要求，对游客的吸引力比较弱。景区景点基本上是观光游览项目，让游客参与、互动、娱乐的项目少，难以留住游客。

五、对定西文化旅游融合发展的建议

我们提出给定西旅游插上文化的翅膀，一个翅膀是渭河源大景区的文化翅膀；另一个翅膀是中草药文化的翅膀。

在全国水污染问题比较严重的情况下，渭河仍然这样清澈、干净，让每天喝渭河水的人充满着敬意，也在唤醒着人们感恩的心、报恩的意！渭河源大景区正是迎合了这种需要，得到了社会各界人士的关注、政府的大力支持、喝渭河水人的赞赏。因此，打造渭河源文化的翅膀，是当务之急。我们给渭河源文化旅游景区的定位是"饮水思源——渭河源！"

依托渭河源头的水资源和绿色资源，挖掘渭河源头根脉文化，营造浓厚的渭河源头文化氛围，定西已经做到了。把具有现代价值和卖点的文化因素挑出来，并且将其符号化，变成了定西的符号，通过景区建设把这些符号有形化、现实化，变成显性化的、符号化的可观、可触、可感和可闻的旅游产品，就必须以渭河源头根脉文化为核心，进行深度旅游产品开发，提升现有旅游产品的文化品位，把自然景观和文化景观结合起来，增加互动性、体验性项目，将景区包装成

梦幻般的饮水思源、寻根祭祖的圣地，给游客足够的震撼力。

我们相信，经过努力，渭河源一定能够成为定西文化旅游的龙头，继续打造下去，也能成为中华黄河文明的展览馆。每天喝渭河水的人，会饮水思源，他们是渭河源景区的固定游客。兰渝铁路开通后，喝长江水的人们，到不了黄河的源头巴颜喀拉山，也可以到黄河最大的支流渭河的源头看一看，玩一玩，领略一下渭水源头的黄河文化。

渭河源文化旅游大景区打造成功后，就可以带动其他景区的开发。依靠渭河源文化旅游的品牌，可以开发渭河源矿泉水、渭河源盆景花卉、渭河源根雕、渭河源小杂粮等系列产品。那时候渭河源的一草一木都很值钱，貂蝉故里的农家乐就有了当年貂蝉最爱吃的佳肴，就有了小杂粮做的月饼、飘着草药香味的保健酒。貂蝉就是渭河源大景区的形象代言人，"高原红"或许就成了女孩子追求的一种美，叫貂蝉红。貂蝉红、小杂粮、盆景花卉能给渭河源品牌起到锦上添花的效果。

我们希望渭河源大景区只打造渭河众多源头的一个点，对其他的源头，要严格限制开发，重点保护，绝不能有水污染的任何项目在渭河源出现，让喝渭河水的人喝着放心，看着舒心，感激之情油然而生，主动要求在渭河源头立一个"饮水思源"的感恩石碑。

定西药材种植面积150万亩，总产量达30万吨，居全国地级市第一位，定西可以抓住甘肃建设国家中医药产业发展综合试验区、国家级中医药原材料供应保障基地，全国中药材（党参、黄芪）产品知名品牌示范区的有利时机，策划在定西的安定区建设一个以展示中药材为主题的田园综合体，这个田园综合体的名字可以叫"中华中药大观园"，以这个项目为主，打造定西旅游的第二个翅膀——中草药文化的翅膀。

建设"中华中药大观园"田园综合体也顺应了定西农业转型发展的趋势和变化，符合定西农村创新发展的客观要求。这个大观园有农民参与、有旅游企业参与、有药材种植大户和经营大户参与，在大观园里种下《中华医药大典》，让学中医的学生能够看到、见到中华医药大典中所有中药活体。让经常吃中药的人、吃中药保健品的人，能够见到没有加工的、正在生长的草药的模样。让全国甚至全世界爱好中药的人能够到大观园里目睹中草药的生长，了解中草药知识。让国内开设中医学专业的院校都愿意带着学生来定西上草药鉴别课，甚至可以到定西的大山里去寻找一些野生的中草药，经历一次采草药的过程。

目前定西正在打造"中国药都"，药都自然要有药库，有活体的《中华医药大典》，我们对定西中华中药大观园的宣传口号就是"中国药都、华夏药库——定西欢迎您！"

这样就可以开展中医药养生保健游、走进中华医药大典游、草药种植观光体验游等旅游项目。就可以打造中药保健、中药美容、药浴温泉、道家养生等系列健康养生旅游产品。实现从"卖药材"向"卖药材文化"的转变。

只要这两个翅膀扇动起来，那么书画文化、洮砚文化、彩陶文化、马家窑文化、温泉文化、民俗文化等文化都可以用来装点定西旅游这只孔雀的尾巴，让来到定西的游客能够看到孔雀开屏的美丽景观。当然我们需要保护好这只文化旅游孔雀的生态的羽毛，继续搞好植树造林、退耕还林，让定西文化旅游实现可持续发展。让到定西旅游的客人处处都能感受到文化的元素，让游客在安定区的"当归路"上散步，"黄芪"广场上练功，"大黄"楼上唱歌。尽情享受明媚的阳光，呼吸清醒的空气，品味马家窑文化魅力，在"长征"体验馆朗诵毛主席的诗词《七律·长征》。那时候的文化旅游产业就变成了定西市转型发展的支柱产业。

（作者单位：甘肃省经济研究院、副研究员）

"一带一路"背景下平凉市产业结构深度调整问题研究

杨 平

平凉市是古代丝绸之路的必经之地，素有"陇上旱码头"之称，位于"丝绸之路经济带"甘肃黄金段的最东端。在国家大力实施"一带一路"倡议的背景下，平凉市产业结构明显层次偏低，严重制约其充分发挥"丝绸之路经济带"重要节点城市的作用，因此平凉市应该抢抓机遇，深度调整产业结构，着力构建高端引领、创新驱动、绿色发展的现代产业体系。

一、"一带一路"倡议为平凉市产业结构深度调整带来机遇

"一带一路"是"丝绸之路经济带"和"21世纪海上丝绸之路"的简称。2013年9月和12月，习近平总书记分别在不同场合提出了建设"丝绸之路经济带"和"21世纪海上丝绸之路"的战略构想。"一带一路"倡议提出后，得到国内外的高度关注和强烈共鸣。2015年3月，国家发改委、外交部和商务部联合印发了《推动共建丝绸之路经济带和21世纪海上丝绸之路的愿景与行动》，将"一带一路"建设构想落实到政策层面。"一带一路"倡议以政策沟通、设施联通、贸易畅通、资金融通、民心相通为主要内容，通过开展多层次、多渠道的沟通磋商，推动我国与周边国家双边关系的全面发展，从而建立一个政治互信、经济融合、文化包容的利益、命运和责任共同体。

在国家实施"一带一路"倡议的大背景下，甘肃省作为"丝绸之路经济带"互联互通的战略通道和向西开放的重要门户，提出了打造"丝绸之路经济带"甘肃黄金段的战略目标。作为"建设繁荣丝路、人文丝路、绿色丝路、和谐丝路的中坚力量和重要支撑"[1]，为了更好地实现向西开放和融入国际大市场，甘肃省

---

① 刘伟平．着力打造丝绸之路经济带甘肃黄金段．求是，2014（18）．

必须加快推进区域产业结构的深度调整,"大力发展实体经济,努力形成以传统优势产业为基础、战略性新兴产业为先导、现代服务业为支撑的多元化绿色现代产业体系"①。

国家"一带一路"建设部署和甘肃省打造丝绸之路黄金段的战略定位,为平凉市推动产业结构深度调整带来了前所未有的机遇。首先,"一带一路"的建设会极大拓展平凉市市场空间。有学者研究指出:"广义的'丝绸之路经济带'经过 18 个国家,包含 40 个国家,其面积达到 4 900 万平方千米,占世界陆地面积的33%,总人口约40亿人,占全世界的57%,GDP 总量40亿美元,占全世界的56%。"② 如此广袤的地域和众多的人口,不仅为平凉市产业发展带来广阔的需求市场,而且还为平凉市产业发展准备了巨大的要素市场。其次,"一带一路"的建设会促进平凉市开放程度和创新发展。有学者指出:"'一带一路'旨在促进经济要素有序自由流动、资源高效配置和市场深度融合,实现更深入、更广泛、更高层次的区域经济合作。"③ "一带一路"建设必然要求平凉市加强与"丝绸之路经济带"各国的技术交流,促进产业发展与国际接轨,不断扩大对外开放程度。同时,为了适应对外开放和国际竞争的客观需要,平凉市必须加大制度创新和技术创新的力度。最后,"一带一路"建设会增强平凉市场外部冲击。提高对外开放程度,必然意味着增大了各类企业"走出去"和"走进来"的便利性,而外部同类企业的进入必然会加剧业内竞争,为企业的发展带来巨大冲击,迫使其不能不增强灵敏度,及时调整发展策略,以便更好地生存和发展。

二、"一带一路"背景下平凉市产业结构存在的问题

平凉市下辖六县(泾川、灵台、崇信、华亭、庄浪、静宁)和一区(崆峒),总面积为 1.1 万平方千米,2016 年末全市常住人口为 210.31 万人,2016 年全市 GDP 为 367.3 亿元,人均 GDP 为 17 486 元,在甘肃省 14 个市州中分别排第 8 位和第 11 位。而 2016 年全国人均 GDP 为 53 980 元,甘肃省人均 GDP 为 27 458 元,平凉市低于全省平均水平,并远远低于全国平均水平。经过多年的努力,平凉市全力推动产业扩量提质、优化结构和转型升级,培育形成了煤电化、草畜、果菜、旅游四大主导产业,并打造推出了"平凉煤电""平凉红牛""平

---

① 林铎. 紧密团结在以习近平同志为核心的党中央周围,为加快建设幸福美好新甘肃而努力奋斗——在中国共产党甘肃省第十三次代表大会上的报告,2017.5.22.

② 胡志高,赵建基. "一带一路"背景下新疆产业结构优化的路径研究. 兵团党校学报,2015(4):47.

③ 杨延冰. "一带一路"背景下西部欠发达地区产业结构调整的思考. 经济研究导刊,2017(31):66.

凉金果""平凉旅游"四大产业品牌。但是在国家实施"一带一路"倡议的宏观背景下,平凉市的产业结构明显层次偏低,主要表现为农业产业化程度还不高、工业经济高度依赖煤电的格局没变、新兴产业培育缓慢和资源环境约束趋紧等问题。

(一) 农业产业化程度还不高

关于农业产业化的概念界定,学界争议较多,但是有学者对各种意见分析后指出,这些不同的意见都"着重强调建立一体化经营的、社会化服务的、一条龙的生产经营管理体制"[①],也即提高农业生产经营的规模化程度。目前,平凉市农业比较有代表性的就是被列为"四大主导产业"的苹果产业和养牛业。因此,我们可以通过计算平凉市苹果产业和养牛业的集中指数,来考察这两大产业生产经营的规模化程度,进而考察平凉市农业产业化的程度。

集中指数用来考察某种经济活动在某个区域内的集中程度。计算公式为:

$$C = \left(1 - \frac{H}{T}\right) \times 100$$

其中,C 为集中程度指数,T 为区域总面积,H 为占全区经济总量半数的地区面积,集中指数在 0~100 之间波动。参照标准:C≤50 为相当分散;50＜C≤70 为比较分散;70＜C≤90 为比较集中;90＜C≤100 为高度集中。平凉市两大农业主导产业集中指数计算结果如表 1 所示。

表 1　　　　　　　　平凉市 2015 年农业主导产业集中指数

产业	崆峒区	泾川县	灵台县	崇信县	华亭县	庄浪县	静宁县	集中指数（C）
面积（万平方千米）	0.18	0.14	0.2	0.08	0.12	0.16	0.22	
养牛业（万头）	17.71	17.96	18.2	11.6	18.3	12.5	11.52	58.2
苹果（万吨）	7.91	29.88	6.58			30	52.54	65.5

资料来源:主要采用各县区 2016 年《政府工作报告》和 2015 年《国民经济和社会发展统计公报》所公布数据,在两者数据有差别的情况下,以后者为准。

---

① 陈若裕. 关于农业产业化一些重大问题讨论. 社会科学动态,1999 (7):24.

从表1可以看出，平凉市苹果产业和养牛业的集中程度指数在50~70之间，为比较分散。这一计算结果表明，这两大产业以个体分散生产经营为主，规模化生产经营程度较低，也即产业化程度不高。作为平凉市农业两大主导产业的苹果产业和养牛业尚且如此，其他农业门类的产业化程度之低就可想而知了。

（二）工业经济高度依赖煤电的格局没变

多年来，平凉市依托当地丰富的煤炭资源优势，发展形成了以煤电产业为支柱的产业格局。我们可以通过考察近年来平凉市煤电产业完成工业增加值所占全市规模以上工业增加值的比重的变化趋势，来认识当前平凉市煤电产业一枝独大的工业发展状况（如图1所示）。

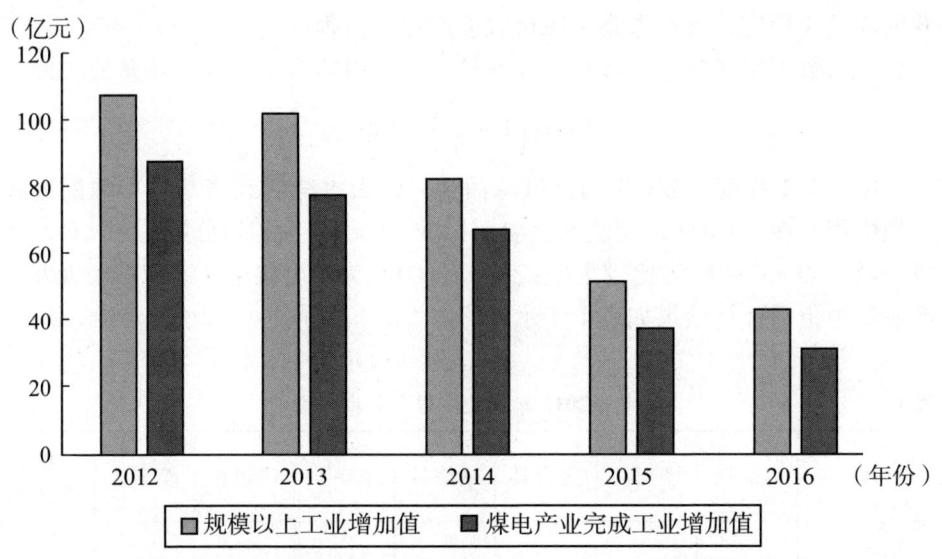

图1　平凉市规模以上工业增加值与煤电产业完成工业增加值对比

资料来源：平凉市国民经济和社会发展统计公报，2012~2016.

从图1可以看出，平凉市规模以上工业增加值和煤电产业完成工业增加值均呈现出历年下降的态势，但是煤电产业完成工业增加值所占规模以上工业增加值的比重却一直居高不下。

需要注意的是，平凉市煤电产业存在着较多问题：首先，产业结构单一，"主要集中在原煤开采、火力发电方面，以新型煤化工为支撑的煤炭精深加工能力不强，产业链条短"①，这无疑降低了抵御市场风险的能力；其次，伴随着

---

① 平凉市"十三五"工业转型升级规划（平政办发〔2016〕87号）.

经济进入新常态，国家推进经济结构调整和限制过剩行业过快增长，煤电工业产品的市场需求量持续降低，产品价格下降和生产成本上升压力并存，极大压缩了企业利润，导致该产业稳定增长的基础不牢固；最后，资源能源消耗高，环境负担持续加剧，"随着一批矿井建设、火力发电、煤化工等能源工业项目的相继实施，工业能耗、水耗总量呈较快上升趋势"①，而这种格局短时间内难以根本扭转。

（三）现代服务业发展层次低

构建现代服务业体系是推进产业结构深度调整的重要方面。目前，平凉市现代服务业中具有代表性的是被列为"四大产业"之一的旅游业。我们可以通过考察平凉市旅游业的发展状况，来透视平凉市现代服务业的发展程度。

首先，将近年来平凉市旅游综合收入与地区生产总值的发展趋势进行对比（如图2所示），二者呈现出基本平行的态势。这表明，旅游产业对于地区生产总值的贡献率一直处于稳定状态，同时也说明近些年旅游产业提质增量并没有实现大的突破。

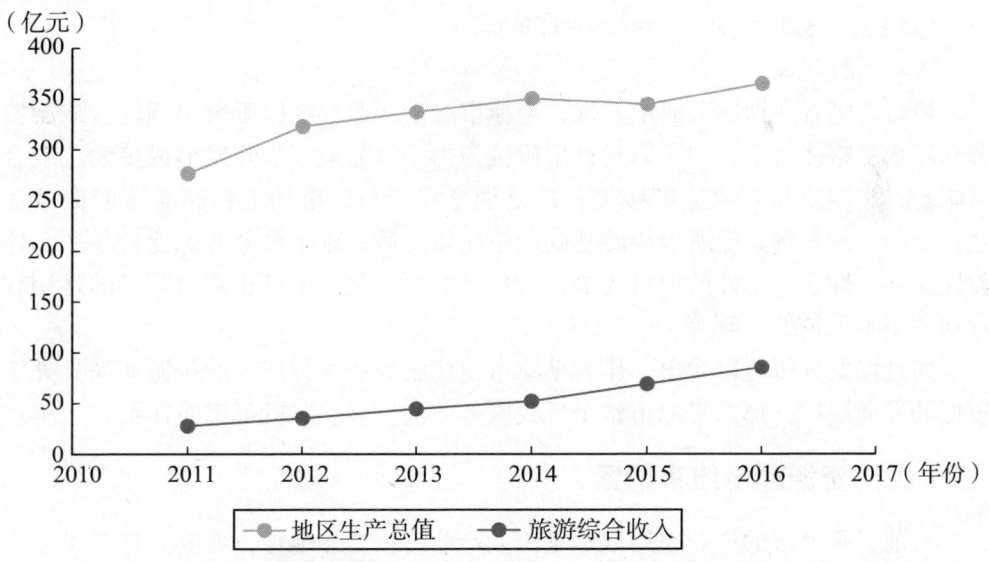

图2 平凉市旅游综合收入与地区生产总值的发展趋势对比

资料来源：平凉市国民经济和社会发展统计公报，2011~2016.

---

① 平凉市"十三五"工业转型升级规划（平政办发〔2016〕87号）.

其次，将 2015 年平凉市接待入境旅游人数与甘肃省其他市州的同一数值进行对比（如图 3 所示），就会发现平凉市入境旅游人数在全省所占比重极低。这表明，平凉市旅游产业的国际知名度极低，而这显然与平凉市旅游产业发展层次较低有着直接关系。

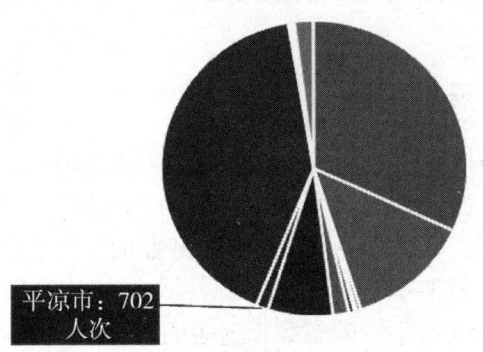

图 3　2015 年甘肃省各市（州）接待入境旅游人数对比图

资料来源：甘肃省统计局．2016 年统计年鉴．

最后，笔者在课题调研中发现，平凉市旅游产业存在以下突出问题：旅游资源开发水平整体落后，主要以观光型旅游为主，没能进一步开发形成多元化复合型旅游；旅游商品开发速度缓慢，缺乏创意和特色，市场上粗制滥造的商品泛滥；交通、停车场、厕所等旅游基础设施比较落后；旅游服务业态比较单一，体验性、参与性、互动性的项目较少；对新兴的现代化、信息化营销策略的运用程度和利用水平较低；等等。

通过以上分析可以看出，作为平凉市现代服务业主打产业的旅游业尚且处于较低的发展层次，那么平凉市整个现代服务业的发展状况就可想而知了。

（四）资源环境约束趋紧

目前，平凉市的产业布局依然是四大产业占据主导地位，尤其是作为工业支柱型产业的煤电行业，属于典型的"三高"（高污染、高能耗、高排放）产业。2015 年，平凉市的地区生产总值远远低于邻近的天水、庆阳两市（如图 4 所示），但是大部分环境污染物的排放量却远远大于两市（如图 5 和图 6 所示）。

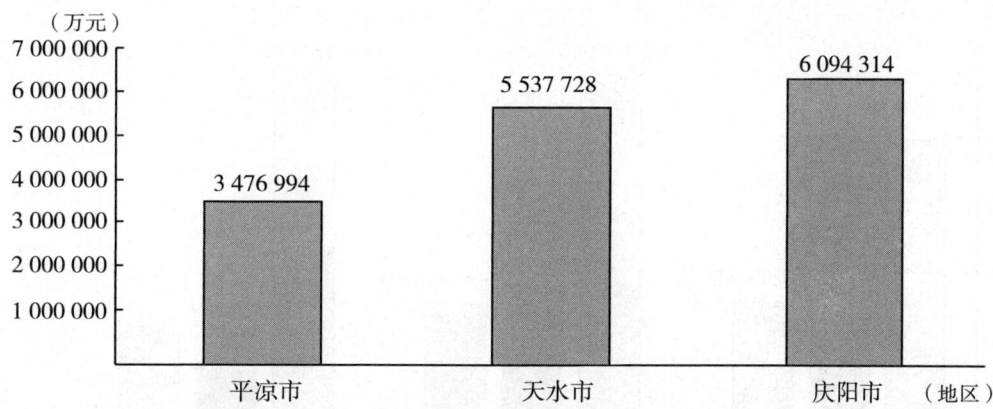

图4　2015年平凉、天水、庆阳三市地区生产总值对比

资料来源：甘肃省统计局.2016年统计年鉴.

从图5和图6可以看出，2015年平凉市工业废气和主要污染物排放量，不仅远远高于天水和庆阳任何一市，而且更为严重的是，甚至每种污染物的排放量都大于其他两市相应污染物排放量之和。

这种低产出、高排放的怪诞现象，意味着平凉市产业结构已经处于极端不合理状态，高污染、高耗能对自然资源的承载能力带来了巨大挑战，资源环境对产业发展的约束日趋紧张。

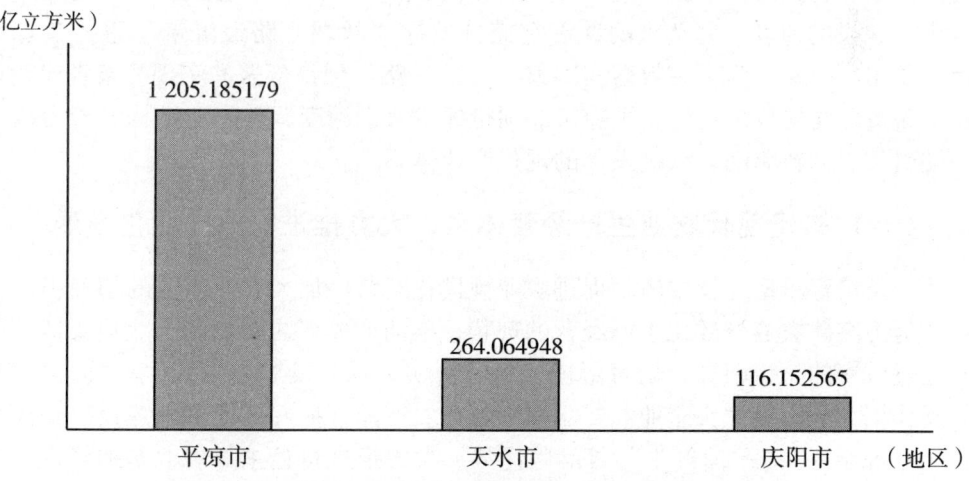

图5　2015年平凉、天水、庆阳三市工业废气排放量对比

资料来源：甘肃省统计局.2016年统计年鉴.

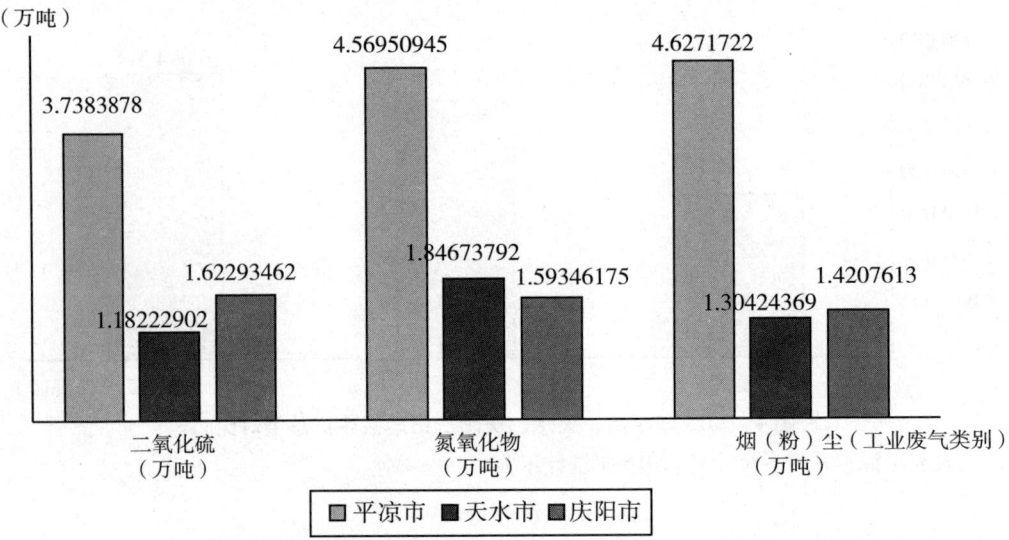

图 6 2015 年平凉、天水、庆阳三市工业废气排放量对比

资料来源：甘肃省统计局.2016 年统计年鉴.

三、"一带一路"背景下平凉市产业结构深度调整的路径建议

"一带一路"倡议的实施，将平凉市从封闭落后的内陆地区推向了向西开放的前沿地区。但是，平凉市落后的产业结构显然严重阻碍了它融入"丝绸之路经济带"建设的速度，并严重制约着它充分发挥"丝绸之路经济带"重要节点城市的作用。因此，为了有效落实国家"一带一路"倡议部署和实现甘肃省建设丝绸之路黄金段的战略目标，平凉市必须抢抓机遇，深度调整产业结构，着力构建高端引领、创新驱动、绿色发展的现代产业体系。

（一）构建现代农业生产经营体系，大力推进农业产业化发展

一是培育新型经营主体，促进农业规模化经营。加大农业产业的招商引资力度，努力突破农业分散化生产经营的现状，推动形成集约高效的产业化集群。同时通过政策的扶持引导，培育形成一批经济实力强、发展潜力大、科技含量高、带动作用大的市级龙头企业。二是依托特色农产品，抓好产业基地建设。积极发挥"平凉金果""平凉红牛"等品牌优势，大力推进特色主导展业基地建设，将分散经营的农户集中连片，形成规模开发的格局。同时通过合理的土地流转方式，将土地资源集中起来，兴建特色农产品的生产基地和加工企业，提升产业层次。三是加大农业投资力度，推动农业产业化发展。采取财政或金融扶持的方式，大力支持龙头企业的发展，让其发挥示范带动作用，从而有力促进农业从小

户生产经营方式向规模化产业生产经营模式转变。

（二）坚持走新型工业化道路，推进煤电产业优化升级

一是大力发展新型煤化工业。依托丰富的煤炭资源，着力发展精细煤化工产品，做到深度开发利用和就地转化增值。通过依托骨干企业、引进战略投资伙伴和先进实用技术，积极开发高效洁净的终端煤化工优势产品。二是建设环保节能的火电基地。加大技术引进和投资力度，提高煤炭就地转化率和煤转电效率，加快对外输送电网建设，推动输煤向输电转型发展。三是提高煤炭资源就地加工能力。坚持产业化开发、规模化经营、集团化发展的方向，努力实现煤炭资源的捆绑开发、深度加工、就地转化和综合利用。

（三）增强科技创新支撑引领作用，培育战略性新兴产业

大力引进先进科技，将自主创新和引进消化充分结合起来，加快推进形成以科技创新为主要引领和支撑的产业发展模式，通过高新技术产业和科技企业孵化，将科技创新成果转化为产业优势，形成一批特色鲜明的新兴先导产业，培育全市新的经济增长点。目前，被平凉市确定为重点发展的战略性新兴产业主要有新能源产业、新材料产业、先进装备制造业、新型煤电化产业、陇药及生化制药、电子信息产业、节能环保产业等，并将战略性新兴产业增加值占全部工业增加值的比重的15%确定为"十三五"期间的目标。

（四）推进服务业转型升级，大力发展现代服务业

一是突出创新驱动，加快推进平凉市服务业结构调整和转型升级，全力打造现代服务产业体系，通过培育新型市场主体，全面提升平凉市服务业发展的整体水平。二是充分发挥平凉市特色产业优势，深入挖掘特色产业潜力，积极主动与国际服务业接轨，从而提升服务业市场开放层次。三是依托陇东旱码头、西兰银重要交通枢纽和"丝绸之路经济带"重要节点城市的区位优势，加快发展商贸物流、旅游养生、电子商务、信息技术等现代服务业，从而把现代服务业打造成支撑经济社会发展的支柱型产业。

（五）推进节能减排降耗，促进绿色低碳发展

一是严格执行环境保护、能源资源节约、清洁和安全生产、职业健康等法律法规和技术标准，严格市场准入条件，淘汰落后产能，推动产业沿着节约、清洁、低碳、循环、安全的方向发展，从而控制能源消耗总量，降低污染物排放总量，增强产业的可持续发展能力。二是充分发挥市场机制，积极引导开发轻质材

料、节能环保等低碳产品,探索各类工业废弃物再利用模式,推动形成发展绿色低碳产业的长效机制和市场环境。三是围绕煤电化产业优化升级和战略性新兴产业发展,探索建设产业链齐全的循环经济模式,形成多产业联动的循环工业网状结构,实现土地集约、废物交换、能量梯级、废水循环利用和污染物集中处理,整体提升产业发展层次。

参考文献

[1] 刘伟平.着力打造丝绸之路经济带甘肃黄金段[J].求是,2014(18).

[2] 林铎.紧密团结在以习近平同志为核心的党中央周围,为加快建设幸福美好新甘肃而努力奋斗——在中国共产党甘肃省第十三次代表大会上的报告[N].2017-6-3(1).

[3] 胡志高,赵建基."一带一路"背景下新疆产业结构优化的路径研究[J].兵团党校学报,2015(4).

[4] 杨延冰."一带一路"背景下西部欠发达地区产业结构调整的思考[J].经济研究导刊,2017(31).

[5] 陈若裕.关于农业产业化一些重大问题讨论[J].社会科学动态,1999(7).

[6] 平凉市人民政府办公室.平凉市"十三五"工业转型升级规划[Z].2016-9-15.

(作者单位:中共平凉市委党校党史党建教研室)

"一带一路"背景下陇南经济发展的机遇与路径

左成林

随着我国"一带一路"倡议的实施,甘肃省陇南市也迎来了重要的发展机遇。陇南市地处陕甘川交汇地,是"丝绸之路经济带"和"海上丝绸之路"双重节点上的重要交通纽带,是典型的农业市和贫困市,自然资源优势突出,区位劣势明显。近年来,尽管经济得到快速发展,人民生活水平得到大幅提升,但经济增速放缓、产业结构优化缓慢、固定资产投资大幅下滑、软环境发展滞后、对外开放有限等问题也显现出来。陇南市紧抓"一带一路"带来的发展机遇,准确定位,谋划适合陇南发展的战略,不断加强与"一带一路"沿线地区的经济文化交流,这对促进陇南市全面融入"长江经济带"和"丝绸之路经济带",加快推进秦巴山区扶贫攻坚,成为甘肃向南开放的桥头堡、甘陕川结合部重要的交通枢纽联结地、全国扶贫开发示范区、长江上游生态安全屏障和提升经济综合实力、建设幸福美好新陇南具有十分重要的意义。

一、"一带一路"背景下陇南市经济发展的机遇

1. "一带一路"为陇南经济发展提供新契机。随着陇南市交通路网和互联网双重瓶颈的逐步改善,长期制约陇南经济发展的交通、通讯问题得到解决,优势、主导产业的生产和流通成本明显降低,这为陇南市拓展市场和流通渠道,加强同外部的产业合作、资源互通和商贸往来、引进外部资金和人才提供重要机遇,有利于促进陇南市产业发展和经济提质增效。

2. "一带一路"为陇南拓展产业开放合作空间提供了新机遇。甘肃省是"丝绸之路经济带"的重要组成部分,陇南市是连接"丝绸之路经济带"和"长江经济带"的重要战略节点。"长江经济带"依托长江黄金水道,建设综合立体交通走廊,为陇南市对接成渝经济区和承接来自发达地区的产业转移提供良好条

件。成渝经济圈、关天经济区、兰白经济区也为陇南市成为南下成渝、东出关中、北连兰白综合交通枢纽联结地创造了条件。

3. "一带一路"为陇南加快承接区域产业转移创造了良好条件。"一带一路"有利于推进产业结构优化升级和发展方式转变、培育发展新动力,有利于推进区域之间的产业转移和要素流动,深化区域产业链分工协作。兰渝铁路、十天高速、兰海高速的建成通车,将会带动陇南市连接大西南和大西北、融入成渝、衔接关中、对接兰白和九寨沟旅游圈的能力明显增强,陇南市承接区域产业转移,特别是来自发达地区劳动密集型产业转移的条件将更加优越。

二、陇南市经济发展的区位优势与劣势

(一)区位优势

1. 自然资源优势。一是生态环境优势,作为甘肃唯一全境位于长江流域的地级市,陇南市兼具南国之灵秀、北国之雄奇,素有"陇上江南"之美称。2016年森林覆盖率达40.4%,比全省高29个百分点,比全国高19个百分点。二是生物资源优势,自然生长的树种多达1 300多种,中药材1 200多种,境内生息着300多种野生动物,占全省50%以上。三是矿产资源优势,陇南市现已探明金属和非金属矿产34种,矿产地445处,与周边区域具有很强的资源互补性,如平凉的煤炭、庆阳的油田、广元的天然气、宝鸡的铅锌等。

2. 特色农业资源优势。陇南市是中国主要中药材产地之一,野生药材种类繁多,素有"天然药库"之美誉。甘肃省出产的五大拳头药材(当归、党参、黄芪、大黄、甘草)中,除甘草外其余四大药材均以陇南市为主产地,年产量占全省70%以上,出口量占全省90%左右。花椒、木耳、茶叶、油橄榄、核桃、苹果、食用菌等特色农产品生产、加工、销售已具规模。

3. 旅游资源优势。一是文化资源优势,传说中的人文始祖伏羲就出生在西和仇池山,以牧马立国的秦人先祖的都邑西犬丘就在礼县一带,汉、藏、回和古氐、羌等多民族长期聚居,形成了多姿多彩的风俗民情。二是自然旅游资源优势,拥有全国三大天池之一的文县天池,西北最大的溶洞武都万象洞,被赞誉为"甘肃的西双版纳"的白水江自然保护区,被称作"陇上小九寨沟"的官鹅沟以及梅园沟、云屏三峡、三滩等自然景观。三是红色旅游资源优势,哈达铺红军长征纪念馆和两当兵变纪念馆是全国爱国主义教育示范基地、全国民族团结进步教育基地、红色旅游经典景区。四是拥有对接周边重庆、成都、兰州、西安等中心城市和大九寨旅游圈、西安—宝鸡—天水丝绸之路旅游走廊等中高端消费市场的优势。

4. 交通枢纽优势。兰渝铁路和兰海高速、十天高速的建成通车，陇南市已成为南下成渝、东出关中、北连兰白的综合交通枢纽联结地。

（二）区位劣势

1. 商流"死三角"。一是距中心城市兰州、成都、西安基本都在 500 千米左右，省级城市辐射带动作用不大；二是陇南市处于甘陕川三省交汇处，在经济区位上处于"死三角"地带，形成商流"断头路"，这也是造成招商引资难的主因。

2. 人才劣势。绝大多数拥有技术和高学历的高端人才引不来、大量高素质人才又不断流出，人才断档问题严重，农村大多数青壮年外出打工，农业科技推广难度大。

3. 区域竞争更加激烈。陇南市与"一带一路"沿线地区的产业趋同现象比较突出，沿线区域之间围绕产业、资源、资金、项目、人才的竞争也将更加激烈。

三、"一带一路"背景下陇南市经济发展的路径

（一）树立全新发展理念

1. 全新开放理念。加强与重庆、成都、兰州、汉中、广元、绵阳等邻近地区的全方位交流合作，打造产业开发共同体，探索营造区域联合品牌新方式。以向南开放为重点，积极谋划与"丝绸之路经济带"以及兰州新区、关天经济区、大九寨旅游经济圈、秦巴山片区的产业合作，打造承接产业转移的平台和辐射带动的节点，构筑陇南全方位开放新格局。

2. 新发展理念。新发展理念就是指创新、协调、绿色、开放、共享的发展理念，新的发展理念注重的不是 GDP 的简单增长，不是单纯"铺摊子、上项目"，而是把经济发展引向更加注重质量、更加注重效率、更加注重公平、更加注重持续、更加注重生态环保的轨道上来。

3. 市场意识。一是遵循经济规律，经济发展曲线是波浪形的，经济增速有高有低，不能简单认为经济发展只有增长没有徘徊；二是树立市场对资源配置的意识，用市场经济的手段处理经济发展中出现的新问题；三是破除个别干部群众"等待观望"意识，大胆作为，实现从"要我发展"到"我要发展"的转变。

4. 危机意识。一是破除"小富即安、小进即满和盲目自满"的思想，把陇南市经济多做纵横比较，查找差距和不足，牢固树立"不发展即倒退，发展慢了也是倒退"的理念；二是树立"问题导向"意识，找问题、找根源、找出路，

要思进、思变、思发展，不断解决经济发展过程中出现的困难和问题。

5. 主动作为意识。主动研究"'一带一路'、'长江经济带'、成渝经济圈、关天经济开发区"沿线及周边城市发展战略，主动寻找差距，主动预判经济发展风险，主动"引进来"与"走出去"并重。

（二）构建质量高、结构优的产业发展体系

1. 发展现代农业。陇南市特殊的地理位置使农业具有天然的特色优势，发展农业特色产业已成为陇南市发展现代农业的首选。一是做大做强农业龙头企业，加大对农业龙头企业的重组整合，形成竞争力、带动力更强的农业龙头企业集团；二是引导特色农业产业集群化发展，在特定区域内整合县与县之间相同产业、关联企业组成具有竞争优势的产业群和企业集团；三是利用特色资源和国家地理标志保护产品等优势，把提质增效作为陇南农业供给侧改革的重要内容，按照"调结构、保质量、降成本、补短板、创品牌"的要求，创新农业业态和商业模式，构建现代农业产业体系。

2. 发展现代工业。一是发展电子信息技术、高性能集成电路、新材料、新能源、生物医药等战略性新兴产业集群；二是对现有工业企业生产方式和结构进行调整，培育技术先进、专业化程度高、有发展潜力的工业企业转型发展；三是立足资源优势和产业基础，构建有色金属、水电能源、白酒酿造和新兴产业，打造甘陕川结合部新兴产业新增长极。

3. 发展现代服务业。一是围绕甘陕川结合部重要交通枢纽联结地的发展定位，完善物流基础设施，引进和培育现代物流企业，重点发展园区物流、专业市场物流、产业集群物流和城乡配送物流等，构建功能完善、布局合理、绿色高效的现代物流综合服务体系，建成联通西北与西南的陇东南现代物流中心。二是推进区域性商贸物流中心建设，实施农产品综合流通体系建设和新农村现代网络建设，发展农产品冷链物流，培育、引进大型连锁商贸企业。重点建设成县华昌商贸物流中心、武都区吉石坝东盛物流中心、宕昌县哈达铺物流园区、西和县现代商贸物流园区等区域综合性物流中心。三是发展文化和生态旅游业。发展以康县为典型的美丽乡村建设，文县白马文化旅游业，宕昌、两当的红色旅游业，西和县乞巧文化业，礼县秦文化业等文化、生态旅游产业。以"丝绸之路经济带"黄金段旅游大景区和华夏文明传承创新区建设为契机，打造甘陕川毗邻地区生态休闲度假与历史文化观光旅游目的地，打造大九寨旅游圈新增长极。四是发展医疗养生服务、养老保健服务等现代服务业，不断拓展新的服务领域。

4. 实施创新驱动战略，培育竞争新优势。一是建立市县（区）联动创新平台，加强政府在科技成果转移转化政策制定、平台建设、人才培养、公共服务等

方面的职能，设立科技发展专项基金，营造有利于科技成果转移转化的良好环境。二是发挥市场在配置科技创新资源中的决定性作用，促进技术、资金、人才等要素向创新创业集聚。三是强化企业与高校、科研院所的协同创新，探索科技成果转化的新模式。四是加强对新技术的引进和应用，推动"新技术、新业态、新模式、新产业"发展，培育壮大创新型企业。五是发展信息技术、生物种业和农产品精深加工、新材料、节能环保等新兴产业。

5. 围绕"绿色"发展经济。按照"两带一轴"产业布局，主动融入"一个战略平台、六大产业集群"特色产业体系，培育以低碳排放为特征的新的经济增长点，构建有色冶金、建筑建材、农特产品加工、现代医药制造等传统产业与新材料、装备制造等新兴产业协同发展体系。

（三）营造良好的经济发展环境

1. 全面完善硬环境。一是加强交通基础设施建设，建立县域内和县域间的立体交通网络，提升通行能力。二是加强水利基础设施建设，建成较为完善的灌溉及流域防洪排涝减灾体系，建立城乡供水安全保障体系。三是加强信息基础设施建设，扩大信息网络覆盖范围，实现信息资源共享。四是牢固树立"绿水青山就是金山银山"的理念，坚持走生产发展、生活富裕、生态良好的发展道路。

2. 全面提升软环境。一是提高政务效率，积极推行集中审批、联合审批，简化环节、优化流程，严惩不作为、乱作为、相互推诿扯皮行为，营造优良的政务环境。二是倡导求实创业，弘扬自强、贡献的创业精神，营造重商、亲商、崇商的社会氛围，营造良好的"双创"社会环境。三是减少政府对经济活动的干预，尤其是对企业发展的直接干预，在依法依规监管下营造公开、公平、透明的市场环境。

（四）加快工业园区建设，促进经济大发展

1. 加强工业园区建设。陇南市现有西成经济开发区和陇南徽县工业园两个市级园区，已有了一定的经济基础和产业基础，但基础设施还需进一步改善，应对道路桥梁、垃圾污水处理和供水、供电、供气等进行改造升级。在基础较好的县城和中心城镇新建一批能突出当地资源优势，突出项目载体的工业园区，鼓励发展循环经济园区、现代农业园区和现代服务业园区，突出园区的个性特色，防止"空壳"园现象的发生。

2. 提高园区招商引资质量。陇南市招商引资往往是签约率高而落地率低，应认真总结经验教训，深入研究经济发展的新趋势和资本流动、产业转移的新特点，立足比较优势，精心筛选成功率高、辐射带动作用大的项目，积极开展诸如

文化旅游节、特色产业节等形式多样、灵活机动的招商活动，围绕"特色牌""优势牌""资源牌"招商引资。

3. 扶持中小企业健康成长。一是进一步提高政府服务水平和办事效率，改善投资环境，采取多种优惠政策降低企业入园成本；二是针对中小企业普遍存在创业初期融资难、用地难的问题，采用由政府财政投资拉动和市场化运作相结合的方式，集中建造一批标准厂房，通过厂房低价租赁及提供各种优质配套服务，促使其快速健康成长；三是支持中小企业进行技术改造和新产品开发，增强抵御市场风险的能力；四是通过政府搭建平台举办展销会、商品交易会，建立专业批发市场，帮助中小企业拓展销售渠道。

4. 加强品牌建设。"品牌"是产品进入市场的钥匙，"知名品牌"是占领市场的金钥匙。尽管陇南市有"康耳""祥宇""田园"等知名品牌，但总的来说，知名品牌少，市场影响力有限。因此，政府必须整合资源，激励企业提高产品质量和产品创新，帮助企业进行品牌注册和宣传，形成一批知名品牌。

（五）加快城镇化建设步伐，为经济发展提供基础支撑

1. 促进产业与城镇相融合。推动城镇化与工业化、农业现代化、现代服务业的融合发展，将产业发展与人口集聚、城镇建设结合起来，发挥中心城镇在县与村之间产业、要素、资源配置等方面的衔接功能。

2. 走特色城镇化道路。特色是城镇品质和魅力所在，也是城镇化建设的根本着力点。在推进城镇化进程中，城镇布局、结构、功能定位的规划中要充分依托自然、历史和人文资源的优势，形成发展导向明确、要素配置均衡的发展格局。

3. 推进城乡一体化建设。坚持"陇上山水生态园林宜居城市"的战略定位和市区、县城、小城镇、美丽乡村"四位一体"的城镇化建设基本框架，构建以市区为区域中心、以八县城区为节点、重点小城镇和建制镇为骨架、村镇社区为脉络、交通信息为纽带、特色优势产业和富民多元产业为支撑，中心突出，体系完善，布局合理，梯度辐射，功能互补的开放式新型城镇化格局。

（作者单位：中共陇南市委党校）

基于"丝绸之路经济带"建设的武威外向型经济发展的动力机制研究

宁银苹

2013年9月,习近平总书记在访问中亚四国期间,提出"共同建设丝绸之路经济带"的战略构想,这是基于国际化视角提出的集向西开放与西部大开发为一体的政策综合版和经贸合作升级版,也是国家着眼于我国对外开放和战略安全大局、优化区域开放格局、加快向西开放的一项重大举措。甘肃省委审时度势,按照国家总体战略布局和甘肃省战略地位,依托甘肃区位、资源、文化、产业等优势,制定出台了《甘肃省参与丝绸之路经济带和21世纪海上丝绸之路建设的实施方案》,该《实施方案》明确提出了围绕一大构想,着力构建三大平台、六大窗口、八大节点城市,推进五大重点工程建设的发展战略。而武威作为"丝绸之路经济带"的节点城市,把"开放外向"作为"十三五"时期全市发展的重大战略,充分发挥武威地处"丝绸之路经济带"黄金段"咽喉"地带和具备"手腕"功能的区位优势,争取武威保税物流中心升级为综合保税区,打造具有国际影响力的国际陆港,建成"丝绸之路经济带"重要黄金节点,形成开放发展新局面。这不仅有利于参与国际市场分工、发挥自身比较优势,而且有利于合理配置有效资源、促进经济向高层次发展,是集全局性、战略性和可持续性于一体的重要举措、现实选择和必由之路。

一、理论基础

(一)增长极理论

该理论是法国经济学家弗郎索瓦·佩鲁于1950年提出的非均衡区域发展理论。增长极理论认为,区域经济增长为非均衡状态,增长不会同时出现在所有地方,它以不同的强度首先出现在一些增长点或增长极上,然后通过不同的渠道向外扩散,并对整个区域的经济产生不同的最终影响。因此,在增长极理论的指导下，区域发展的实质过程便是区域极化和扩散的过程，区域规划的方法便是促进具有区位和资源禀赋优势的地区极化和区域扩散。

（二）要素禀赋论

瑞典经济学家伊菲·赫克歇尔（发表了论文《对外贸易对收入分配的影响》）提出了要素禀赋论的基本观点，此后他的学生特哈德贝蒂·俄林继承了赫克歇尔的观点，创立了要素禀赋论，认为区域之间或国家之间生产要素的禀赋差异是它们之间出现分工和发生贸易的主要原因。

（三）经济增长发动机

英国经济学家罗伯特逊提出了对外贸易是"经济增长的发动机"学说，认为出口扩大意味着增强进口能力、优化资源配置、引进管理技术、提高生产效率，达到经济利益规模化，可以刺激产业竞争提高产品质量，鼓励国内外投资，促进国民经济各部门发展。

外向型经济的含义可以从广义和狭义两个方面来理解，从广义上来讲，外向型经济主要指一国以国际市场需求为导向，依据经济发展规律，利用自身比较优势产品或产业，为促进经济增长与发展，积极参与国际分工，与国际市场紧密联系，通过在资金、技术、贸易、劳动力等方面进行交流、合作等行为，所施行和建立的一种经济政策、运行系统及机制；而狭义上的外向型经济主要是指一国或地区利用自身比较优势，以出口创汇为主要目的参与国际分工与国际贸易，借以带动经济发展的一种经济模式。

二、现实基础

（一）区位优势

武威地处新亚欧大陆桥的"咽喉"地带和西陇海兰新线经济带的中心地段。这里既是古丝绸之路重镇，又是著名的中国葡萄酒城。从古到今都是内陆沿海通往西域、中亚和欧洲的交通枢纽，也是繁华商埠和军事要塞。不仅现代农业和土地光热资源优势明显，而且商贸物流聚集效应凸显，文化传承和旅游资源积淀丰厚。武威应充分发挥国家历史文化名城、中国葡萄酒城、中国旅游标志之都、中国优秀旅游城市的品牌优势和"丝绸之路经济带"重要节点城市的区位优势。

（二）交通优势

武威作为西部重要的交通隘口城市和区域中心城市，国道、省道和地方道路四通八达。特别是武威保税物流中心处于新亚欧大陆桥关键节点位置，在时间、效率和服务功能等方面具有明显的优势。传统海运从上海港或天津港出发到欧亚大陆桥欧洲始发点荷兰鹿特丹港，运输距离1.94万~2.07万千米，时间约需35天，而从武威保税物流中心出发，经新亚欧大陆桥到达荷兰鹿特丹港，运输距离约为8 031千米，时间只需11天。距离减少一半多，时间也缩短了2/3多，这样的优势使武威成为西北重要的综合交通枢纽和物流节点城市。

（三）产业优势

武威作为一个传统的农业大市，充足的阳光、广袤的土地、丰富的人力资源，使武威成为全国唯一的"中国葡萄酒城"、绿色农产品生产基地，以食品、新能源、装备制造、精细化工、碳基材料为主的新型工业正在武威兴起。以日光温室为主的瓜菜产品外销国内20多个省区市，部分特色农产品出口哈萨克斯坦等西亚和沙特等中东国家。随着甘肃（武威）国际陆港的建成，将有力促进武威及周边地区丰富的农副产品、葡萄酒、啤酒、畜牧业等产品，高效便捷地向中亚和欧洲出口，为省内重点企业以及武威市骨干企业的工业原料和新产品搭建进出口平台，促进外向型经济发展。

（四）平台优势

"一带一路"倡议使地处"丝绸之路经济带"黄金通道的武威，再次成为向西开放的黄金节点，在甘肃率先建成武威物流保税中心，中欧班列"天马"号实现常态运行，甘肃（武威）国际陆港加快建设，为扩大开放、加大进出口贸易奠定了坚实基础。2016年3月11日，国家质检总局批准同意甘肃出入境检验检疫局在武威保税物流中心开展进境俄罗斯板材检验检疫监管工作，标志着武威继江西赣州之后，获批筹建我国第二个内陆进境木材监管区。这是武威市加快外向型经济发展的又一有力实证。

三、武威市外向型经济发展特征

（一）从外贸、外资总额角度来看

对外贸易是地区外向型经济发展的支柱，其对经济开放的贡献远远大于吸引外资的贡献。对于武威这样一个在吸引外资方面不具有比较优势的内陆欠发达城市来说，大力发展对外贸易始终是武威发展外向型经济的主要途径。

"十二五"期间，在建设"一带一路"向西开放等国家重大战略的牵引下，武威市"丝绸之路经济带"甘肃黄金段的"咽喉"地带"手腕"功能和得天独厚的区位、交通、产业、商贸物流优势彰显发挥，不仅使武威市从偏远的内陆市变成了向西开放的前沿阵地，也为武威市搭建了开放平台。

如今，武威保税物流中心正高效有序运营，全省首列中欧班列"天马号"实现常态化运行。截至目前，"天马号"已发运37列，海关监管货运总量5.04万吨，货运总值1.22亿美元。值得一提的是，武威市进出口总额由2011年的1 364.4万美元增加到2015年的10 225.4万美元，年均增长177.2%，增速位居全省第一，外贸进出口对GDP的贡献率为39.14%。同时高标准建设农产品出口加工基地，市场多元化发展取得新进展（见表1）。

表1　　　　　　　　2010~2016年武威市主要经济指标

年份	地区生产总值（亿元人民币）	进出口总额（万美元）	进口总额（万美元）	出口总额（万美元）
2011	272.9	1 364.4	144.3	1 219.1
2012	341.55	1 854.9	0	1 854.9
2013	381.3	2 340.6	177.1	2 163.5
2014	405.97	3 968	755.1	3 213.5
2015	416.19	10 225.4	88.7	10 136.7
2016	461.73	3 226.7	31.62	3 195

资料来源：武威统计年鉴2010~2015，2016年国民经济和社会发展统计公报.

（二）从对外开放水平来看

从表2来看，武威作为内陆地区的农业大市，"十二五"期间，外贸依存度呈现上升趋势，特别是2014~2015年呈现出高速增长态势。这说明武威市围绕打造"丝绸之路经济带"黄金节点，全力推进甘肃国际陆港建设，随着武威保税物流中心封关运行，"天马号"实行常态化运营，使得外贸进出口总额快速增长。2011年，武威市出口依存度仅有0.29%，从2014年开始出现强势增长，到2015年达到了1.583%。总体来看，武威市出口依存度在快速增长，说明其对外开放水平在不断提高。进口依存度2011年为0.034%，2012年进口依存度为零，到2015年上升到0.014%，这就验证了武威市的进口贸易发展相对出口贸易发展落后的事实。2016年1月，为支持全省外向经济的发展，武威保税物流中心获国家质量监督检验检疫总局批准建设肉类、冰鲜水产品和水果进口指定口岸。一个指定查验场和两个指定口岸的获批，将有力推动武威市对外开放和口岸建设，项目建成后将对扩大对外开放、对接"一带一路"倡议发挥重要作用，进一步提升武威在全国向西开放布局中的战略地位。

表2　　　　　　　　2011~2016年武威市贸易开放度　　　　　　单位:%

年份	外贸依存度	进口依存度	出口依存度	外资依存度
2011	0.3250	0.034	0.2900	0.153
2012	0.3535	—	0.3530	—
2013	0.3995	0.030	0.3690	—
2014	0.6355	0.120	0.5150	—
2015	1.5970	0.014	1.5830	0.553
2016	0.4626	0.013	0.4555	—

资料来源：根据武威市2011~2015年统计年鉴数据整理.

(三) 从外贸方式、结构及外资产业分布来看

武威作为河西地区的农业大市，出口多以农产品和低附加值的劳动密集型商品为主，其中出口的农产品主要为蔬菜种子、鲜苹果以及果汁、瓜子等；产品主要出口到英国、美国、德国、加拿大等30多个国家地区；除农产品外，大部分出口商品为科技含量低、市场竞争力弱、利润少的加工制成品。与此同时，外贸出口企业普遍规模小，民营企业比重较大，由于缺乏品牌意识，企业经营管理水平较低，产品竞争力没有得到充分释放，优质的种子、蔬菜、瓜子等地方特色农产品拓展国际市场的能力较弱。因此，近年来武威市加大实施"走出去"战略，鼓励市内企业开展面向中亚、西亚以及中东、欧美市场的境外投资。正在加快建设面向中西亚、中东欧市场的特色农副产品、反季节蔬菜等农副产品出口基地，抓好生物及医药制品、碳基材料和化工产品、液体经济产品、木材加工、高端制造产品等出口基地建设，推进外贸优进优出，提升武威市优势产品的市场占有率。

四、武威实施开放外向战略的动力机制分析

(一) 动力分析

1. 战略支撑——"丝绸之路经济带"。2013年9月，习近平总书记提出"共同建设丝绸之路经济带"的战略构想，这是加快向西开放、发展内陆开放型经济的战略契机。甘肃省委审时度势，按照国家总体战略布局和甘肃省战略地位，依

托甘肃区位、资源、文化、产业等优势,制定出台了《甘肃省参与丝绸之路经济带和21世纪海上丝绸之路建设的实施方案》,该《实施方案》明确提出了围绕一大构想,着力构建三大平台、六大窗口、八大节点城市,推进五大重点工程建设的发展战略。2016年,省委、省政府将甘肃(武威)国际陆港建设纳入全省经济社会发展的大局当中,上升到全省对外开放和发展外向型经济的战略层面,这是武威市经济社会发展最为重大的机遇。2016年9月,市委决定把"开放外向"作为"十三五"全市发展的重大战略,充分发挥武威地处"丝绸之路经济带"黄金段"咽喉"地带和具备"手腕"功能的区位优势,争取武威保税物流中心升级为综合保税区,打造具有国际影响力的国际陆港,努力把武威打造成全省外向型经济发展龙头,建成"丝绸之路经济带"重要黄金节点,形成开放发展的新局面。

2. 发展动力支撑——从传统增长点转向新的增长点。

(1) 区域经济一体化已成为国际经济新格局下的重要趋势。中亚、西亚、欧洲和非洲的经济体投资与贸易活跃,国际经济环境总体有利。武威从古到今都是内陆沿海通往西域、中亚和欧洲的交通枢纽。如今作为"丝绸之路经济带"上的黄金节点,在"一带一路"建设中,甘肃(武威)国际陆港正日益成为我国内地与中亚、欧洲各国贸易往来的重要枢纽。因此,发展外向型经济,开展区域经济合作,实现区域间市场、资源的优化配置是武威市经济实现稳定增长的必然选择和良好机遇。

(2) 建设"丝绸之路经济带"是前所未有的历史机遇和发展黄金期。武威作为全国商品粮基地、绿色农产品生产基地、全省瓜果蔬菜基地及肉类繁育生产基地,随着武威国际陆港的建设,武威的农产品基地的战略地位逐步显现,也必将成为亚欧间陆路商品中转集散基地。沿边开放战略、向西开放战略进而"丝绸之路经济带"战略的提出,意味着国家战略布局的调整。因此,武威凭借在新亚欧大陆桥上关键的节点位置,及其在运输距离、通关便利、辐射带动等方面的明显优势,立足经济带资源禀赋与各国和地区经济发展水平,发展全方位、多层次、复合型的外向型经济,在互联互通中实现互利互惠,构建西部地区对外开放的新窗口。特别是武威甘肃国际陆港,武威连接亚欧间的大通道将正式打通。这使得武威的交通通道、通讯通道建设已呈现现代化、立体化、多样化的发展态势,并对武威经济发展发挥着不可估量的作用。

3. 平台支撑——国际陆港建设。建设甘肃国际陆港是提升武威在"丝绸之路经济带"战略地位、带动全市发展外向型经济的重大战略举措。建设甘肃国际陆港,带动发展外向型经济,以外向型产业带动陆港经济全面发展。按照"丝路枢纽、开放平台"的总体目标,陆港大力发展进出口导向型产业,以现代物流、口岸平台、国际贸易为重点,构建"3+2"产业体系:生产服务业、进出口加工业、现代制造业三大主导产业和出口示范农业、文化旅游业两大特色产业，打造功能完备、要素集聚、运行高效的国际陆港。

(二) 武威实施开放外向战略的机制分析

1. 经济增长效应机制。研究表明，区域经济增长极一经形成，就会迅速发展，往往形成孤军独立的局面。并且，在一般情况下，它将长期保持其作为区域经济发展的组织与先导地位。其原因就在于，区域经济增长极的发展存在一种循环积累因果增长机制。通过对武威外贸情况、对外开放水平等发展态势可以看出，武威作为一个农业大市，依托武威保税物流中心，加快构建以现代物流、口岸平台、国际贸易为重点，大力发展进出口导向型产业、国际金融和电子信息产业，建设现代化、外向型、多功能、生态型综合性产业区，着力打造"丝绸之路经济带"武威黄金节点，建设西部现代外向型经济发展平台。按照"丝路枢纽、开放平台"的总体目标，陆港大力发展进出口导向型产业，以现代物流、口岸平台、国际贸易为重点，构建"3+2"产业体系：生产服务业、进出口加工业、现代制造业三大主导产业和出口示范农业、文化旅游业两大特色产业。随着其构建外向型经济新格局，必然成为支撑"丝绸之路经济带"甘肃段黄金节点的重要增长极。

2. 规模经济效应机制。点—轴系统具有明显的规模效益、集聚效益和空间效益，其中规模效益是点—轴模式的基本优势。规模经济与城市人口密切相关，武威作为"丝绸之路经济带"黄金节点城市，有优越的基础设施和交通条件，致使在轴心集聚，中心节点上人口集中，能够高效地利用社会分工与协作所产生的生产率，最大效率地利用各种公共设施。随着人口规模的增大和劳动分工生产效率的提高，经济效益也会相应提高。建设甘肃国际陆港，不光要以保税服务功能为基础、以项目建设为载体、以体制机制创新为动力、以外向型产业带动陆港经济全面发展，更要加快陆港基础设施、产业体系、公共服务能力建设，推动现代物流、农产品加工、精细化工、汽车装备与进出口、文化旅游、现代农业等特色产业发展，形成以出口导向型产业为主的产业结构体系，推进主导产业、新兴产业和传统产业共同发展，实现规模化、品牌化、国际化，构建陆港产业发展新格局。

3. 集聚扩散效应机制。空间集聚与扩散是区域经济发展的普遍规律。在区域经济发展中起主要作用的首先是集聚效应，表现为产品流、资金流、人流、技术流、信息流、政策流等这些"流"向中心点流动，在距中心不同方位和距离聚集，与当地原有的自然、社会经济要素相结合，形成新的集聚点。但当集聚发展到一定规模和程度时，就会产生扩散效应，进而带动欠发达地区的发展。国际陆港利用地处"丝绸之路经济带""咽喉"的区位优势，使武威从西北内陆腹地变为中国向西开放的重要商贸平台，从西北内陆腹地变为甘肃乃至全国向西开放的重要商贸平台。随着武威进境木材检验检疫监管区的建成，一方面，可进一步扩展和延伸武威保税物流中心的口岸功能，提高中欧国际货运班列"天马号"的经济效益；另一方面，有利于助推武威产业集聚发展，更好地满足国内市场需求。同时，甘肃（武威）国际陆港还在着力打造内陆地区进口肉类产品集散地，力争获批建设铁路、粮食、果品、整车进口等口岸。

4. 交通协同效应机制。外向型经济的发展，交通无疑扮演着举足轻重的角色。摊开世界地图，从地处甘肃河西走廊东端的戈壁绿洲武威向西至中亚、欧洲的铁路运输线近乎是一条直线，相比中国东南沿海向西出口拥有明显的"距离优势"。目前，中欧班列"天马号"已开通发往吉尔吉斯斯坦、哈萨克斯坦、乌兹别克斯坦等中亚国家的线路，新增的开往荷兰鹿特丹、德国汉堡等欧洲主要港口城市的线路正在推进。在国内，为满足适合干燥保鲜等货物的运输需求，甘肃（武威）国际陆港已在江苏海安、山东青岛、浙江宁波等地建立了7个物流基地，并与渝新欧（重庆）等中欧班列达成了"代码共享"合作，实现了互联互通与资源共享。

参考文献

[1] 张原，王珍珍，陈玉菲．基于"丝绸之路经济带"建设的西安外向型经济发展对策研究 [J]．西安财经学院学报，2015（6）．

[2] 郭家鹏．陕西外向型经济发展研究 [D]．西安：西北大学，2010.5．

[3] 胡鞍钢，马伟，鄢一龙．"丝绸之路经济带"：战略内涵、定位和实现路径 [J]．新疆师范大学学报（哲学社会科学版），2014（2）．

[4] 王越．延边州外向型经济发展战略研究 [D]．延边大学，2010.5．

[5] 吴小梅，彭丽．长沙金霞保税物流中心与湖南外向型经济发展的研究 [J]．物流工程与管理，2012（4）．

[6] 朱丽玲．天山北坡经济带经济发展的系统分析 [D]．新疆大学，2005.3．

[7] 高大洪，郭海亮．基于增长极和点轴开发理论基础上的青藏铁路经济带发展战略研究 [J]．西藏大学学报，2008（6）．

[8] 张文军．"丝绸之路经济带"的智慧考验 [J]．西部大开发，2013（1）．

[9] 龚新蜀，马骏．"丝绸之路"经济带交通基础设施建设对区域贸易的影响 [J]．企业经济，2014（3）．

（作者单位：中共武威市委党校）

探索甘肃内陆港联动实现机制 打造"黄金段"外向经济发展大格局

潘晓龙

经济全球化是生产要素在全球进行配置和重组，它主要以贸易、金融、生产趋向全球化为主要内容，根本目的是谋求最合适的国际生产分工，出发点是使每个成员都从中可以获得比单一生产时更多的利益。这些年来，随着经济全球化的愈演愈烈，关税壁垒已经不成为国际贸易的主要障碍，其他非关税壁垒对国际贸易的作用日渐突出。其中，是否拥有完善的物流网络及高水平的现代物流服务以支持建造服务于跨国企业的现代物流平台，对于一个国家或地区，尤其是发展中国家，对提高经济运行效率和质量、改善投引资环境将起到非常重要的衡量作用。

国际公司为了充分发挥竞争优势，必然会在全球范围内配置和利用资源，如何在全球范围内将半成品、产成品从分散的生产点向再生产、消费地点用最低成本运输，是每一个企业，尤其是跨国企业很关注的重点问题。高效率的现代国际综合物流服务是企业控制成本、成功实现全球经营的制胜因素之一。甘肃省区位资源有丰富优势，同时具有较强的劳动力成本优势、政策优势、环境优势，同时，铁路、公路网等交通基础设施也在飞速完善中，所以，甘肃省发展对外贸易既有利于跨国企业生产分工细化，实现省内资源的最优配置，也有利于提高甘肃省在国际分工中的地位。

2017年，随着"一带一路"倡议的顺利实施运行，交通物流融合发展新体系的构建和多式联运示范工程开展，催生了我国集装箱运输链条从沿海向内陆延伸，预示着基于一体化衔接中欧班列、海铁联运、公铁联运等集装箱多式联运新型运载单元集装化、智能化、标准化、共享发展步入战略机遇期。甘肃省紧抓机遇，凸显"丝绸之路经济带"的"黄金段"区位优势，加快建设口岸平台，打造兰州、嘉峪关、敦煌三大国际空港和兰州、天水、武威三大国际陆港。

国际陆港的出现在一定程度上解决了甘肃发展外向型经济的制约问题，使甘肃地区与国际接轨，带动了甘肃经济的发展。甘肃省规划建立国际陆港，可加速与东部地区经济贸易合作一体化进程。在国际陆港的建设与运营过程中，如何增强甘肃区域内较集中的三个国际陆港之间的合作沟通，并实现相互的联动发展，为甘肃这个内陆地区提供低成本且高效便捷的外贸物流服务，既是国际陆港发展的关键环节，也是在这需要探讨的重点问题。

一、甘肃国际陆港建设运营现状

兰州国际陆港依托于 2014 年 7 月 15 日获国务院批复兰州新区综合保税区基础之上建设，随着国家"一带一路"建设和甘肃省打造"丝绸之路经济带黄金段"推进实施，已经成为甘肃省扩大对外开放、服务国家向西开放战略的重要门户和平台，先后被确定为甘肃国际陆港之首、"一带一路"上重要的国际物流中转枢纽和国际贸易物资集散中心，我国面向欧洲和中西亚、南亚陆路进出口货运班列编组枢纽。2016 年 12 月兰州铁路口岸获批对外开放以来，2017 年 1~10 月累计发运"兰州号"中亚国际货运班列 90 列 4 236 车，货重 9.68 万吨，货值 3.27 亿美元；发运中欧国际货运班列 1 列 40 车，货重 827.9 吨，货值 189.4 万美元；发运南亚班列 1087 车，货重 1.55 万吨，货值 0.98 亿美元。9 月 29 日南向通道两列货运班列从兰州成功首发，重庆同步开行发往兰州的货运班列。其中兰州国际港务区自 2017 年 5 月 17 日发出第一趟中欧班列以来，在近半年时间内向"一带一路"沿线国家运营班列 52 列，集装箱 2 688 个，货值估价接近 20 亿元。2017 年 12 月 11 日，按照兰州市人民政府的统一安排，在甘肃省商务厅口岸管理办公室、兰州市商务局（口岸办）等单位的支持下，甘肃（兰州）国际陆港与天津港签署了战略合作协议，并举行了天津港（集团）有限公司兰州无水港和天津港（集团）有限公司驻东川货运办事处揭牌仪式，标志着甘津两地联袂打造"兰州无水港"拉开帷幕，实现了区港联动发展模式。

武威国际陆港依托于原武威报税物流中心打造，武威保税物流中心于 2014 年 1 月底获得海关总署、财政部、国家税务总局、国家外汇管理局四部委联合批准，是甘肃省首家保税物流中心。2013 年 8 月开工建设，2014 年 8 月全面建成，9 月 24 日通过由海关总署、财政部、国家税务总局、国家外汇管理局组织的联合验收，10 月 13 日正式封关。2014 年 12 月 12 日，首列中欧国际货运班列"天马号"开通运营。进口肉类指定查验场于 2016 年 1 月 14 日获国家质检总局批复。武威进境木材检验检疫集中监管区于 2016 年 3 月 11 日获国家质检总局批准建设，是我国第二个内陆进境木材集中监管区。力争获批建设铁路口岸、航空口岸和粮食、果品、整车内陆进口等口岸。截至 2017 年 11 月底，累计发运 125 列，货运量 14 万吨，货运总值 3.3 亿美元。陆港已在江苏海安、山东青岛、广东深圳、浙江宁波、宁夏石嘴山、河南安阳、湖南岳阳建立 7 个物流基地，当前主要发货至中亚五国，预计明年年初将打开欧洲市场，发货至荷兰的鹿特丹。

天水国际陆港于 2017 年 7 月 12 日由甘肃省人民政府对关于甘肃（天水）国际陆港发展战略规划（2016～2030 年）做出批复。目前正在积极筹建之中。

尽管内陆港的重要作用已被大家所认可，但甘肃省陆港建设较全国来说发展较晚，目前两个陆港尚处于一边开展业务一边建设开发阶段，天水陆港尚处于起步阶段；此外，无论是保税区、报税物流中心还是内陆港，其开发建设需要投入巨额资金，从实际运营效果来看，其自身区域的短期收益并不明显，亏损现象较为普遍。可见，能否实现与港口的联动和甘肃省内未来建成的三个国际陆港之间联动互通发展，并最终利用内陆港这一翘板实现甘肃经济社会全面发展，使甘肃未来拥有强大的外向型经济，充分凸显"黄金段"独特的区位优势和丰富的腹地资源，是保证甘肃国际陆港有效运转的关键。

目前，国内对陆港方面的研究方向基本上是区港联动机制，取得了很多成果，但内陆港之间互联互通机制的研究尚未开展。但是，甘肃省在如此集中的区域内同时建立三个国际陆港也是国内其他地区所没有的，具有特殊性；再加上甘肃狭长的地形特征，在丝绸之路黄金运输通道上把三个内陆港串联成一条线，战略上也比较有新意；从目前两个已实现基本功能的国际陆港来看，暴露出一些问题，这也促使我们需正视未来三个国际陆港运营时会爆发更多的矛盾。基于这三个因素，笔者觉得有必要分析研究甘肃省未来三个陆港如何正视问题、实现联动机制，以便更好地凸显甘肃"黄金段"的区位优势，更好地为甘肃经济社会服务。

二、甘肃省内国际陆港间联动不畅的原因

（一）联动缺乏体制支撑，由于管理机制不完善

由于受传统经济思想束缚、区位思想严重，导致省内现在以及未来三港联动缺乏实现的可能，相应会导致省内企业之间交流合作也失去契机。政府与企业都处于自己陆港区域内保护和发展的思想桎梏，在全球化背景下必将制约着更大的发展，这种做法不能将"一带一路"倡议的精髓发掘出来，也没有真正领会甘肃"黄金段"的大格局意识，导致内陆港建设过程中相互采取不互联态度，限制各内陆港有效发展，同时也造成了资源的浪费：摸索、重复建设耗损严重；因此，迫切需要完善省级层面陆港协调、管理机制，由特定部门统一进行沟通、规划，

加强各地方政府、海关、检验检疫等行政职能部门以及沿海港口、铁路部门、船公司、内陆场站和货主等之间的沟通合作，以长期发展和长期利益为重，最终达到互利互惠的联动目的。

（二）联动缺乏合作基础，由于利益分配不平衡

从已具备物流运输能力的两个国际陆港来看，各陆港区域参与方本应协调发展，但目前形成的铁路物流服务链偏重竞争关系，本应是互惠互利的合作关系，但现在表现出的是竞争对手。陆港物流因所在的地方财政补贴不一样，导致运输竞争力的强弱不同。但众所周知，国际陆港效益是长期发展才能盈利，短期效应都是各种渠道的补贴形成的，例如，若一个地区的陆港一味靠政府更高的补贴，采取竞争性招标方式获得内陆运输、仓储等服务，处于弱势地位的内陆港只能被动采取降低报价以争取更多业务，从而导致在运输价格、仓储价格不断走低的同时，但是整个物流服务链的成本却在不断升高。要改变这种局面，各级政府及各个国际陆港之间应站在大甘肃、"黄金段"的角度多斟酌，着眼建立长期战略合作关系，以实现利益双赢或多赢。

（三）联动缺乏软硬件支持，由于能力不匹配

与成熟的国际陆港区域及港口相比，我们的内陆港是在摸索中一边学习、一边总结、一边建设，在硬件基础设施、信息化平台建设、综合服务能力、相关专业人才储备等方面都呈现不足，各地区陆港因在建设时间、空间规划、资金和政策支持力度不同，使得各方能力存在差异，譬如招商引资的环境、外联能力、信息化沟通平台的功能完善、入驻企业的外贸能力等，这种能力的不匹配目前看已是制约省内各方互动发展的关键因素。

三、实现甘肃陆港联动发展的思考

国际陆港的联动发展是实现其与各主体间长期战略协作的联动发展。合作关系应以构建与维持相互信任为基础，健全信息反馈机制为前提，促成物流资源整合重组机制为手段，协调利益关系机制为保证。

（一）国际陆港联动以构建与维持相互信任为基础

信任机制是为了保证陆港间联动关系高效有序地运行，顺利处理相互合作主体间的关系，降低对合同契约和权利、义务制衡的依存度，增进合作的和谐、有序、连续，并最终实现互惠互利多赢局面的有效机制。信任是各国际陆港联动发

展的基础，各主体间建立完全信任的关系需要经历一段时间和消耗一些成本，而信任本身的脆弱性能使它因一个因素在短期内就能消失，再进行重建所花费的各类成本更大，因此，实现省内国际陆港间联动发展，各主体须投入精力维护相互间的信任关系，甚至需要采取必要的措施来修复得更完美。联动发展合作中存在的许多未知和不确定性因素会导致合作双方信息的不对称，增加机会主义行为，信任可以建立起可靠的信息预期，减少运行过程中的不确定性和风险，有效对个别企业的机会主义行为起抑制作用，从而降低获取确定信息投入的成本、谈判成本和监督成本等，使联动主体有效利用各方资源，提高实际运作效率，降低风险，获得外向竞争的优势。联动成员间的坦诚与沟通是建立信任机制的基本前提，应建立包括信息化手段等多样化的沟通渠道和完善的制度，以确保交流、合作的顺利进行。

（二）国际陆港联动以健全信息反馈机制为前提

国际陆港联动发展的目标是通过物流资源整合与重组，实现各合作主体实体物流网络与虚拟信息网络的有机融合，进而构建协同运作的全物流网络体系。联动运行过程中，各相关主体的计划能否有效贯彻执行、冲突能否及时解决等，都需要建立有效的信息反馈机制，通过信息反馈联动主体能迅速、高效地调整与运行环境内各要素的动态平衡，保持各主体间的相对平衡。国际陆港联动发展的信息反馈主要是通过联动各主体之间以及与整个系统之间所形成的多层面的、多方向的反馈环路来实现的。这种反馈形式我们把它分为正式反馈与非正式反馈两种形式。正式反馈是由各联动主体内部组织所形成制定的常规化的信息反馈形式，是组织正常工作的一部分，具有职能的规范性和约束性；非正式反馈是指非规范化、流程化信息的一种反馈形式，对正式反馈形式起补充作用。国际陆港具有网络化管理特征的组织模式现代物流更是依托网络信息平台，因此，必须改变传统单纯的点对点信息互联方式，通过统一的网络化信息平台，建立联动信息反馈机制，为省内三个陆港主体营造高效的协同联动环境。

（三）国际陆港联动以促成物流资源整合重组机制为手段

国际陆港最基础的功能就是物流互通，物流系统是本身具有开放特点的系统，特别是在全球经济一体化的背景下，甘肃省内国际陆港的业务已经逐渐向国际化的市场发展，因此，整合优势物流资源，形成具有一定规模与市场风险抵御能力的全省物流系统成为甘肃省三个国际陆港联动发展的重要内容和模式。资源整合重组作为国际陆港协同发展的重要手段，并不是将我们所认为的分散资源进行简单的整合，而是根据实际需求，将各相对独立的资源进行融合、类聚和重组，形成一个效率更高的资源利用体系。譬如，一列中欧班列并不是说从原发地出来满车货直接发往欧洲的，也是通过各物流以各种方式整合装满一趟列车的。从管理运行层面上来说，资源整合主要是通过组织与管理方式的变革，实现业务流程重组，进而提高甘肃国际陆港物流联动的统一性、协调性；从物流经营运作层面上来说，是通过业务流程无缝链接从而提高物流运输效率；从互联信息层面上来说，是通过信息平台的建设、整合实现整个物流过程中信息流的有机集成；从文化层面上来说，是通过提高人员的知识素养，建立职业道德体系，搭建有利于团结协作的陆港文化等。

（四）国际陆港联动以协调统一利益关系机制为保证

在未来的甘肃国际陆港及空港联动发展进程中，不同的主体势必会结成利益联盟，这个联动集体的对外特征是一致，其目的是追求整体利益的最大化，而对内则在不损害大集体同盟关系的前提下，追求个体自身利益的最大化。联动集体能否平稳、有序地运行，取决于各主体之间的利益认知方式、联结方式和联结契合度，取决于是否真正具有常说的"风险共担，利益共享"的利益协调统一机制。利益协调统一机制必须综合考虑整体利益同个体利益、眼前利益同长远利益的关系，利益共享是利益协调统一机制的第一原则，统筹兼顾是利益协调统一的基本方法。首先，要建立利益协调统一管理机构，并配备相应的行政职权；其次，要从统筹整体利益出发，不断探索与调整利益协调方式，通过采取各主体同参与的协定或契约的形式，建立用以协调的管理制度；最后，通过创新构建形式多样的利益联结方式，建立公平、公正、合理、有效的利益补偿机制。利益协调统一机制贯穿于陆港联动发展运行的整个过程当中，例如，发生冲突前，可通过对相关主体的协调加强相互之间的沟通，达成共识，形成统一意见，建立信任关系，在这里，利益协调统一机制的完善作用是关键。而在利益冲突出现时，应选择恰当的调节方式进行及时、有效的疏导，形成共识，保障系统的正常、平稳运作。当利益冲突调停后，为避免类似的矛盾冲突再次发生，我们再对冲突产生的原因进行总结分析，适当的时候采取一定措施对各联动主体造成的伤害进行修复，维护主体间的信任，保证同盟体的和谐运行。

参考文献

[1] 杨睿. 内陆"干港"及其选址研究. 上海海事大学硕士学位论文，2006.

[2] 张兆民. 我国无水港形成及发展动力机理分析. 综合运输，2010（1）.

[3] 姜伟香. 基于系统动力学的保税港区与内陆港互动发展机理模型研究. 大连海事大学硕士学位论文, 2011.

[4] 蔡静. 保税港区与内陆港互动发展模式选择研究. 大连海事大学硕士学位论文, 2012.

（作者单位：中共武威市委党校）